단군신화에 대한 신연구

예술인류학 시리즈 ❸

단군신화에 대한 신연구

박정진 지음

KSI 한국학술정보(주)

단군에 대한 연구는 역사학, 국문학, 민속학, 인류학 등 여러 분과학문에서 이루어져 왔다. 그럼에도 불구하고 단군의 역사적 실체에 대해서 속 시원한 해답을 얻은 것은 아니다. 어떻게 보면 결정적인 해답을 내리는 것은 도리어 유해한 것일 수도 있다. 단군이야말로 자연스럽게, 자유롭게 연구됨으로써 단군신화의 담론이 가지고 있는 의미구조를 다양하게 찾아낼 필요가 있는 것이다. 이제 단군이 신화냐, 역사냐 하는 해묵은 논쟁은 의미가 없다. 왜냐하면 신화라고 해도 신화 속에 역사적 실체가 전혀 없는 것은 아니고, 반대로 역사라고 해도 그 역사학이 요구하는 생활복원을 하기 어렵기 때문이다. 역사든, 신화든 결국 단군신화는 역사와 신화, 합리성과 상상력의 복합적 총체, 복합담론을 벗어날 수 없다. 결국 단군이야기는 인간의 삶의 총체성으로 해석할 수밖에 없다.

이 책은 단군이 모계사회에서 부계사회로, 부족국가에서 국가사회로 넘어가는 전환기의 역사, 청동기시대의 역사라는 데에 합의를 하고 있다. 아마도 단군신화는 한민족이 살아 있는 한 영원히 다루어야 할 숙제와 같은 것이다. 단군은 왜 민족의 위기 때마다 되살아나고, 되살아나서는 왜 또 사라지고 마는가? 단군신화를 바탕으로 형성된 민족 종교가 주류 종교가 된 예는 고조선 이후로는 없다. 삼국시대만 하더라도 불교가 국교였고, 고려는 불교, 조선은 유교가 국교였다. 그동안 단군을 섬기는 무교는 비주류로 주변부에 머물렀다.

삼국시대는 무교와 불교가 서로 습합(襲合)하는 시기였다. 그 후 고등종교들이 역사의 주류가 되었지만 무교는 민간에서 결코 끊어지지 않았고, 도리어 고등종교들 속으로 파고들어 고등종교들의 무속화, 기복신앙화를 기도했다고 보아도 무리는 아니다. 기복신앙에 대해서 고등종교들은 비난을 하지만 고등종교들조차 이름이나 모양은 다르지만 결국 기복신앙의 범주를 완전히 탈피한 것은 아니다. 기도(祈禱)와 기복(祈福)은 무엇이 다른지 확실하지가 않다. 도리어 현재의 고등종교들도 미래에는 지금의 무교처럼 미신으로 받아들여지고 시대착오적인 종교로 전락하지 않는다고 보장할 수가 없다. 그래서 항상 문화는 당대의 체계 속에서 의미를 파악하여야 하는 것과 함께 현재적 의미를 동시에 파악해야 한다.

무교는 모든 종교의 원형이며 그렇지 않을 것 같은 고등종교들도 여전히 무교적 전통을 완전히 벗어나지는 않았다는 사실을 주장하고자 한다. 겉모양이 조금 변하고, 합리성만 조금 강화한 것을 제하고는 아무것도 달라진 게 없다. 종교도 결국 패션처럼 각 시대마다 악센트와 유행을 달리하는 것일 뿐이다. 단군은 여전히 구태

의연한 틀을 벗어나지 못하는 것도 사실이지만, 고등종교들이 자신들을 마치 선진화된 종교의 성직자로 여기는 반면 무당들은 무식하고 미신에 빠진, 귀신 들린 사람이라고 비난해도 좋은가? 귀신과 신의 차이는 무엇인가? 단지 그것이 생활권의 범위가 달라졌기 때문에 빚어진 양상이 아닌가 생각해 본다.

무교가 미신이면 이것을 원형으로 하는 모든 고등종교도 미신이다. 고등종교가 시대마다 요구하는 합리성을 약간 강화하였다고 해서 무교를 그냥 얕보아도 좋은 것인가? 종교 또한 혹시 과학적으로 본다면 신비 혹은 기적이라는 미신이 아닐까?

2009년 8월 석촌호 망원정에서
대박단군 박정진

목차

1. 서론: 신화와 과학의 차이

신화는 무엇이고 과학은 무엇인가? 이 둘은 처음부터 서로 다른 뿌리를 가진 양극적인 것인가, 아니면 같은 뿌리를 가진 다른 가지인가? 신화는 결국 이데올로기이고 과학은 진실을 밝히는 유일한 방법인가? 이에 대한 의문은 인류학자들 사이에 숙제처럼 놓여 있다. "신화에서 근본적인 의문은 왜 사람들에 대한 이야기가 동식물이나 천체 그리고 자연 현상들과 결부되어 나타나는가 하는 점이다."[1]

이에 대한 해명을 레비스토로스가 했다. "신화란 자연이나 역사의 파편으로 이데올로기를 구축하는 것이다. 어떤 파편들이 선택되는가는 그 문화의 맥락에 달려 있다. 그 문화에서 '가지고 생각하기 좋은 것(bon à penser; good to think with)'들이 신화의 소재들이 된다."[2]

레비스트로스의 주장은 원칙적으로 맞다. 그러나 '파편의 모음'이나 '생각하기 좋은 것'들이 아무렇게나 선택되는 것은 아니다. 특히 '생각하기 좋은 것'이 '먹기도 좋다', 또 '보기 좋은 것'이 '먹기도 좋다'는 말이 있지만 반대명제도 제시해 볼 수 있을 것이다. 때로는 '생각하기 싫은 것', '보기 좋지 않은 것', '먹기 좋지 않은

1) Boas, Franz. <Mythology and Folk−Tales of the North American Indians>, Reprinted in *Race, Langauge and Culture,* New York, 1940, 490면.
2) Lévi−Strauss, Claude. *La pensée sauvage*(Paris: Plon, 1962); 안정남 옮김, ≪야생의 사고≫, 한길사, 1996; *Mythologiques* I *, Le cru et le cuit*(Paris: Plon, 1964).

것'도 신화에 포함되어 있다. 여기서 중요한 사실은 어느 쪽이든 신화에 포함된 것은 그 문화의 주요 항목(목록) 혹은 레퍼토리라는 사실이다.

신화에는 한 문화에서, 삶에 있어서 중요한 것, 상징적인 것, 그리고 생태학적으로 적응적인 것이 선택되는 것이다. 오로지 상상계를 위한 것도 있겠지만 그래도 상상보다는 생존과 부족의 번식, 그리고 의식주와 일정한 관련이 있은 것들이 신화에 모여 있다. 신화는 적어도 집단적 무의식이거나 초의식의 산물이고 자연과 역사에 대한 관념이나 상징이 아무렇게나 배열된 것은 아니기 때문이다. 때로는 신화에서 그 순서가 결정적인 것일 수도 있다. 또 신화에는 정반대의 속임수와 반전 혹은 역전이 있을 수 있다. 또 이중적 의미가 있을 수도 있다. 집단무의식이나 집단의식, 그리고 초의식은 개인의 심리적인 것보다 훨씬 복잡할 수도 있다.

신화는 문화의 종합적인 것, 예컨대 문화를 복합적인 전체(complex whole)라고 할 경우, 가장 잘 문화의 전체상을 상징적으로, 시적으로, 은유적으로 보여 주는 것이다. 신화는 레비스트로스의 주장대로 "신화적 상징들이 이루는 관계는 일차원적인 것이 아니라 지리적, 심리적, 사회적, 우주론적, 초월적 등등 다차원적이고, 따라서 신화는 지리상의 도식, 심리학적 도식, 사회학적 도식, 우주상의 도식 등등이 하나의 복합적 전체를 형성하여, 마치 오케스트라처럼 다차원적 의미들을 한꺼번에 이야기하는 것"[3]이기 때문이다.

따라서 신화를 대할 때는 인간의 학문이 만들어 놓은 성취를 모

---

3) Lévi – Strauss, Claude. <Mythologiques Ⅳ, L'homme nu>(Paris: Plon, 1971). Anthropologie structurale deux(Paris: Plon, 1973).

두 동원하여 다원다층의 분석을 필요로 한다. 또 한 번 분석을 했다고 해서 그 분석이 완성되었다고 하면 잘못이다. 신화는 계속적인 분석을 하여야 하고 그 분석의 내용은 결정적인 것이 아니라 항상 그 누군가에 의해 새롭게 분석될 수 있도록 텍스트가 열려 있어야 한다. 신화는 때때로 새로운 글쓰기를 요구한다. 신화는 재생산되어야 하기 때문이다. 신화는 집단적이고 무의식적인 시라고 말하고 싶다.

그러나 신화는 개인적 픽션이 아니라고 해서 개인과 전혀 관계가 없는 것도 아니다. 전체는 개인에게 있기 때문이다. 개인사라고 하더라도 신화적 분석의 대상이 아니 된다고 할 수 없다. 그럴진댄 집단의, 혹은 원시부족의 신화에 대해서 분석할 때는 우주적인 관점에서 접근할 것을 필요로 한다. 신화는 확실히 개체발생적이면서 계통발생적이다. 신화는 마치 뫼비우스의 띠와 같다. 신화가 영원불멸이나 영원회귀를 추구하는 것이 아니라 신화가 있음으로써 한 부족은, 인간은 영원불멸이다.

신화에는 연구자나 분석가가 다 알 수는 없지만 무언가 다원다층의 내적 필연성을 가지고 있는 의미-집단적 표상, 상징들로 채워져 있다. 레비스트로스는 이렇게 말한다. "신화의 주된 가치는 고대의 인간의 사고 양식과 관찰 유형을 오늘날까지 잔존의 형태로 보존해 온 데 있다." 레비스트로스는 신석기 혁명 이후 필연적 연관성을 추구하는 인류의 사고 양식이 두 가지 유형으로 나누어졌다고 한다. 하나는 감각적 직관에 보다 가까운 유형이고, 또 하나는 감각적 직관에서 보다 멀리 벗어난 유형이다. 전자는 신화적 혹은 주술적 사고이고, 후자는 과학적 사고이다.[4]

질서에 대한 정신적 요구(mental demand for order)와 분류를 향한 충동(impulse toward classification)은 인간의 내재적 본성이다. 분류는 질서를 부여한다. 분류한다는 것은 어떤 형태로든 분류하지 않는 것보다 그 자체 가치를 지닌다. 이론이 모든 것을 해결하는 것은 아니지만 이론이 없는 것보다는 이론이 있는 것이 삶을 영위하는 데에 유리하다. 모든 이론과학은 질서를 부여하는 것이다. 신화적 사고도 이론과학과 마찬가지로 질서에 대한 요구에 기초를 두고 있다. 즉 감각적 수준에서 이루어진 분류도 합리적 질서를 향해 한 발짝 나아가는 것이다.

신화적 합리성은 확실히 분류학의 수준이다. 그것이 오늘날의 과학과 같이 사물을 다스릴 법칙을 찾는 것은 아니지만 적어도 인간이 자연에의 적응을 달성하는 데에 필요한 상징과학이라고 할까, 그런 것들이 내포되어 있다고 해도 과언이 아니다. 신화의 분류방식은 오늘날의 분류학과 달리 이원대립항(binary opposition)을 사용하는 특징을 보인다. 신화의 이원론(dualism)은 여러 단계에서 분절되어 있어서 전체적 인과성을 가진 것은 아니지만 적어도 자연에 질서를 부여하여 나름대로 자연과 삶의 관계를 프로그램화한 것임에 틀림없다.

신화도 문화인 한 결국 프로그램이다. 신화를 신앙하고 종교화한 사람들, 즉 신자들은 그러한 신화적 세계가 실체를 가진 것이라고 생각할지라도 그것을 증명할 수 없는 것이고, 또 증명할 수 없기에 진위(眞僞)나 가부(可否)와 상관없이 오히려 계승될 수 있는 것이기도 하다. 신화의 이원론은 전 지구적인 특성이긴 하지만 적어도

---

4) Lévi-Strauss, 위의 책, 1962년.

동아시아 문화권의 음양론은 그 가운데서 가장 대표적인 것이고 특히 과학(상징과학)으로까지 발전한 것이라고 말할 수 있다. 동아시아의 천지인(天地人) – 음양론(陰陽論)은 신화이면서 동시에 과학을 달성한 문화적 성취, 상징적 집대성이라고 말할 수 있다. 음양론은 보기 드물게 신화 혹은 민속분류학이 과학으로 등장하는 데에 성공한 경우이다. 이는 레비스트로스식의 양극(binary opposition)과 매개항(mediation)의 논리에 적용해 볼 수 있다.

신화　　：음양론(매개항)：과학
하늘(天)　：인간(人)　　：땅(地)
귀신(鬼神)：무당(巫)　　：지령(地靈)

〈천지인과 삼신(三神)〉

神話	天	鬼, 神 精靈, 魂
陰陽論	人	巫堂
科學	地	地靈 魄

다시 말하면 과학의 눈으로 보면 음양론은 과학이고 신화의 눈으로 보면 음양론은 신화이다. 음양론이 형성되는 데는 그 이전의 천지인(天地人) 사상이 큰 힘이 된 것은 물론이다. 천지인 – 음양론은 기본적으로 구조주의적 관점으로 이룩된 문화체계이며 구조주

의도 과학의 한 종류라는 것을 증명하는 데에 손색이 없는 것이다.

신화에는 집단 혹은 원시부족들의 우주관이 숨어 있다. 이것은 집단적 주관이거나 객관적 우연일 수도 있다. 그러나 신화를 바라보면 '세계는 하나'라는 대전제가 있는 것 같다. 이래저래 분류하지만 세계가 하나라는 사실을 변화시키거나 왜곡시킬 수는 없다. 그래서 세계는 제자리로 돌아가고 마는 것이다. 원주민들에게는 세계는 참여하는 것이다. 그래서 신화에는 반드시 의례가 따라다닌다. 확실한 법칙의 발견을 목적으로 하는 현대 과학인의 눈으로 볼 때는 하나의 유희일 수도 있다. 심각하게는 언어의 질병(disease of language)이라고까지 말할 수 있다.

원주민들에게는 세계가 감각적으로 혹은 교감적으로 하나이다. 하나이기 때문에 분류만 하고 재배열만 하는 것이다. 이것은 지금도 인간에 의해 행해지고 있는 시적 은유(隱喩)에 흡사하다. 원주민들에게는 세계가 하나이기 때문에 세계에 참여하는 방법으로서 축제가 있는 데 반해, 현대 과학자들에게는 세계가 하나이기 때문에 하나의 법칙이 있어야만 하는 것이다. 과학자에게 세계는 참여하는 것이기보다는 바라보는 것이다. 과학의 법칙은 정확하게 자신이 참여하지 않는 상태에서도 유지되는 하나의 법칙을 찾는 것을 목적으로 하고 있다. 이 때문에 결국 원주민들은 세계와 온몸으로 하나가 되지만 과학자는 세계로부터 스스로를 소외하는 것인지도 모른다.

과학적 객관이라는 것은 끊임없이 자신을 세계로부터 소외시키는, 세계의 밖으로 내쫓는 훈련과 같다. 현대인은 그러한 과학자를 점점 닮아 가고 있다. 물론 현대인도 인간인 한 축제가 없는 것은 아니지만, 과학자들에게는 '세계는 다양하다.' 그래서 '세계는 하나의 법칙'임을 추구하는 것이다. 세계는 여러 등급의 법칙을 가지고 있다. 여러 등급의 법칙 위에는 상위의 대법칙이 있다. 과학자는 끝내 추상적 혹은 객관적인 법칙을 추구하여야 하는 강박관념을 갖는다. 이것을 보편적 법칙이라고 말한다. 그러나 보편적 법칙이라는 것도 실은 믿을 것이 못 된다. 보편성이라는 것도 절대적인 것이 아니고 상대적이라는 사실이 드러났기 때문이다.

현실계의 객관적 이성이 주관적 정령이나 상상계의 이상세계나 초자연의 세계를 무시할 수 없다. 객관적이라는 것은 실은 실체가 무엇이든지 대상화하는 것이고, 대상화를 극단적으로 밀고 나가면 결국 스스로가 소외되는 길밖에 없다. 도구를 만들기 위해서는 객관성이라는 것이 필요하지만 인간이라는 호모사피엔스는 보이지 않는 세계, 밝혀지지 않은 세계에 대해 혹은 객관적으로 보이는 세계, 밝혀진 세계에서조차도 주체성, 혹은 주인이 되고 싶은 욕망이 있다. 과학은 실은 초자연적인 현상을 자연적인 것의 연장이거나 아니면 단지 언어일 수밖에 없다고 말할 수 있다. 단도직입적으로 말하면 무(無)이다. "신은 죽었다." "신은 없다."라는 명제에 도달할 수도 있다. 그러나 오늘날 진리라는 것에 대해서도 같은 말을 할 수 있다. "진리는 없다." "모순이야말로 진리이다."라는 명제를 제안할 수 있다.

종교와 과학이 같이 가듯이 정령과 진리는 같이 가야 한다. 둘은 평행되지 않으면 둘 다 가치가 없게 된다. 이것은 인간존재의 특성이다. 이 둘은 서로 모순관계에 있는 진리일지도 모르고, 모순관계에 있는 정령일지도 모른다. 종교와 과학 자체가 모순관계에 있는 대표적인 인간의 담론양식일 수도 있다. 세계를 다 설명하고 해석할 수 있는 어떤 하나, 절대적인 법칙, 절대적인 신을 추구하고 있는 것이다.

"종교의 속에는 신령(神靈)이 있고, 과학의 속에는 법칙(法則)이 있다."

아니면

"종교의 속에는 신령이라는 법칙이 있고, 과학의 속에는 법칙이라는 신령이 있다."고 말할 수도 있다.

과학은 하나의 법칙으로 세계를 환유(換喩)하고자 하는 것이다. 종교는 하나의 이미지로 비유(比喩)하고자 한다. 과학은 환유 자체이고 종교는 비유 자체이다. '종교와 축제'는 '부등가교환＝선물(膳物)'을 추구하고, '과학과 시장'은 '등가교환＝공식(公式)'을 추구하는 것일지도 모른다. 전자는 순환 자체를 추구하는가 하면 후자는 등가공식(公式) 자체를 추구한다고 할 수 있다.

신화에 의해 살아가는 원주민들은 삶이 목적적이다. 이에 반해 과학에 의해 살아가는 현대인들은 삶이 도구적이다. 레비스트로스의 다음의 말은 신화와 과학에 대한 잠정적 결론이다. "과학은 가설과 이론이라는 자기가 만들어 낸 구조의 도움으로 수단과 결과를 과학적 현상이라는 형태로 만들어 내는 반면, 신화는 자연과 역사의 현상의 파편으로서 이데올로기라는 구조를 만들어 낸다."[5]

---

5) Lévi‒Strauss, 위의 책(1962, 1964).

2. 단군신화에 대한
구조주의와 역사주의의 통합

신화의 연구방법과 경향도 여러 가지이다. 막스 뮐러로 대표되는 천문학파, 프로이트로 대표되는 정신분석학파, 보아스로 대표되는 '문화특질의 정보창고로 보는' 학파도 있고, 레비브릴로 대표되는 '신화를 전 논리적 사고(pre-logical mind)의 결과로 보는' 학파도 있다. 또 말리노프스키의 '사회적 현장으로 보는 기능주의' 입장, 엘리아데로 대표되는 '성속의 이분법에 의한 태초의 성스러운 시간에 일어난 이야기로 보는 것' 등이 있다.

엘리아데는 이러한 신화는 범례(paradigm)가 되어서 계속 반복되면서 모든 인간행위의 모델이자 정당화의 근거로 작용한다고 한다. 최근에 가장 각광을 받는 것으로 신화를 불평등과 착취의 신비화 혹은 신성화로 보는 마르크시스트 학파가 있고, 신화학의 종합판이라고 할 수 있는 레비스트로스의 구조주의 학파가 그것이다. 레비스트로스의 구조주의학파는 무엇보다도 신화를 대뇌피질의 논리(0, 1의 이분법의 논리)에 합하는 수준의, 신화를 문화담당자의 입장에서 그대로 보려는 노력의 객관적인 결과물을 내놓고 있다. 구조주의 학파는 신화를 인간의 지적 도구로 파악한다. 레비스토로스는 신화소(神話素)를 찾고 그것들의 관계를 통해 오케스트라와 같은 다차원적인 의미를 파악하는 것을 목적으로 한다.

그러나 이러한 방법들을 크게 나누면 구조주의와 역사주의적 방법으로 요약할 수 있다. 둘은 처음부터 서로 다른 방법으로서 경쟁적이지 않다. 예컨대 구조주의적 방법은 그 이원대립성 때문에 역사주의적 전개를 할 수 없다. 단지 그렇게 인식되고 분류된다는 것을 상기시킬 따름이다. 다시 말하면 이원대립항이라는 구조를 늘어놓을 따름이다. 반대로 역사주의적 방법은 구조주의적 방법의 세밀한 분석을 할 수가 없다. 하지만 구조주의학자들이라고 해서 역사적 방법을 동원하지 않는 것도 아니고 역사주의학자들이라고 해서 구조주의적 방법을 동원하지 않는 것도 아니다. 이들은 상호 보완적인 것이다.

구조주의적 방법의 최근 성과로는 신인철의 <단군신화의 구조>[6]를 들 수 있다. 그것을 소개하면 다음과 같다.

신화와 이에 따르는 의례를 분석함에 있어서 레비스트로스의 이분법(dualism)과 매개항(mediation)의 논리와 반 게넵(Van Gennep, A)의 분리 – 격리 – 통합의 통과의례의 논리는 특별나다. 이는 마치 수학의 보편적 법칙과 같다. 이분법은 대뇌활동과 연결되어 있고, 통과의례는 집단생활을 하면서 필수적으로 집단의 이동을 하여야 하는 인간에게 부과되는 기본적인 시련이기 때문이다. 그런 점에서 이 둘을 종합한 신인철의 <단군신화의 구조>는 주목할 만하다. 그의 연구는 구조주의적 혹은 통과의례적 접근의 좋은 예이기 때문에 여기 도표로 간략하게 소개한다.

---

6) 한국문화인류학회, 제5분과 '역사와 민속의 인류학'(2002년)에서 발표했으나 학회지에 미게재된 논문.

(1) 단군신화의 우주론적 도식 1

하늘의 신(환인과 환웅) / 지하의 동물(곰과 범)

인간과 비슷한 신(환웅) / 인간과 비슷한 동물(곰)

신이 인간이 되기를 원함(환웅) / 동물이 인간이 되기를 원함(곰과 범)

하늘의 제왕으로서 신(Deity)(환인) / 정령인 주술적 신(Spirit)(환웅)

천왕의 통치 도구(천부인 3개) / 정령의 주술적 도구(마늘과 쑥)

초자연의 박달나무(세계수) / 자연의 박달나무

신과 인간의 중간자(환웅) / 동물과 인간의 중간자(웅녀)

인간이 된 신(환웅) / 인간이 된 동물(웅녀)

(2) 환웅이야기의 통과의례적 도식: 신에서 인간으로 이행

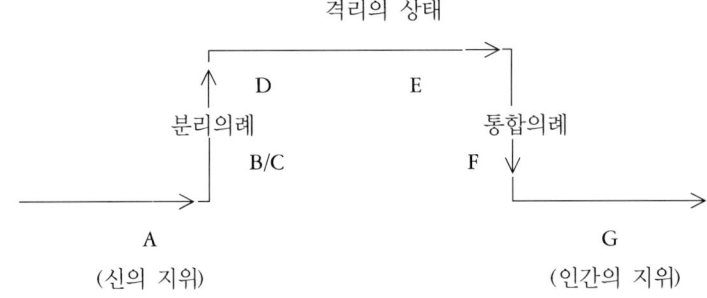

A: 환웅은 환인의 서자이다.

B: 환웅이 인간 세상을 탐내어 구하다.

C: 환인이 환웅의 뜻을 알고 삼위태백산을 내려다보다.

D: 하늘의 보물을 주어 내려가서 다스리게 하다.

E: 환웅이 신단수 밑에서 신시를 건설하다.

F: 환웅이 비, 바람, 구름을 거느리고 세상을 다스리다.

G: 환웅이 웅녀와 혼인하여 아들을 낳다.

(3) 웅녀이야기의 통과의례적 도식: 동물에서 인간으로 이행

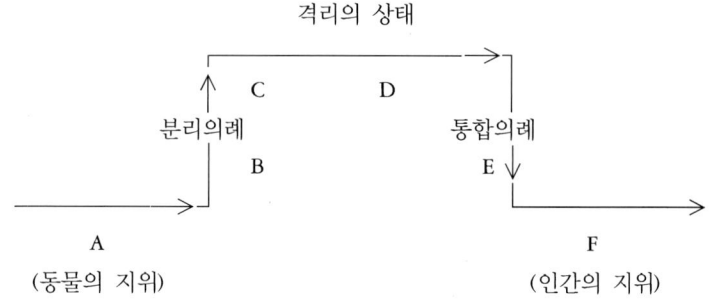

A: 곰과 범이 굴에서 살다.
B: 곰과 범이 사람 되기를 빌다.
C: 신웅이 곰과 범에게 쑥과 마늘을 주다.
D: 곰이 쑥과 마늘을 먹고 규칙을 준수하여 여자가 되다.
E: 웅녀가 아이 배기를 기원하다.
F: 웅녀가 환웅과 혼인하여 아들을 낳다.

(4) 단군신화의 우주론적 도식 2

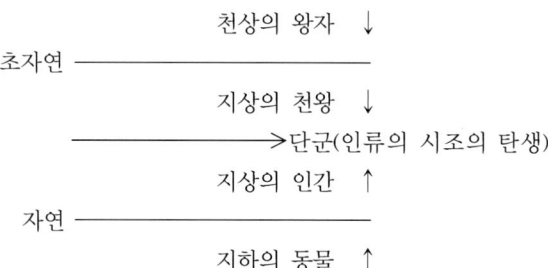

(5) 단군 신화의 우주론적 도식 3

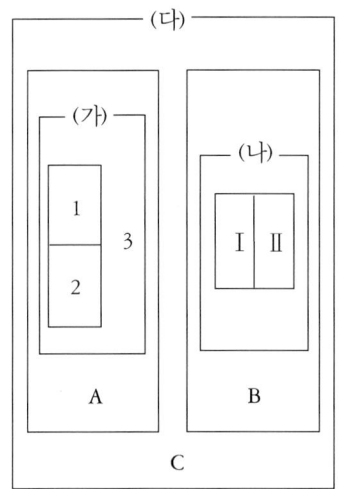

1: 천상의 왕자(신)   Ⅰ: 곰(사람과 비슷한 동물)   A: 신랑(남편)
2: 지상의 천왕(반신)   Ⅱ: 범(신과 비슷한 동물)   B: 신부(아내)
3: 남자(인간)   Ⅲ: 여자(인간)   C: 아들(인류의 시조의 탄생)

필자가 앞으로 전개할 글은 한마디로 구조주의적 방법과 역사주의적 방법의 통합이라고 말할 수 있다. 구조주의적 분석은 이제 인류학자들의 교양에 속한다. 문제는 구조주의와 역사주의의 상관관계에 대해서 어떻게 긴밀하게 접근하여 보다 나은 설명과 해석, 그리고 구조와 역사의 통합에 성공적으로 달성하는가의 관건이다. 왜 역사적인 것이 구조적인 것으로 남아 있는가, 아니면 구조적인 것이 왜 역사적인 것으로 전개되는가 하는 것에 주목하는 것이다. 예컨대 정복이주자들은 왜 하늘이 되고 정복당하는 자들은 왜 땅이되는가, 왜 남성성은 정복자가 되고 여성성은 정복당하는 자가 되는가 등이다. 이것은 분명 인류사에 있어서 어느 때인가, 더 정확하게는 국가형성기에 있어서 북방기마민족과 남방농경민족의 정복과 통합의 문제, 부계사회에서 모계사회로의 전환의 문제 등과 긴밀한 관련이 있다.

단군신화에는 천지인(天地人), 정기신(精氣神)과 같은 삼원론(3.1체계)과 남성과 여성, 신과 인간, 인간과 동물, 곰과 범 등과 같은 이원론(2.1체계)이 동시에 들어 있다. 특히 이원론체계는 발견하는 자에 따라 서로 다르게 무수히 널려 있다. 이것을 필자는 다원다층의 이원대립항이라고 부르고자 한다. 필자는 특히 부성과 모성을 포함하는 모계사회와 부계 - 가부장사회로의 역사적 전환, 토테미즘과 샤머니즘을 복합적으로 가진 단군신화에 대한 새로운 신화학적 해석을 선보일 예정이다. 따라서 구조주의적인 방법론도 동원하겠지만 역사적인 방법론을 중심으로 전개할 예정이다. 구조주의는 필자의 수단(방편)이고 역사주의는 필자의 해석(목적)이다. 이것은 관념과 실체, 구조와 역사, 나아가서 시공간의 통합에 속한다.

시간과 공간은 서로 만난다. 더 정확하게는 시간과 공간은 하나이다. 그러나 이것을 인식하는 일은 쉽지 않다. 인류학에서 신화에 접근한다는 일은 역사(시간)에 남아 있는 구조(공간), 혹은 공간(구조)에 남아 있는 시간(역사)을 해독하는 일에 속하는 어려운 작업이다. 이 글은 필자가 ≪한국문화와 예술인류학≫(1992년)에서 주장한 '음양의 다원다층의 상징학'의 좋은 예가 될 것이다. 이 글은 결과적으로 천지인 - 음양론에 입각하여 단군신화에 대한 새로운 분석과 해석의 글이 될 것이다.

우선 ≪삼국유사(三國遺事)≫에 기록된 단군신화의 내용을 보자.

고조선(古朝鮮) 왕검조선(王儉朝鮮)에 대하여 <위서(魏書)>는 이렇게 말했다.

건국신화 A:

지금으로부터 2,000년 전에 단군왕검이 있었다. 그는 아사달[阿斯達: 경(經)에는 무엽산(無葉山)이라 하고 또는 백악(白岳)이라고도 하는데 백주(白州)에 있었다. 혹은 또 개성(開城) 동쪽에 있다고도 한다. 이는 바로 지금의 백악궁(白岳宮)이다.]에 도읍을 정하고 나라를 세워 조선(朝鮮)이라고 불렀다. 이는 고(高)와 같은 시기였다(이상은 건국신화에 해당한다.).[7]

창조신화 A:

<고기(古記)>는 이렇게 말했다. 옛날 환인[桓因: 제석(帝釋)을 말함.]의 서자(庶子) 환웅(桓雄)은 자주 천하에 뜻을 두고 인간의 세상을 구하고자 하였다. 아버지가 아들의 뜻을 알아 삼위태백산(三位太伯山)을 내려다보고 인간을 널리 이롭게 하고자 하였다.

이에 환인은 천부인(天符印) 세 개를 환웅(桓雄)에게 주면서 파견하여 가서 다스리게 했다. 환웅(桓雄)은 무리 3천 명을 거느리고 태백산(太伯山) 마루[즉 태백(太伯)은 지금의 묘향산(妙香山)이다.] 신단수(神檀樹) 아래에 내려왔다. 그곳을 신시(神市)라 하였다. 이분을 환웅천왕(桓雄天王)이라고 이른다. 그는 풍백(風伯)·우사(雨師)·운사(雲師)를 거느리고, 곡식·수명(壽命)·질병(疾病)·형벌(刑罰)·선악(善惡) 등을 주관하고, 인간의 360여 가지 일을 주관하

---

7) "古朝鮮 [王儉朝鮮] 魏書云. 乃往二千載有壇君王儉. 立都阿斯達[經云無葉山, 亦云白岳, 在白州地, 或云在開城東. 今白岳宮是.], 開國號朝鮮, 與高同時."

였다. 세상을 다스리고 교화(敎化)했다(천지창조 신화에 해당한다.).[8]

건국신화 B:

이때 범 한 마리와 곰 한 마리가 같은 굴속에서 살고 있었다. 항상 신웅(神雄)에게 기도하며 변하여 사람이 될 것을 원했다. 이때 신웅이 신령스러운 쑥 한 줌과 마늘 20개를 주면서 말하기를 "너희들이 이것을 먹고 백 일 동안 햇빛을 보지 않으면 곧 사람이 될 것이다." 했다.

이에 곰과 범은 이것을 받아먹고 삼칠일(21일) 동안 햇빛을 피하였다. 곰은 여자의 몸을 얻었으나 범은 햇빛을 피하지 못해 사람의 몸으로 변하지 못했다. 웅녀(熊女)는 함께 혼인해서 살 사람이 없었다. 날마다 단수(壇樹) 밑에서 아기 배기를 주문하고 기원했다. 환웅이 마침내 잠시 변하여 그와 혼인하여 잉태하게 하여 아들을 낳았다. 단군왕검(檀君王儉)이라고 불렀다. 당고(唐高: 堯임금)가 즉위한 지 50년 경인년(庚寅年)이다(堯가 즉위한 元年은 戊辰년이다. 그렇다면 50년은 丁巳요, 庚寅은 아니다. 이것이 사실이 아니어서 의심스럽다.).

평양성[平壤城: 지금의 서경(西京)]에 도읍하여 비로소 조선(朝鮮)이라고 불렀다. 도읍을 백악산(白岳山) 아사달(阿斯達)로 옮겼다. 또 궁홀산[弓忽山: 일명 방홀산(方忽山)] 금미달(今彌達)이라고도 한다. 그는 1천 5백 년 동안 여기에서 나라를 다스렸다. 주(周)나라 호왕(虎王)이 즉위한 기묘(己卯)년에 기자(箕子)를 조선(朝鮮)

---

8) "古記云. 昔有桓因[謂帝釋也]庶子桓雄, 數意天下, 貪求人世. 父知子意, 下視三危太伯可以弘益人間. 乃授天符印三箇, 遣往理之. 雄率徒三千, 降於太伯山頂[卽太伯今妙香山.]神壇樹下. 謂之神市. 是謂桓雄天王也. 將風伯雨師雲師, 而主穀主命主病主刑主善惡, 凡主人間三百六十餘事. 在世理化."

에 봉했다. 이에 단군(檀君)은 장당경(藏唐京)으로 옮겼다. 뒤에 돌아와서 아사달(阿斯達)에 숨어 산신(山神)이 되었다. 나이는 1,908세였다(다시 건국신화에 해당한다.).[9]

"古朝鮮 [王儉朝鮮] 魏書云. 乃往二千載有壇君王儉. 立都阿斯達. [經云無葉山. 亦云白岳. 在白州地. 或云在開城東. 今白岳宮是.] 開國號朝鮮. 與高同時. 古記云. 昔有桓因[謂帝釋也]庶子桓雄. 數意天下. 貪求人世. 父知子意. 下視三危太伯可以弘益人間. 乃授天符印三箇. 遣往理之. 雄率徒三千, 降於太伯山頂[卽太伯今妙香山.]神壇樹下. 謂之神市. 是謂桓雄天王也. 將風伯雨師雲師. 而主穀主命主病主刑主善惡. 凡主人間三百六十餘事. 在世理化. 時有一熊一虎, 同穴而居. 常祈于神雄. 願化爲人. 時神遺靈艾一炷, 蒜二十枚曰. 爾輩食之. 不見日光百日 便得人形. 熊虎得而食之忌三七日. 熊得女身. 虎不能忌. 而不得人身. 熊女者無與爲婚. 故每於壇樹下. 呪願有孕. 雄乃假化而婚之. 孕生子. 號曰壇君王儉. 以唐高卽位五十年庚寅.[唐高卽位元年戊辰. 則五十年丁巳. 非庚寅也. 疑其未實.] 都平壤城.[今西京.] 始稱朝鮮. 又移都於白岳山阿斯達. 又名弓[一作方]忽山. 又今彌達. 御國一千五百年. 周虎王卽位己卯. 封箕子於朝鮮. 壇君乃移於藏唐京. 後還隱於阿斯達爲山神. 壽一千九百八歲."

단군신화는 크게 볼 때 천지창조신화와 건국신화가 한데 융합된 신화이다. 지금까지 단군신화를 건국신화로만 보아 왔는데 신인철은 <단군신화의 구조>에서 창조신화와 건국신화의 연속체로 가장 분명하게 말하였다. 창조신화, 창세기신화에는 흔히 절대자가 등장

---

9) "時有一熊一虎, 同穴而居. 常祈于神雄, 願化爲人. 時神遺靈艾一炷, 蒜二十枚曰, '爾輩食之, 不見日光百日 便得人形.' 熊虎得而食之忌三七日. 熊得女身, 虎不能忌, 而不得人身. 熊女者無與爲婚. 故每於壇樹下, 呪願有孕. 雄乃假化而婚之, 孕生子. 號曰壇君王儉. 以唐高卽位五十年庚寅.[唐高卽位元年戊辰. 則五十年丁巳, 非庚寅也. 疑其未實.] 都平壤城[今西京], 始稱朝鮮. 又移都於白岳山阿斯達. 又名弓[一作方]忽山, 又今彌達. 御國一千五百年. 周虎王卽位己卯, 封箕子於朝鮮. 壇君乃移於藏唐京. 後還隱於阿斯達爲山神. 壽一千九百八歲."

하여 천지를 창조하는 천지창조신화가 있고, 천지가 스스로 개벽함으로써 이루어지는 천지개벽신화로 구분된다. 전자의 예로 기독교의 창세기를 일부만 소개한다.

"한 처음에 하느님께서는 하늘과 땅을 지어 내셨다. 땅은 아직 모양을 갖추지 않고 아무것도 생기지 않았는데, 어둠이 깊은 물 위에 뒤덮여 있었고 그 물 위에 하느님의 기운이 휘돌고 있었다. 하느님께서 '빛이 생겨라!' 하시자 빛이 생겼다. 그 빛이 하느님 보시기에 좋았다. 하느님께서는 빛과 어둠을 나누시고 빛을 낮이라, 어둠을 밤이라 부르셨다. 이렇게 첫날이 밤, 낮 하루가 지났다. 하느님께서는 '물 한가운데 창공이 생겨 물과 물 사이가 갈라져라!' 하시자 그대로 되었다. 하느님께서는 이렇게 창공을 만들어 창공 아래 있는 물과 창공 위에 있는 물로 갈라 놓으셨다. 하느님께서 그 창공을 하늘이라 부르셨다. 이렇게 이튿날도 밤, 낮 하루가 지났다."10)

이에 비해 중국의 반고(盤古)신화는 후자가 된다. 중국의 반고신화의 줄거리는 다음과 같다.

"천지는 카오스의 혼돈상태로 마치 달걀과 같았다. 반고가 그 속에서 태어나 1만 8천 년을 살았다. 천지가 개벽하면서 양(陽)은 맑은 것으로 하늘이 되고 음(陰)은 탁한 것으로 땅이 되었다. 반고는 그 가운데 놓여 하루에 아홉 번이나 변화하며 하늘에는 신비함으로 작용하고 땅에서는 성스러움으로 작용했다. 그래서 하늘은 하루에 한 길씩 높아졌고 땅은 하루에 한 길씩 두터워졌으며 반고도 하루에 한 길씩 자랐다. 1만 8천 년이 흐르는 동안 하늘의 높이가 지극히 높아졌고 땅의 깊이가 지극히 깊어졌으며 반고의 키 역시 훌쩍 자랐다. 반고는 1만 8천 년간 하늘을 들고 키를 늘려 천지를 분리시켰다. 반고는 쓰러져서 입김은 구름이 되고 몸은 해와 별, 바다와 수목이 되었다."

---

10) ≪성경≫, <천지창조> 1장 1~8절.

창조신화는 절대적인 인격신이 전제된 경우, 절대신에 의해 하늘과 땅과 만물이 창조되지만 개벽신화에서는 하늘과 땅의 분열로 이루어진다. 이에 비해 건국신화는 대체로 하늘과 땅의 합작으로 이루어지는 경우가 많다. 단군신화를 비롯하여 북부여의 해모수, 고구려의 주몽 신화 등 고대 건국신화의 대부분이 그렇다. 말하자면 천신(天神)과 지신(地神＝水神)의 결합으로 이루어진다. 창세기 신화인 반고(盤古)는 분열하지만 건국신화는 다시 결합한다. 그런데 단군신화에는 분열과 결합이 동시에 있다. 이러한 점에서 단군신화와 천지인(天地人) 사상의 관련성을 탐색해 보는 것은 유익할 것이다. 지금에 와서는 천지인 사상을 대수롭지 않게 여길 수도 있겠지만 당시 고대인에게는 커다란 발명이었고 획기적인 세계관이었을 것이다.

천지인사상의 핵심은 '인간은 하늘과 땅의 합작품'이라는 사실이다. 인간은 하늘(하느님)이 창조한 것도 아니고 혼돈(카오스)에서 하늘과 땅이 분열한 것도 아니고 하늘과 땅이 합작한 결과라는 것이다. 이것은 조화(혹은 평화)와 균형을 달성하는 것이 큰 지혜라는 것을 알게 되는 큰 진전이다. 이와 관련하여 레비스트로스의 주장은 의미심장하다.

"나는 중국의 초기 신화와 한국의 초기 신화 사이에 전도의 예가 있는가를 자문해 봅니다. 서경에 담겨 있는 중국 고문헌들의 초기 신화들은 태초에 천지가 맞붙어 있음을 말하고 있습니다. 이 사실은 천지의 인접성이 인간과 동물 사이, 특히 인간과 신 사이에 일종의 전반적인 혼란을 초래하기 때문에 인간에게 해롭다는 것을 확실히 하고 있습니다. 그리고 신들은 항상 지상을 넘나들기 때문에 인간에게 아주 불편한 존재이지요. 그러므로 세상이 문화적 영웅에 의해 조직되고 규율화되기 위해서는 무엇보다도 먼저 천지를 분리시키는 것이 필요했던 것입니다. 그래서 만약 내가 단군신화를 제대로 이해한 것이라면 그 상황이 전도되었다고 보고 싶습니다. 왜냐하면 태초에 천지가 분리되었고, 그것이 어느 정도 분리되었을 때 천신의 아들 환웅이 세상을 다스리기 위해 하늘을 떠나 지상으로 내려왔다고 생각되기 때문입니다."[11]

단군신화에서 단군의 등장 이전이 창조신화에 해당하고 단군의 등장 이후가 건국신화에 해당한다. 건국신화로서의 단군은 무교와 더불어 진행되는데 제정일치 시대와 같이한다. 이 말은 무당이 바로 통치자라는 말에 다름 아니다. 그러한 점에서 우리 민족의 고대 축제는 무교(shamanism)와 일맥상통하고 있고 그러한 점에서 단군은 일종의 나라무당(司祭王 priest king, 巫王 shaman king)인 셈이다. 무교는 후에 제사중심에서 정치중심의 왕국으로 진화(進化: 化生轉化)하는 양상을 보인다. 이것이 바로 단군신화에 잘 나타나 있다. 단군신화는 우리 문화의 원형을 살펴볼 수 있는 귀중한 담론이면서 무교와의 친연성을 보이는 신화담론이다. 무교신화는 흔히 바리데기 신화를 주축으로 삼지만 그 위에 단군이 있음은 물론이다.

단군신화를 축제와 관련하여 무교적으로 해석하면 다음과 같다.

인간은 천신(天神)을 위시한 여러 신령에게 제를 올린다(天祭). 제사를 올리는 데는 주재자(중재자)가 있어야 하는데 그 인물이 바로 무당이다. 무당은 인류의 종교가 처음으로 사람을 내세워 하늘과의 중재자로, 다시 말하면 하늘의 말(神託)을 받아 전하고 해석

---

11) 강신표(편), ≪레비스트로스의 인류학과 한국학≫, 한국정신문화연구원, 1983, 62~63쪽.

하는, 해석자로서 역할을 한다. 해석자가 나타남으로써 그 이전의 정령숭배나 토테미즘과는 근본적으로 다른, 하늘과 땅의 중재자로 사람(人)을 설정하는 천지인(三才 혹은 三位一體) 사상을 배태한다. 무당은 본래 여무(女巫)였는데 후에 남무(男巫)로 변한다.

천신인 환인(桓因: 하느님)의 아들 환웅(桓雄)이 풍백(風伯), 우사(雨師), 운사(雲師) 등 신령을 거느리고 이 땅에 내려와 웅녀(熊女)와 결합하여 단군을 낳았고, 단군이 고조선을 세웠다(제정일치 사회). 환웅은 태백산 신단수(神檀樹)에 내려오는데 여기서 박달나무가 하늘과 땅을 연결하는 매개역할을 한다. 아시다시피 신단수는 세계수(世界樹)의 신화소이다. 박달나무 단(檀) 자는 단군의 이름이 되기도 한다. 환웅이 웅녀와 결합하여 단군을 낳았다고 하는 것은 당시 북쪽 산림지역의 토템이었던 곰(熊)과 범(虎) 집단—반족(半族, moiety)이라는 주장도 있음—의 권력경쟁을 유추하게 하고 여기서 곰 부족이 정통성을 확보하였다는 것을 말해 준다. 또 곰이 환웅의 여자로 간택된 것은 곰 토템과 샤머니즘의 연결을 강력하게 상징한다. 다시 말하면 곰이 샤먼이 되고 샤먼이 왕이 되는, 토테미즘에서 샤머니즘, 샤머니즘의 부족국가에서 고등종교의 고대국가로의 발전을 의미한다.

여기서 환인(桓因)은 여러 가지로 해석이 가능하다. 우선 환인이 하늘에서 내려왔다고 하는 것은 아마도 환인으로 대표되는 이주집단을 가정할 수 있다. 대체로 북방 민족이라고 할 수 있겠다. 대체로 우리민족의 북방조상을 말할 때 중앙아시아, 혹은 시베리아를 들게 되는데 북방족의 한반도 이주도 한 차례가 아니라 여러 차례였던 것을 감안하면 우랄－알타이어 계통이고 알타이어 계통 중에서도 퉁구스어 계통이라고 보는 것이 지배적이다. 이 어계를 따라 퉁구스족이라고 한다. 아마도 환인집단은 퉁구스족의 나라였을 것이다. 환인집단이 한반도에 넘어 들어오면서 토착세력의 부족과 관계를 맺게 되는데 이것이 곰과 범의 이야기이다.

환인집단은 모계(母系)였을 가능성을 강력하게 시사한다. 환웅이 환인의 서자(庶子)라고 하는 것은 모계사회를 이해하지 못한 유학자가 유교식으로 표현한 것이라는 것이다.[12] 서자는 유교식으로 보면 본처(本妻)의 아들이 아니라 첩실(妾室)의 아들을 말하지만 모계사회에서 보면 여럿 자식 혹은 말자(末子)를 나타낸다. 부계사회는 장자는 부모와 함께 대가족제도를 이루면서 살지만 모계사회는 나이 많은 자식부터 출가를 하게 되고 마지막에 남는 자식, 즉 막내가 가계를 잇게 된다. 아마도 이런 사정을 반영한 것으로 풀이하는 것이 옳을 것 같다. 단군은 단모(檀母)의 아들이었을 가능성이 높다.

단모란 모계사회에서 부계사회로 전환기에 모계로 출계는 이루어지면서도 어머니-딸로 이어지는 것이 아니라 어머니-아들로 이어지는 것을 말한다. 이것은 말하자면 다른 사회체제는 부계사회로 변화하면서도 부족의 수장(首長)은 아버지-아들의 출계가 아니라 어머니-아들을 유지하는 과도기적 상태를 말한다. 단모는 쉽게 말하면 단군할머니의 아들이 된다. 이것을 후대 가부장사회의 시각에서 해석하면 단군할아버지가 된다. 단모의 전통과 삼신(三神)할머니는 바로 상통하는 것이다. 삼신할머니는 단군시대에 들어가면서 남자 중심의 부족국가가 되긴 했지만 여전히 모계성향이 남아

---

12) 김정학, <檀君神話와 토테미즘>, ≪역사학보≫ 7호(1954), 273~298쪽.

있는 까닭에 붙은 이름이다.

고려시대에도 서자는 모계를 따라 고대의 모계계승을 하는 것으로 나타나 있다. 세계사적으로 볼 때도 초기에는 천신(天神) 또는 태양신(太陽神)은 대개 여신(女神)에 속했는데 부계사회로 한참 진행된 뒤에도 신의 형상은 가슴이 풍만하고 둔부가 발달한 여성의 모습인 경우가 많다. 그것이 후대에 부계사회의 도래와 함께 남신(男神)으로 변하면서 여신은 다시 지상(地上)의 것─물(水), 산(山), 땅(地)─으로 대체된다. 환웅을 서자로 취급한 것은 바로 부계적 해석이었으며 서자는 또한 원시의 말자상속제(末子相續制)와도 관련이 있다고 주장하는 학자도 있다.

인류문명사를 보면 고대에 북방기마유목 민족과 남방농경민족 간의 식량쟁탈을 위한 전쟁은 유라시아대륙 전역에서 발생하였던 것으로 보인다. 이러한 전쟁은 정복과 이주를 수반하였는데 이때 북방 정복이주민은 흔히 천(天)으로, 남방토착민은 지(地)로 표상되는 경향을 보인다. 이는 정복이주 초기에 북방민족이 승리한 탓도 있지만(天 = 男王 = 桓雄天王) 땅에 붙박이로 사는 거주민은 자연스럽게 지(地)를 표상했던 것으로 보인다(地 = 女巫 = 熊女). 북방의 정복이주민은 하늘(= 남자)이 되고 남방 토착민은 땅(= 여자)이 된다. 이는 고대사를 구성하는 신화의 보편적 법칙이다. 정복이주민은 자신이 거주하던 땅을 버리고 남의 땅으로 정복 혹은 이주했기 때문에 땅을 주장할 근거가 없고 하늘의 권력을 빙자할 수밖에 없다. 그래서 스스로 하늘이라고 한다. 남자(남신) = 하늘 = 부계 = 정체성이라는 것은 인위적이고 의식적인 것이다. 여자(여신) = 땅 = 모계 = 자궁이라는 것은 자연적이고 무의식적인 것이다.

이는 나아가 정복이주민 대 토착민의 문제가 아니라 출계와 결부시킨 사회적 성격으로 확대 해석할 수도 있다. 대체로 부계사회가 모계사회를 정복하고 집단의 규모를 확대 재생산하면서 국가시대로 접어들었다는 학설이다. 부족사회가 국가사회로 발전해 나가면서 모계사회는 부계사회로 변화를 거듭하는데 단군신화는 그 과도기 혹은 전환기에 속하는 신화로 보는 견해가 지배적이다. 부계사회와 모계사회가 전쟁을 하면 물론 부계사회가 이긴다. 이는 전사가 되는 남자의 주거가 부계사회에서는 일정한 반면 모계사회에서는 매우 유동적이고 불완전하기 때문이다. 정체성이라는 말 자체가 실은 부계사회의 말이며 사고이다. 모계사회에서는 받아들이는 쪽이기 때문에 정체성이 필요 없다. 자궁은 의식적으로 정체성을 주장하지 않아도 된다.

자궁은 본질적으로 열려 있는 것이다. 그것을 부계사회가 제도적 억압과 감시와 관리를 통해 닫도록 억압을 준 것이기 때문에 지금 닫혀 있다. 자궁은 마치 대지가 열려 있듯이 누구에게나 열려 있다. 아마도 국가권력의 등장으로 부계적 억압장치가 없었으면 자궁은 지금도 열려 있을 것이다. 왜냐하면 그것이 자연이기 때문이다. 인류의 생활이 풍요롭고 평화로워지면 자연스럽게 그러한 모계적 성향이 두드러지게 돌출하기 시작한다. 모성중심, 여성화 경향은 그러한 것을 말한다. 여성화 경향에서 가장 두드러지는 것은 바로 성의 자유, 프리섹스이다.

부계사회의 등장은 순전히 인구의 증가와 부양하기 어려워진 환경 탓이다. 부계사회는 반드시 사냥과 전쟁을 토대로 하고 있다. 모계사회는 전쟁에 불리한 사회이기 때문에 지구 위에서 자취를 감추었다. 모계사회의 남자는 아내의 출계와 자신의 출계가 다르기 때문에 두 집단을 왕래하면서 살게 되어 있다. 그러나 부계사회는 남자가 왕래하지 않아도 된다. 여자가 완전히 자신의 주거를 버리고 남편의 주거로 옮겼기 때문이다. 다시 말하면 모계는 남자의 출계와 주거가 같지 않고(주거가 불완전하며) 부계사회는 남자의 출계와 주거가 같기 때문에 전쟁에서 응집력과 기동력을 발휘할 수 있다. 또한 정체성이 강하기 때문에 전쟁에서 유리한 것이다. 자식을 낳고 키우는 여자가 완전히 남편 쪽으로 옮기는 부계의 방식이야말로 남자와 여자의 힘의 균형을 유지하는 방식으로 여겨지는, 가장 완벽하고 안정적인 출계 및 거주방식이다.

지구 위의 대부분의 사회가 부계를 택하는 것만 보아도 이것이 얼마나 적응력이 있는 제도인가를 설명한다. 만약 부계사회가 여자의 재생산(출산)과 인구의 부양에 역방향이었으면 결코 부계사회로 가지 않았을 것이다. 그렇지 않기 때문에 부계사회가 대종을 이루었다. 결국 인간 종의 삶도 동물의 삶일 바에는 종족본능과 성욕과 식욕이 달성되는 방향으로 진화하였을 것임에 틀림없다. 인간의 삶이 복잡다단하지만 그것을 간략하게 보면 여자의 재생산이 삶의 중심에 있고 그것을 충족시키면서도 권력경쟁이나 전쟁에서 이길 수 있는 방향으로 진화하였을 것이다. 부계는 그것을 다 충족시키는 제도였던 셈이다. 여자의 재생산을 위해서는 부계일지라도 여자로 하여금 친정으로 가서 편히 출산을 하도록 배려하는 경우도 적지 않다. 시어머니와 며느리는 흔히 고부갈등을 갖는 사이로 알려져 있지만 남의 대를 이어야 한다는 공통의 연대감을 가지고 있다.

만약 남자가 완전히 아내 쪽으로 옮기는 방식이었다면(이것은 모계와는 다르다.) 남자와 여자의 힘의 균형을 심각하게 깨뜨림으로써 지속되기 어려웠을 것이다. 여자는 언제나 생물학적으로 자식으로부터 힘의 지원을 받는 존재이기 때문에 남편의 집으로 옮겨 와도 그 반대의 경우에 비해 훨씬 적응적이다. 부계사회에서조차 남자의 가정에서의 위치는 소외되기 십상이다. 남자는 직접 자기 몸으로 자식을 생산하는 여자에 비해 자식과의 관계가 소원하기 쉬우며 남자(아버지)의 역할 자체가 여자(어머니)와 달리 권력과 권위를 가르치는 엄격한 관계가 되기 때문에 제자리 찾기가 쉽지 않았을 것이다.

모계사회에서 부계사회로 바뀌는 초기의 가계를 생각하면 집에 남아 있는 마지막 딸의 아들이 가계를 이을 수밖에 없다. 이는 왕가에서도 마찬가지이다. 모계의 왕가에서 딸이 왕권을 상속하다가 딸의 아들로 왕통이 이어진다. 이것이 신농(神農)이다. 모계의 딸에서(혹은 모계의 아들로), 모계의 사위로, 모계의 사위에서 부계로 이어지는 셈이다. 이것이 중국 고대사의 왕위계승이다. 중국 금문(金文)학자 낙빈기(駱賓基)에 따르면 신농(神農: 炎帝)의 어머니는 치우씨인 강(姜)씨이다. 황제헌원(黃帝軒轅)은 또한 신농의 사위로 신농의 딸 뉘조(뉘祖)의 남편이다. 소호금천(少皞金天: 祭天金人이라고 함.)씨는 황제헌원(黃帝軒轅)의 아들로서 신농의 아들인 희화주(羲和柱)씨의 사위이다. 전욱고양(顓頊高陽)씨는 희화주씨의 아들로 소호금천씨의 사위이다. 제곡고신씨는 소호금천씨의 손자이다. 제곡고신(帝[13]嚳高辛)에서 제(帝) 자가 완성된다. 이로써 모계

---

13) 참고로 駱賓基의 금문(金文) 등에 의하면 중국 상고사의 삼황오제의 계통은 현재 대체로 세 갈래로 보고 있다. 이들은 모두 신농을 조상으로 하고 있다. 이들은 신농으로부터 7대 제양까지 같았고 8대 유망 대에 와서 황제와 갈라지고, 유망계열에서 4대를 내

에서 사위로, 사위에서 부계로 바뀌게 된다. 그다음이 제요방훈(帝堯方勳), 제순중화(帝舜重華)로 이어진다. 요임금은 전설상 모계씨족 사회 후기의 염황부족연맹(炎黃部族聯盟)의 장(長)이며 제곡고신의 막내아들이다. 순(舜)은 요(堯)의 두 딸 아황(娥皇)과 여영(女英)을 아내로 맞아 사위가 되어 왕위를 이어받는다. 중국 상고사의 무대는 황하가 아니라 호남성을 중심으로 한 양자강 중하류로 보인다. 가장 최근에 발견된 양자강 하류 하모도(河姆渡) 유적지는 이를 뒷받침한다.

중국과 한국, 한족과 동이족은 고대사를 공유하고 있다. 한족과 동이족은 또한 혼반관계에 있었다. 그런데 모계사회에서 부계사회로 전향하는 과도기에 모계적 전통을 상대적으로 오래 지속한 민족이 동이족이고, 부계적 전향을 빨리 모색한 민족이 한족이다. 그래서 두 민족은 결혼을 하되, 그 사이에서 난 자식에 관해서는, 부계는 부계대로(한족의 경우), 모계는 모계대로(동이족의 경우) 서로 자신의 자손이라고 생각한다. 그러나 부계로 먼저 전향을 모색한 한족이 고대사를 점령하기에 유리한 입장에 서게 된다. 모계에서 부계로의 전환기에 동이족의 한민족은 중국에 밀려 조상을 잃어버리게 되는데 이에 대한 대안으로 후대에 나온 것이 단군신화가 아닐까 짐작된다.

려와 배달나라의 태제(泰帝)가 나온다. 이렇게 세 종족이 중원을 가르게 되는 것이다. 유망의 가계(공자순(孔子順)이 서문을 쓴 책, ≪홍사(鴻史)≫) 1. 신농, 2. 제승, 3. 제임, 4. 제내, 5. 제백, 6. 제즉, 7. 제양(小典), 8. 제유 ─ ① 제괴, ② 제망, ③ 제성, ④ 泰帝, ⑤ 洪帝, ⑥ 檀君王儉/황제의 가계(駱賓基의 ≪금문신고(金文新攷)≫) 1. 신농, 2. 제승, 3. 제임, 4. 제내, 5. 제백, 6. 제즉, 7. 제양(小典), 8. 황제 ─ ① 소호, ② 교극, ③ 제곡, ④ 제지, ⑤ 제요, ⑥ 제순, ⑦ 禹王/전욱고양의 가계(駱賓基의 ≪금문신고(金文新攷)≫) 1. 신농, 2. 제승, 3. 제임, 4. 제내, 5. 제백, 6. 제즉, 7. 제양(小典), 8. 유망─① 희화, ② 제전욱, ③ 곤.

최근 중국 요하일대에서 발견된 신석기만기의 홍산(紅山) 우하량 (牛河梁)문화(기원전 3500~기원전 3000년)에서 발견된 여신묘의 두상은 많은 것을 상징한다. 홍산문화의 주도세력은 곰 토템족이었는데 '웅녀족(熊女族) = 단군 = 모계에서 부계로의 전환'을 나타내는 고고학적 자료로서 주목된다.[14] 재야 고고학자인 정형진은 "홍산문화 지역은 한민족의 정신적 원형을 형성하는 단군신화의 무대가 된다. 따라서 우하량의 여신묘는 단군을 낳은 웅녀의 조상인지도 모른다."라고 하였다.[15]

정형진의 주장을 토대로 우하량문화를 종합 분석한 우실하는 "황제를 포함한 3황 5제의 신화체계는 이미 남성 위주의 부계사회를 전제로 한 신화체계이고 홍산문화는 모계사회의 전통이 강하게 남아 있는 초기 부계사회라고 본다. 홍산문화만기는 모계에서 부계사회로 넘어가는 과도기적인 시기라고 본다."고 말한다.[16]

환인 = 모계사회, 환웅 = 모계사회에서 부계사회로의 전환기, 단군 = 초기 부계사회라는 등식을 가상해 볼 수 있겠다. 환웅은 모계사회의 서자이면서 동시에 부계사회로의 전환의 상징이 된다. 환웅은 웅녀(熊女)로 상징되는 토착민을 정복하고 새로운 신시(神市 = 國家)를 건설한다. 고대사회에 곰이 권력의 상징으로 통하던 시절이 있었다. 그것은 유라시아 일대의 곰 신앙에서도 찾아볼 수 있다. 곰이라는 토템은 비단 한민족의 것만이 아니다. '곰'이라는 말 자체가 '감'이라는 말에서 변형된 것으로 보는 학자도 있다. '감(熊,

---

14) 우실하, 《요하문명론》, 소나무, 2007, 170~194면.
15) 정형진, 《천년왕국 수시아나에서 온 환웅》, 일빛, 2006, 173~174면.
16) 우실하, 위의 책, 316면.

僊, 今)'은 바로 신(神)이라는 주장이다. 일본말에는 오늘날도 '가미(かみ)'가 신(神)이라는 말이다. 여신(女神)과 관련하여 일본의 사료는 재미있는 사례를 보여 준다. 일본의 '아마테라스 오미가미(天照大神)'도 여신이다.[17] 한국의 웅녀(熊女)와 비교해 볼 만하다. 부계이전에 모계의 흔적이라고 볼 수 있다. 곰과 웅녀(熊女), 그리고 여신(女神)의 관계는 아무래도 고대사의 많은 비밀, 모계-부족사회에서 부계-부족국가로의 전환을 밝혀 주는 열쇠가 숨어 있는 것이라고 볼 수 있다.

인간과 곰의 관계가 고고학적으로 증명된 것은 스위스 알프스 지역이었다. 알프스 '드라헨로흐(Drachenloch = 용의 이빨)'로 불리는 바위산의 정상 부근 동굴에서 네안데르탈인이 사용했던 초기의 무스테리안(Mousterian) 석기와 함께 곰의 두개골이 함께 발견되었다(1917년). 같은 지층의 식물의 유물을 검사해 본 결과, 유럽의 이 부근은 리스-뷔름 간빙기(서기 12만 년 전~7만 년 전)에 해당하는 시기로 확인됐다. 흥미롭게도 라스코 동물의 그림은 피를 흘리며 금방이라도 죽을 듯한 긴박한 상황의 곰이 그려져 있다. 아이누족은 곰에게 의례용 화살을 퍼부은 후에 엄숙한 분위기에서 곰을 죽이는 의식을 거행하였다.

하여튼 동굴과 곰은 앞으로 다양한, 여러 갈래의 신화적 해석을 남겨두고 있음이 확실하다. 중국 동남부의 묘족(苗族: 오늘날 호남

---

17) 아마테라스 오미가미(天照大神/天照大御神)는 태양신으로 일본 신도(神道)의 최고신이다. 아마테라스라는 '하늘에서 빛나다.'라는 뜻이다. 그녀는 이자나기의 왼쪽 눈에서 태어났다. 천황과 일본인들은 자신들이 아마테라스의 혈통을 이어받았다고 주장한다. 아마테라스는 ≪고사기(古事記)≫(712) 진무천황(神武天皇)의 노래에도 고나미(古那美), 즉 '큰 어미'의 뜻으로 나타난다. 그러므로 '이서국 출신의 여신'으로 해독이 된다. 앞으로 연구가 기대된다.

성을 중심으로 한 荊·楚·吳지역)은 곰을 숭배하는 민족으로 알려져 있다. 이렇게 볼 때 중국 양자강 유역은 아무래도 심상치 않다. 양자강 유역에서 중국 동남부를 거쳐 산둥반도, 요하, 한반도를 잇는 라인은 동아시아의 곰숭배 라인이 된다. 곰은 그 후 상당기간 동안, 심지어 신석기 수렵민의 사상의 공통성으로 보이기까지 한다. 곰은 조상이면서 신이었다. 심지어 곰과 결혼하는 여자의 이야기는 적지 않다. 북미 북서해안 인디언, 베링해협의 건너편에 산 고몽골족(추크치족과 코랴크족) 사이에도 이 신화는 알려져 있다. 시베리아에서 아메리카로 몽골리안의 이주는 세 번에 걸쳐 이루어진 것으로 추정되는데 이는 단군신화와의 관련성을 짙게 풍긴다. 단군신화는 곰이 여자로 변해 결혼하지만 아예 이들 신화는 곰과 여자가 결혼한다. 곰은 반은 인간인 것이다.

곰은 왜 하필 여자가 되었을까? 곰 숭배는 유라시아 대륙에 걸쳐 있다. 이는 '곰 부족'이 모계사회였거나 모계적 전통을 지녔을 가능성을 강력하게 시사한다. 곰은 범과 달리 유라시아 대륙의 북방에서 남방에 이르기까지 폭넓게 걸쳐 있다. 그러나 범은 그렇지 않다. 범은 툰드라지역의 추위에 약하다. 곰은 초원과 산지에 둘 다 적응하지만 범은 초원이 아니라 산지에만 사는 동물이다. 이는 적어도 단군신화의 성립과 그 변이가 이루어지는 과정이 민족의 이동과 밀접한 관련이 있고, 그 이동의 선이 바로 북극의 동토지역에서부터 툰드라, 초원에 이르는 것으로 장대한 서사시로 보아야 하는 것을 의미한다. 역사가 진행될수록 곰에서 멀어지고, 범으로 가까워짐을 알 수 있다. 곰은 동이족에 가깝고, 범은 한민족에 가깝다.

$$\begin{cases} \text{곰=모계사회=구석기에서 청동기=동토지역에서 산림지역=북방유목동이족} \\ \text{범=부계사회=청동기에서 철기=산림지역으로 이동=만주 · 한반도의 한민족} \end{cases}$$

최근 '몽골리안 루트'를 통해 고대사 분야에서 눈에 띄는 발표를 해 오고 있는 주채혁의 주장을 살펴볼 필요가 있다(뒷장 '불함문화론'에서 상술됨). 이 일대에는 단군신화와 비슷한 신화들이 분포하고 있다는 점과 시리아 다마스쿠스 박물관에는 아기를 안은 '청동곰녀상(웅녀상)'이 있다는 점을 주지시킨다.

주채혁의 '신(新)불함론'에서도 '웅녀＝모계사회'는 추측된다. 다시 말하면 웅녀는 '웅녀＝곰 부족＋모계사회'의 압축인 것 같다. 단군은 모계사회에서 부계사회로의 전환점에 있는 것 같다. 아니면 혹시 부계사회로의 전환의 과정에서 모계사회를 고집한 부족을 말하는 것은 아닐까? 단군신화에서 곰과 함께 동굴에 있었던 범(호랑이)은 환웅천황과의 약속을 지키지 못하여 인간으로 되는 것에 실패한다. 이는 먼저 부계사회로 변화를 시도하여 정복에 나선 환웅세력에 도전한 또 다른 후발 부계세력이었을 수도 있다. '범 부족'은 예컨대 환웅천황의 세력에게 고분고분하지 않은 세력일 수도 있다. 정복이주민인 환웅천황이 웅녀세력이었을 수도 있지만 말이다. 어쨌든 단군신화에서 나온 곰 신앙이 그 후 사라지고 한반도에는 범 신앙(산신령 혹은 산신신앙)이 만연한 것은 무엇을 말하는가? 곰 신앙의 쇠퇴와 범 신앙의 등장은 사회의 전반적인 변화를 말하는 것은 아닐까? 모계사회에서 부계사회로의 변화 같은 것 말이다.

무교를 논하면서 우리가 간과하기 쉬운 것은 바로 무교가 신인동형동성설(神人同型同性說, anthropomorphism)의 시발이라는 점이다. 흔히 신인(神人) 혹은 인신(人神) 혹은 신선(神仙)이라는 것은 모두 여기에 속하는 것인데 하늘과 땅의 중재자, 해석자, 메신저 역할을 하는 것은 때로는 땅에 대해서는 하늘의 역할, 하늘에 대해서는 땅의 역할을 하는 것이기도 하다. 중재자라는 것은 실은 실권자가 될 수도 있다. 여무(女巫)는 중재자적 성격이 강하였던 것이었는데 남왕(男王)으로의 전환은 바로 제정일치에서 제정분리를 의미한다.

무교는 국가시대로의 전환의 경계지점에 있었던 종교인데 국가시대로의 진입과 함께 여무(女巫)는 남왕(男王)에게 정치적 실권을 넘겨주고 대신 남무(男巫: 祝 혹은 覡)에게 제사(종교)의 권한도 넘겨준다. 후에 고등종교의 창시자가 되는 석가, 공자, 예수, 마호메트 등 이들은 큰무당이라고 할 수 있다. 이들이야말로 신인이며 인신이다. 무(巫)와 선(仙, 僊)은 구분하기도 하지만 내밀한(esoteric) 과정에서는 연속선상에 있기 때문에 같은 범주로 볼 수 있다.

단군은 무조(巫祖)이면서 동시에 최초의 선인(仙人), 신선(神仙)이기도 하다. 흔히 무(巫), 샤먼(Shaman)은 아니마(Anima) 계열로 '아니마(Anima)→샤먼(Shaman)→정령, 영혼, 다령, 다신→귀신(鬼神)'으로 이어지고 선인(仙人)은 마나(Mana; 일종의 氣)계열로 '마나(Mana)→선인(仙人)→정기, 생기, 생맥, 천신→상제(上帝)'로 구분하는데 단군은 신선이면서 무조로 섬겨지는 이중성을 가지고 있다. 참고로 바라문의 승려들도 샤르마나(Sharmana)라고 부른다. 이것은 샤만의 발음과 거의 유사하다. 아마도 유교와 무교의 관계, 혹은 무교와 바라문과의 관계, 나아가서 무교와 불교와의 관계를 밝힐 수 있는 계기가 올 것이라고 본다.

고등종교들은 대체로 영육이원론에 속한다. 따라서 샤먼이 속하는 아니마 계열에 속한다고 볼 수 있다. 그러나 고등종교들도 대체로 영육이원론의 관점을 표방하고 있으면서도 영육일원론적 관점을 혼용하고 있다. 이것은 고등종교들도 다분히 정령숭배나 토테미즘의 전통을 내재하고 있다는 뜻이 된다. 샤머니즘은 바로 고등종교와 그 이전의 원시종교의 사이에 있다. 그래서 샤머니즘은 고등종교로 진화하는 교량역할을 하면서도 애니미즘, 토테미즘의 전통을 간직하고 있다. 그래서 훌륭한 샤먼은 고등종교의 사제의 역할을 하지만 그렇지 못한 샤먼은 무속이라는 비난을 받는 처지로 전락하게 된다. 그래서 네오샤머니즘(neo-shamanism)의 정신은 도리어 고등종교의 세속적 타락, 권력에의 종속을 정화하고 살아 있음(living)을 회복할 수 있는 계기가 될지 모른다. 마치 고등종교가 초심으로 돌아가는 것과 같다.

성령 응신	애니미즘 토테미즘 (영육일원론)	무의식
성자 색신	토테미즘샤머 니즘 (영육이원론)	의식 (language)
성부 법신	고등종교 (영육이원론)	초의식 (meta-language)

단군은 우리 민족에게서 처음으로 탄생한 큰무당이었으며 이러한 사상은 후에 우리나라에서 인내천(人乃天)의 동학(東學)사상으

로 발전한다. 어떤 점에서 동학의 교주인 수운(水雲) 최제우(崔濟愚)야말로 우리나라가 최근세에 배출한 예수와 같은 인물이다. 주체적이고 실존적으로 신을 느낄 수 있는 것이 바로 인신(人神) 혹은 신인(神人)이며 고대의 신선(神仙) 다음으로 우리에게 다가온 신은 바로 인내천(人乃天)인 것이다. 동학은 특히 당시에 서양으로부터 들어온 서학을 포함하여 새로운 무교 혹은 풍류도(이 책에서 쓰이는 풍류도는 風流仙, 혹은 風流仙道의 의미로서 풍류도이다.)의 전통을 확립하였다는 의미가 있다. 유불선 삼교를 습합하는 풍류도가 이번에 기독교를 포함하여 세계적 보편성을 가지게 된다. 이 같은 보편성은 인내천 이외에도 무위이화(無爲而化)에서도 찾아볼 수 있다. 이것은 무시무종(無始無終)의 천부경의 전통을 잇는 것이었다.

무교는 귀(鬼)와 신(神)을 섬기면서도 실은 인간을 중심으로 신을 섬기는, 혹은 인간의 기원이나 정성에 의해 신을 움직일 수 있는 길을 열었다. 무교는 여러 신을 인정하면서도 정령숭배나 토테미즘과 같이 하늘의 태양과 달, 별, 그리고 무생물에서부터 동식물에 이르기까지 흩어져 있던 신앙을 사람을 중심으로 재배열하여 적어도 인간에 의해 신의 세계, 상상계의 세계가 질서를 갖고 재편성되는 계기를 맞게 된다. 무교의 등장으로 경우에 따라서는 인간이 신과 교섭을 하거나 신을 좌지우지할 수 있게 되었다. 무교에 의해서 신을 섬기기만 하는 두려움의 단계에서 신과 주고받는(請神, 娛神, 送神) 단계로 발전하게 된 것이다. 그러한 점에서 그 후의 어떤 종교도 무교의 변형에 속한다고 할 수 있다.

무교는 유일신을 섬기는 고등종교로의 진화를 거부한 까닭에 도리어 외래 가부장의 고등종교를 섬겨야 하는 이중성을 갖는다. 무교는 고등종교로 가는 전략을 택하는 대신에 그 고등종교 안에서 기생하는 방식을 택한다. 그래서 한국의 외래종교들은 결국 무속화되는 것이다. 이는 마치 남자에게 가부장의 권한을 주고 집안에서 보호를 받는 여자의 신세와 같은 것이다. 무교는 철저하게 여성적이다. 이는 한국문화의 전반의 여성성과도 연관관계를 맺을 것이다. 이것이 무교의 운명이고 한국의 운명이다. 신모계사회, 네오샤머니즘의 시대가 다시 오면 무교에 대한 새로운 의미부여도 있게 될 것이다.

3. 고대 동아시아에 나타난
모계에서 부계사회로의 전환

중국에서 모계사회에서 부계사회로의 전환은 흔히 순임금 때에 이루어진 것으로 거론된다. 이는 순임금의 이름을 표시하는 옛 문자의 해석에 따른 것이다. 순임금을 나타내는 옛 글자는 오늘날 '한(韓)'으로 정착된 것인데 '한' 자의 고자가 '한(桓, 漢, 汗, Khan)'과 관련이 있음은 주지의 사실이다. 또한 '한' 자는 신라의 왕호인 거서간(居西干), 마립간(麻立干) 혹은 벼슬이름인 각간(角干), 대각간(大角干)의 '간'과도 통한다. '한(韓)'의 정체를 알려면 먼저 '조(朝)'의 정체를 알아야 한다. 낙빈기류의 해석에 따르면 '조(朝)'는 좌변 'ㅣ+一+日'과 우변 '月'이 합쳐진 글자인데 조변의 ㅣ은 신농(신농씨의 이름), 일(一)은 신농씨의 딸 뉘조의 이름, 그리고 일(日)은 신농씨의 아들인 희화주씨의 이름이라는 것이다. 이 세 분의 이름이 합쳐진 것이 바로 집이라는 의미의 '△'이다. 집은 곧 나라의 출발이고 나라 또한 국가(國家)라는 집이다. 우리말로 집은 반드시 한자말로 '가(家)'가 아니라 발음 그대로 '집(△)'이다.

우변을 보면 '月'은 오늘날 달을 의미하지만 그 글자의 변화과정을 보면 '月' 자 앞에서 '舟'의 형태를 취하고 있다. '月'은 희화주씨의 아들인 정옥(전욱이라고도 함) 고양씨의 이름이다. '月' 자는 술을 주고받는다, 제사에 술을 올린다는 의미를 가지고 있다. '月'의 고자는 '舟'이고 '舟'는 '술(酒)' 자의 의미가 된다. 한자말로

'주(舟)'는 우리말로 '술'을 의미한다. '舟' 자의 머리 부분에 '인 (人)'은 지붕을 의미하며 결국 조상을 모시는 사당을 의미한다. 어 쨌든 조(朝) 자에는 신농씨와 그의 딸 뉘조, 아들인 희화주씨, 주씨 의 아들 정옥 고양씨 등 4명의 이름의 집합이다. 이것은 결국 '전 욱 고양씨가 종묘에 제사를 드릴 수 있어서 비로소 나라가 되었다' 는 의미이다. 이것이 나중에 묘(廟＝厂＋朝)가 된다.[18]

'韓' 자는 '간(韓＋人)'에서 '人' 자 대신에 '韋' 자를 덧붙인 것 인데 그 '韋' 자의 옛 문자를 보면 봉토를 중심으로 주위를 돌고 있는 발의 모양이다. '밭 가운데 농작물을 호위하며 지킨다'는 뜻 이 내포되어 있다. 오늘날 호위(護衛)의 시원자이다. 그런데 '韋' 자에 들어 있는 상하의 두 개의 발과 순임금의 이름자인 '순(舜)'의 그것과 서로 방향을 달리하고 있다는 것이다. 그래서 호위(護衛)의 '위'에서 어긋날 위(違)의 '위' 자가 된다는 것이다. 그래서 당시를 지배하던 모계제의 유습을 버리고 부계중심의 사회로 대변혁을 시 도하는 것을 의미한다는 것이다.[19]

낙빈기류의 금문학에 따르면 '환(桓)'자도 '木＋亘' 자의 합성어 인데 '亘' 자는 '일(一)＋일(日)＋일(一)'이다. '木' 자는 신농의 '｜'를 기초로 하고 있으니 결국 신농에서 뉘조, 아들 희화주씨, 희 화주씨의 아들 정옥 고양씨의 이름표시가 포함되어 있다. 나무 목 (木) 자는 '주(柱)' 자와 '상(相)' 자에서 이름자로 등장하는데 이는 세계수(World tree)와 연결시켜 볼 수 있을 것이다. 적어도 나무 신 앙이 등장하는 것과 초기국가의 시작을 환(桓) 자에서 표현한 것이

---

18) 조옥구, ≪21세기 新설문해자≫, 백암, 2005, 216~217면.
19) 조옥구, 위의 책, 220~221면.

라고 보아도 무방할 것이다. 이는 글자가 먼저가 아니라 항상 소리가 먼저 있고 글자로 정착한다는 대원칙에 따라 본다면 소리에 북방민족의 소리글자(표음문자)를 나름대로 뜻글자(표의문자)인 한자문화권의 체계에 맞게 글자를 맞춘 것이라고 여겨진다. 그래서 소리를 우선하되 한자로 참고로 적용하는 것이 연구의 성과를 내는 데에 크게 기여할 것으로 보인다.

선(鮮) 자에 대한 금문학을 보자. '鮮' 자는 '魚＋羊'의 합성어이다. '羊'은 염제 신농의 토템이고 '魚'는 중여 곤(鯀)의 토템이다. 중여씨는 여러 개의 이름이 있는데 그 가운데서 가장 알려진 이름이 '우임금의 아버지'로 알려진 곤(鯀)이다. '鯀'은 '魚＋系'의 합성어이다. 곤이 고양씨의 집안의 아들로 들어와서 사당의 제사를 총괄하면서 곤(鯀)에서 계(系) 자 대신에 양(羊) 자를 넣어서 선(鮮)이 되었다는 것이다. 결국 조선(朝鮮)이라는 것은 고양씨의 이름자인 조(朝)와 그의 셋째 아들 중여의 이름자인 곤(鯀)이 선(鮮)으로 바뀜에 따라 형성된 것이다.[20] 여기에 중요한 시사점이 있다. 고기잡이를 하는, 물이 있는 초원의 부족과 양을 유목하는 산지의 부족이 합해서 조선이 된 셈이다. 이것은 주채혁의 소산(小山) - 대산(大山), 예(濊) - 맥(貊)의 이론과 흡사하다. 노(魯)나라의 '魯＝魚＋日(羊)'과 같은 맥락으로 볼 수 있다. 그래서 노나라는 산동지방에서 가장 동이의 문화를 보존한 지역으로 알려져 있다. 동아시아 한자문화권의 문화영웅 공자가 산동성 노나라 출신이라는 것은 의미심장하다.

주채혁의 현지 발음과 생태학적 추적에 따른 '조선(朝鮮)', '고려

---

20) 조옥구, 위의 책, 148~149면.

(高麗)' 이론과 낙빈기류의 금문학(金文學)에 의한 환(桓), 조(朝), 한(韓) 이론이 만날 수는 없을까? 그 가능성은 얼마든지 열려 있는 것 같다. 종합적으로 보면 '鮮' 자에 있는 것 같다. 선 자의 발음이나 선 자의 의미는 바로 그것을 증명하고 있다. 그렇다면 그 중화문명과 동이문명의 만남은 우임금에서 비롯되는 것인가? 결국 전욱(顓頊＝정옥) 고양(高陽)씨와 순우(舜禹) 임금에서 조(朝)와 한(韓), 선(鮮)이 완성된다. 이것을 중화문명과 동이문명의 만남이라는 측면에서 접근할 것이 아니라 예의 요하문명＝홍산문화에서 중화문명과 동이문명으로 갈라진 것으로 보는 것이 더 현명할지도 모르겠다.

단군조선을 연구하기 위해서는 그 범위는 동아시아 전체를 무대로 설정하지 않으면 안 될 것 같다. 여기에 오늘날 중국 대륙의 중심지도 포함시켜야 하며 지금의 국가와 국경을 개념과 그것의 사수에 급급하면서 고대사를 보는 것은 시간을 소급하려는 어리석은 짓이 될 것이다. 동양사 연표를 보면 중국의 요임금과 조선의 단군을 동시대에 놓는다. 이것이 아직 학계의 통설이 된 것은 아니지만 아쉬운 대로 쓰고 있다. 그런데 순(舜)임금은 '모계에서 부계로의 전환'을 꾀하다가 실패한 임금이다. 요임금과 순임금과 우임금 사이의 왕위계승은 선양으로 칭송하지만 실은 둘 다 쿠데타로 집권을 하였으며 또한 부계 왕위계승을 시도하다가 실패한 것으로 보는 것이 설득력이 있다.

중국에서 요임금에서 순임금으로의 전환시기와 동이(東夷)사에서 환웅천황에서 단군으로의 전환을 같은 시기로 본다면 크게 무리는 없을 것 같다. 흔히 동이(東夷) 중심의 역사에서 화하(華夏) 중심으로 역사를 전환시킨 인물로 우(禹)임금을 든다. 그러나 그것은 설득

력이 부족하다. 전욱(顓頊＝정옥) 고양(高陽)씨에 의해 '고(高)' 자
이름이 완성되고, 제곡(帝嚳) 고신(高辛)씨에 의해 '제(帝)'의 이름
이 완성된다. 전욱 고양씨는 결국 조(朝) 자와 고(高) 자를 완성시
킨 인물이다. 여기에 주목할 필요가 있다. 순우(舜禹) 임금에서 한
(韓), 선(鮮)이 완성된다면 우리가 문제 선상에 떠올린 모든 글자인
조(朝), 고(高), 한(韓), 선(鮮)이 여기에 다 들어 있다. 낙빈기류의
금문학과 주채혁의 조선(朝鮮)론이 만난 셈이다. 순임금은 동이족
이라는 사실이 널리 알려져 있다.

우임금에 의해 화하(華夏)문명이 동이(東夷)문명과 갈린다는 것
은 수긍할 수가 없다. 이것은 다분히 중화사상(華夏민족중심주의)
에서 발상된 것이다. 선(鮮) 자야말로 고대사의 문제를 푸는 열쇠의
용어이고 선(鮮) 자는 우임금의 이름이니 말이다. 우임금 다음의 탕
(湯)임금은 또한 동이족 출신이 아닌가. 그러한 점에서 동양의 고대
사와 고대문명은 중국(漢族)과 한국(韓族)이 공유하는 것이다. 이를
굳이 후대에 형성된 민족과 국가개념에 의해 자기의 것으로 고집
하는 것은 결국 자민족중심주의에 빠지는 결과를 초래한다. 특히
만주 지역의 역사를 중국과 한국이 서로 자신의 역사라고 하는 것
은 정작 만주 지역에 살고 있는 거주민들을 무시하는 것이고 일종
의 '잘못된 민족주의'의 틀에 잡힌 결과이다.

고대 한민족 중에 예맥(濊貊)족이 있다. 앞에서 주채혁의 예맥론
과는 다르지만 김민기의 예맥론을 보자. 주채혁은 맥(貊)을 수달(水
獺), 산달(山獺, 너구리)로 보는 반면 김민기는 고양이과의 동물인
호랑이로 보는 것이 다르다.

"예(濊)는 지명이고 맥(貊)은 종족을 지칭한다. ≪증보문헌비고≫

에 맥(貊)은 아홉이 있는데 예맥은 그중에 하나라고 하였고 양맥, 소수맥, 구려맥 등은 후세의 별종이라고 하였다. 고구려의 활을 맥궁이라 하며 짐승을 통째로 구워서 잘라먹는 고구려의 요리방법을 맥(貊) 자라고 하는데 이때의 맥(貊)이라는 말이 호랑이를 토템신으로 섬기는 신앙에서 비롯된 것이라고 생각된다."[21]

맥(貊)은 해자하면 '치(豸)+백(百, 白)'이다. 맥(貊)의 모양은 정확히 알 수 없으니 그와 비슷한 표(豹)를 통해 유추해 볼 수 있다. 표범(豹+범)은 고양이과(科)의 호랑이라고 해도 무리가 아닐 것이다. 여기에 백(白, 百) 자가 붙은 것은 백두산의 용례와 같은 것이다. 백(白)은 희다, 광명, 신성함을 의미한다. 예부터 우리민족은 백두산을 신성시하여 왔다. 혹시 단군신화의 호랑이는 차라리 환인으로 상징되는 이주민에게 저항한 백두산을 중심으로 한 토착의 부족을 나타내는 토템이 아닐까 생각해 본다. 단군신화 이후 곰 이야기는 사라지고 우리민족의 토템으로 호랑이가 그를 대신한다. 곰은 어디 가고 호랑이 토템만 남았는가. 호랑이는 그 후 오행(五行)의 우백호(右白虎)로 남고 십이지(十二支)에도 인(寅)으로 남는다. 이는 본격적인 부계＝국가시대로의 진입과 함께 호랑이가 부활하는 것을 의미한다. 곰의 '검은 것'이 호랑이의 '흰 것'에 밀린 것이다.

환웅천황으로 대표되는 정복－이주민 집단이 예컨대 요하문명＝홍산문명＝모계사회를 일으킨 곰 집단과 만나서 고조선 문명을 이루었고 다시 고조선은 후에 다시 '범 부족'으로 대표되는 집단에게 자리를 내주는 형국이었을 것이다. 그것이 신화기술 과정에서 처음에 '곰의 사람 되기'＝웅녀(熊女)에서 곰의 승리, 범의 실패로 나타

21) 김민기, 《한국의 부작》, 보림사, 1987, 117면.

나지만 결국 단군조선＝고조선이 끝날 즈음 '단군의 산신령 되기'
＝호랑이(山神)에서 범의 권력 탈환 혹은 권력이동으로 반전을 이
룬다고 보면 어떨까? 신화는 시공을 초월하는 상징적 수법으로 역
사를 전하는 것이기에 얼마든지 시간적으로 압축되고 공간적으로
겹쳐지는 수가 있다. 이 과정에서 치환되거나 도치되는 수도 있다.
신화는 무엇보다도 시간을 따라서 선후관계로 전개되는 것이라기
보다는 후대의 필요에 따라 새롭게 구성되고 배열되는 것이기에
더욱 그렇다. 현재진행형으로 혹은 결과적으로, 효과적으로 작용하
지 않는 신화는 죽은 신화이다. 신화가 시간의 압축과 은유라는 것
은 잘 알려진 사실이다.

　단군신화에서 주인공이 되던 곰＝웅녀는 어디로 갔는가? 곰은
흔히 구석기와 연결된다. 구석기 중기 네안데르탈인에게서 신앙(주
술, 혹은 주술적 종교)이 생기는 것으로 보면 시간적으로 맞아떨어
진다. 곰＝감은 신(神)이라는 뜻으로 쓰인다. 이것은 분명 곰 토테
미즘과 관련이 있다. 범은 흔히 범＝청동기(혹은 철기)＝국가와 연
결된다. 결국 곰＝구석기(혹은 신석기)＝부족(혹은 부족국가)이라는
등식을 가상해 볼 수 있다. 단군신화는 특정한 시기, 예컨대 청동
기시대, 혹은 철기시대, 이에 앞선 신석기시대, 혹은 구석기시대가
아니라 적어도 구석기시대부터 철기시대에 걸쳐서 일어나는 사건
의 신화적 압축이다. 여기서 신화적 압축이라고 하는 것은 역사냐,
신화냐의 문제가 아니라 역사를 신화적 통사기법으로 구전(口傳),
혹은 기술(記述)하였다는 의미이다.

〈곰과 범의 구조적 분석〉

곰	구석기, 신석기	씨족사회, 부족사회, 모계사회
범	청동기, 철기	부족국가, 국가 부계사회
토템	도구	사회

재미있는 것은 초기에는 범이 곰에게 경쟁에서 지는데 단군이 죽은 후 범(산신령)이 된다는 점이다. 이것은 곰 부족과 범 부족 사이에 분명히 역전현상이 일어났다는 의미이다. 예컨대 곰 부족은 처음엔 패권을 잡았지만 나중에 패권을 빼앗겼다는 것이다. 아니면 다른 곳으로 이주했을 수도 있다. 이는 곰의 생육환경과 결부시켜 볼 수 있다. 곰은 북극 툰드라 동토지역에까지 퍼져 있고, 범은 이보다는 아래인 타이거 삼림지역에 분포하고 있다. 물론 곰도 범과 같은 지역에 공생할 수도 있다. 그러나 역시 툰드라 지역은 범의 패권지역이다.

후에 범은 고구려에 의해 역사시대에 계승된다. 현재 한국에서 곰에 대한 토템은 거의 사라졌다. 단군신화에서 거론되지만 실지로 곰은 별로 살지도 않는다. 또한 곰에 대한 속담도 그리 우호적이지는 않다. '미련한 곰'으로 희화화된다. 그러나 범은 속담에서 매우 우호적이고 그 후 한국 토템의 주인으로 자리 잡는다. '곰순이'도

간헐적으로 등장하지만 '호돌이'가 주류를 이루고 있다.

"고구려의 활을 맥궁(貊弓)이라고 하며 짐승을 통째로 구워서 잘라먹는 고구려의 요리 방법을 '회(炙, 貊)'라 한다."[22] 단군신화에서 실패한 호랑이는 고구려의 상징이다. 어쩌면 고조선 단군신화는 모계와 부계의 전환기의 역사적 상황이 압축된 것이 아닐까? 실제로 한민족의 대륙점령에 대해서는 고구려의 역사를 제하면 실증할 것이 그리 많지 않다. 환인, 환웅, 단군은 신화 속에서 존재한다. 또한 신라의 삼국통일 이전에 '한민족'이라는 민족의식이 있었는지도 의문이다. 물론 인접한 나라니까 동류의식은 있었겠지만 의식화된 의미의 민족의식은 신라통일 후에 생겼다고 보는 것이 옳을 것이다. 고구려의 넓은 영토에 살았던 북방 제 민족은 동이족이라는 범주에는 들겠지만 한민족이라는 범주에 넣기에는 무리인 것 같다.

문제는 ≪삼국유사≫를 쓸 때의 승 일연(一然, 1206~1289)의 역사기술 태도와 고려의 위기상황을 고려하면 다분히 불교 승으로서의 종교적 세계관과 인류 최대의 제국이었던 몽고와의 전쟁에서 민족정체성의 확립이 시급했던 상황을 감안하지 않을 수 없다. 그래서 단군을 '석가 하느님(釋迦提桓因多羅＝釋迦＋天＋帝＝桓因帝釋)'으로 하고 중국과 확실하게 선을 긋는 정체성 작업의 일환으로 신화가 필요하였을 것이다. 일연은 '韓民族＝東夷族'의 전제하에 ≪삼국유사≫를 기술하였던 것 같다. 실은 동이문화는 중국의 서이문화보다 앞선 문화로 상고시대는 동이족이 동아시아를 지배하였던 것으로 보인다. 이것을 상기케 함으로써 민족의식을 높이고 중국과 다른 정체성을 확립하려 하였던 것으로 보인다.

---

22) 김민기, 위의 책, 117면.

단군신화는 크게 볼 때 부계 권력이 등장하기 전에 반드시 모계의 권력이 존재하였고 그러한 매개를 거쳐서 본격적인 부계사회로 진입하게 되는 것을 말하는 것으로 보인다. 범의 상징은 곰의 상징과 반대이다. 범＝남성＝동굴 밖＝햇빛＝생산(사냥), 곰＝여성＝동굴＝어둠＝출산(자궁)의 이미지는 매우 대조적이다. 여성의 생산성(자궁)은 부계의 권력을 낳아 주는 매트릭스(자궁)가 된 셈이다. 그래야만 정복이주민과 토착정주민 사이에 화해가 이루어지는 셈이다. 웅녀(熊女)는 다시 범에게 권력의 자리를 내주는 셈이 된다.

범은 그 후 음양오행의 동쪽 우백호(右白虎)나 십이지의 인(寅)에도 등장하지만 곰은 영영 등장하지 않는다. 한민족＝동이족(東夷族＝左靑龍＝木)의 상징과 신화체계 속에서는 스스로를 예맥족(濊貊族)이라고 하고 범을 산신으로 섬기면서도 역설적으로 방위적으로는 서쪽에 있는 중국을 동이족을 해하는 위험한 동물상징인 우백호(右白虎, 金克木)로 보는 이중성을 보인다. 그래서 민화의 '까치 호랑이' 그림에는 범과 까치가 사이좋게 웃고 있는지도 모른다.

재미있는 것은 동이(東夷＝韓族)의 서쪽에 있는 서이(西夷＝漢族)인 중국은 서금(西金＝右白虎)에 위치하면서 동목(東木)의 상징인 용(龍)을 선망한다. 중국 사람들은 예부터 최고의 영물로 용을 숭상하고 용을 나타내는 동쪽나라를 군자의 나라라고 선망하였다. 이와 반대로 서이의 동쪽에 있는 동이인 한민족은 동목(東木＝左靑龍)에 위치하면서 서금(西金)의 상징인 호랑이를 산신령으로 모셨다. 선망과 두려움이 교차하면서 중국과 한국은 역사를 운영하였다. 둘은 오행으로 말하면 상극(相剋＝金克木)이다. 상극이라는 것은 대립하면서도 동시에 상호 보완적인 것임을 알 수 있다. 그래서 좌청룡, 우백호가 아닌가. 오행은 본래부터 순환을 전제로 하는 것이기 때문에 상생과 상극은 동시에 이루어지면서 반복하는 것이라고 볼 수 있다. 상극이라도 합(合)을 이룰 수 있고 상생이라도 충(沖)을 일으킬 수 있다. 따라서 상생이라고 다 좋은 것은 아니고 상극이라고 다 나쁜 것은 아니다. 삶이란 것은 본래 상생과 상극이 묘하게 조화하는 것이다.

단군신화를 섬기는 한민족은 '여성적 민족주의'의 나라이다. 그래서 기둥서방과 같은 단군이 필요하다. 단군이 기둥서방인 것은 실지로 한민족에 의해서 평소에 숭상을 받지 못하는 데서 알 수 있다. 그러다가 민족의 위기 시에 되찾아진다. 심지어 단군은 평소에는 미신으로까지 취급당한다. 그리고 정작 단군을 섬기는 사람들은 가부장의 사회에서 버림받은 주변부 혹은 하층민들이다. 이들이야말로 종속관계의 국제사회에서 사대주의에 의해서도 도움을 전혀 받지 못하는 사람들이다. 심하게 말하면 단군을 섬기지 못하는 한민족은 부성부재(父性不在)의 사회이다. 진정한 '민족의 부(父)'가 없기 때문에 저마다 당파로 싸우게 된다. 이것이 바로 국가를 빈약하게 만들고 재수 없으면 식민지가 되게 하는 원인이다. 이에 비해 중국은 '남성적 국가주의'의 나라이다. 한민족은 실은 표층적으로 국가를 내세우지만 심층적으로 민족을 내세우고 중국 한족은 표층적으로 민족을 내세우지만 심층적으로 국가를 내세운다.

단군신화에서 처음에 사람이 된 것은 곰(＝熊女)이었는데 후대에 십이지에는 범(寅)이 사람(東方木仁, 人)이 된다는 점이다. 물론 오행에서는 우백호(右白虎)가 되어 서금(西方金義)이 되어 완전히 좌우가 바뀌지만 이것은 인간의 가변성을 나타내는 상징으로 볼 수도 있다. 실지로 인류문명에서 인간의 좌우가 번갈아 바뀜을 볼 수 있다. 인간은 좌우적(左右的) 존재이다. 수목(水木)의 자연(自然)을 추구하는 인간이 있는가 하면 화금(火金)의 인위(人爲)를 추구하는 인간도 있다. 인간은 자연적 존재이지만 동시에 문명적 존재이다. 그래서 인간에겐 자연친화적 성격도 있고 문명친화적 성격도 있다.

이와 관련하여 하(夏)나라의 연산역(連山易)이 인도(人道)를 중심으로 하고 십이지의 인(寅: 호랑이를 상징)에서 출발하는 점은 흥미로운 사실이다. 왜 인도(人道)가 호랑이에서 출발하고 있는가? 연산역은 왜 간(艮: 山을 상징)괘에서 출발하고 있는가? 여기엔 분명 '山＝寅＝人(산＝호랑이＝사람)'의 시퀀스가 있다. 이는 사람이 사람을 중심으로 살기 시작하였고, 그다음에 땅을, 그리고 맨 나중에 하늘을 중심으로 생각하고 살았음을 시사한다. 사람과 호랑이의 한글 발음이 왜 같은 '인'이며 사람인 단군은 왜 산으로 갔는가라는 물음에 무언가 답을 줄 것 같다.

≪주역≫의 <설괘전(說卦傳)>을 보면 간괘(艮卦)에서 시작과 끝이 논해져 있다.

"간(艮)은 동북방의 괘이다. 만물이 끝을 이루게 되는 것이자 시작인 것이다."[23]

중국의 동북방은 바로 백두산이다. 그렇다면 '人＝寅＝山'의 시퀀스는 구체적으로 '白頭山＝寅＝人(백두산＝호랑이＝사람)'이 된다. 적어도 백두산 중심의 고대문명이 성립된 것을 나타내는 연산역(連山易)을 주역(周易)이 후대에 포함한 것이라고 볼 수 있다. 왜 또 은(殷)나라는 귀장역(歸葬易)인가? 귀장역이란 사람이 죽어서 땅

---

23) "艮 東北之卦也 萬物之所成終而所成始也."

에 묻히는 장례(葬禮)와 관련이 있다. 은나라는 귀신에게 제사를 많이 지냈고 술 때문에 망했다고 사료는 전하고 있다. 은나라 문화는 바로 제사문화였다. 그러니 귀장역은 곤(坤: 땅을 상징)괘에서 출발하고 있고 지도(地道)를 숭상할 수밖에 없다. 십이지의 축(丑: 소를 상징)에서 출발한다.

마지막으로 주(周)나라에 들어서 소위 주역(周易)이 성립된다. 주역은 물론 건(乾: 하늘을 상징)에서 출발한다. 그러니 천도(天道)를 숭상할 수밖에 없고, 십이지의 자(子: 쥐를 상징)에서 출발한다. 자(子)는 또한 오행에서 물(水)을 상징한다. 우주만물이 물에서 출발하고 있음을 자각한 것 같다. 생명＝물이라는 등식이 성립된 후의 역이다. 하(夏)・은(殷)・주(周)의 역(易)은 인(人)・지(地)・천(天)의 순이다. 천(天)・지(地)・인(人)의 역순이다. 분명히 천지인은 나중에 성립된 것이다. 천(天)사상의 성립은 인간으로 하여금 하늘사상＝하나사상을 생성케 하고 고등종교(일신교)로의 진화를 가능케 한 진보로 풀이된다. 이때부터 정치도 제사에서 분리되는 제정분리시대의 단초를 마련한 것으로 보인다.

역(易)의 발전이야말로 바로 천지인관의 발생학적 순서를 적나라하게 보여 준다. 단군이 죽어서 호랑이가 되고 산신령이 된 것은 앞에서 얘기한 모계사회의 증거임과 함께 하나라와 비슷한 시기의 나라가 아니었을까 짐작하게 한다. 넓은 평지(平地)의 땅(地)보다는 산지(山地)에서 산(山)을 중심으로 삶을 영위하던 시절의 흔적이 아닐까 싶다. 넓은 평지를 무대로 삶을 영위하면서 보다 큰 국가단위의 사회가 성립되었을 것으로 보인다. 넓은 평지는 또한 농업을 통한 식량조달과 함께 인구부양 능력을 급속하게 강화했을 것으로 보인다. 이에 비해 산지는 아직도 화전민 수준의 농업과 적은 인구, 부족단위의 사회를 가능케 했을 것이다.

〈連山易, 歸葬易, 周易의 특징〉

夏	連山易	艮卦 人道(人生於寅)
殷	歸葬易	坤卦 地道(地闢於丑)
周	周易	乾卦 天道(天開於子)

단군신화에서 곰의 승리는 단지 시기적으로 상대(上代)를 설명하고자 하는 신화기술 방법의 산물로 보인다. 한국문화의 가장 심층에는 곰＝웅녀가 도사리고 있다. 그 위에 범이 웅거하고 있다. 곰층은 역사 전(前)을 의미하고 범층은 역사 후(後)를 의미한다. 여기서 우리는 한국사의 역사적 아이러니와 역설을 발견하게 된다. 우리는 (국제적으로) 범을 두려워하면서도 숭상하고 곰으로 잊어버렸으면서도 (국가 존망지추에서는) 곰을 생각해 내는 것이다. 이것은 시비의 문제가 아니고 선택의 문제도 아니다. 호랑이는 삼국의 고구려에서 새롭게 부활한다. 맥(貊)이 그것이다. 맥(貊)보다 웅녀(熊女)가 먼저인 것은 한국사의 그 후 성격을 규정짓는 결정적 기능을 한다. 호랑이는 한민족에게 매우 양가적인 의미를 갖는다.

맥(貊)의 후예, 고구려사와 관련하여 보면 고구려가 마치 근세 만주족의 청나라처럼 강대하여 중국 본토를 통일하고 나라를 세웠으면 오늘날 대한민국은 존재하지 않을 것이다. 어쩌면 중국의 고려성(省) 정도로 있을지 모르겠다. 고구려가 통일하지 않았기 때문에 대한민국이 남아 있는지도 모르겠다. 이는 삼국 가운데 가장 보수적이고, 여성을 여왕으로 모신 유일한 나라인 신라의 삼국통일과 웅녀의 환생을 결부시켜 보게 된다. 곰 문화층 이후에 형성된 범문화층에 대한 이야기는 '불함문화론(不咸文化論)'에서 살펴보자.

4. 불함문화론(不咸文化論):
곰과 범의 문화층

육당(六堂) 최남선(崔南善, 1890∼1957)은 '불함문화론(不咸文化論＝밝 문화론)'을 1925년에 발표했다. 물론 그의 대표적 논문이다. 이 논문의 부제(副題)는 '조선을 통해서 본 동방문화의 연원과 단군(檀君)을 계기로 하는 인류문화의 일부면(一部面)'이다. 한국문화의 위치와 그 문화권의 발견에 대해 논한 이 논문은 종교학·신화학·민속학·인류학 등 보조학문을 총동원하여 동방문화의 연원과 특징을 지적하고 있는 것이다. 불함문화 'Pǎrkǎn' 문화라는 저자의 부서는 그가 동방문학의 원류로 'Pǎrk'사상을 주목하였음을 알려 준다. 이 사상의 발원지는 단군신화에 나오는 태백산이며 중심인물은 단군이다. 저자는 'Pǎrk'의 가장 오랜 자형(字形)인 '불함'을 빌려 '붉'을 숭상하던 문화권을 불함문화로 규정하고 '붉사상'을 가진 고대사회의 대문화권의 중심을 조선이라 말하였다. 그의 이론에 의하면 한반도가 동방문화의 중심지이고, 일본은 종속적 위치로 규정된다. 불함문화론은 한국사의 독자성에 대한 인식을 높이면서 한국고대사상사에 대한 연구를 촉진시켰다.

최남선의 불함문화론은 주채혁에 의해 다시 새롭게 부활한다. 주채혁은 소위 '몽골리안 루트'를 현지조사한 뒤에 '신(新)불함문화론'을 통해 '불함(不咸)＝Burqan(紅柳)＝모성 하느님'과 '맥(貊)＝백화(白樺: 자작나무)＝탱그리(부성 하느님, 단군할아버지)'를 주장한다.

유목민족의 '태반(胎盤)문화'를 추적하는 가운데 성립된 그의 '신불함문화론'은 기본적으로 순록의 먹이인 이끼를 따라가는 '이끼(蘚) 루트'를 축으로 전개된다. 그에 따르면 지금까지 '조용한 아침의 나라'로 번역된 조선(朝鮮)이라는 글자는 의역될 것이 아니라 현지의 발음에 따라 정확한 그 의미를 찾아야 한다는 것이다. 압록강만 넘으면 조(朝) 자는 '아침 조' 자가 '자오(zhao)' 1성이 아니라 '찾을 조' 자 차오(chao) 2성으로 읽는다는 것이다. 예컨대 차오추(chaochu)는 '순록을 가진 자'라는 뜻이다. 조(朝)는 '……찾아간다'는 뜻이다. 그러한 용례로 조천(朝天), 조공(朝貢), 조남(朝南: 남향의 뜻)이 있다. 다시 선(鮮) 자의 경우도 '고울 선' 자 시엔(xian) 1성이 아니라 '이끼 선' 자와 같은 시엔(xian) 3성이라는 것이다. 이것은 '작은 동산', '소산(小山)'이라는 뜻이라는 것이다. 결국 조선(朝鮮)이라는 말은 '소산(小山)인 선(鮮)에서 나는 선(蘚: 이끼)을 찾아가는 유목민'이라는 뜻이라는 것이다.[24]

그는 나아가서 조족(朝族)과 선족(鮮族)을 나눈다. 소산(小山) - 선(蘚)이 주류를 이루는 유목민족 선비족의 지역과 대산(大山)이 우뚝 선 조선과 고구려의 지역은 다르다는 것이다. 조선(朝鮮)의 선(鮮)은 유목 초지이고 고구려의 코리(Qori: 高麗)는 거기서 꼴을 뜯고 있는 유목의 주체인 순록(orun bog - chaa bog) 자체라는 것이다.[25] 그래서 그의 결론은 선(鮮)은 유목초지에서 사는 민족이 조선 - 고려의 시원 '순록유목 겨레'라는 것이다. 그의 소산과 대산의

---

24) 周采赫, <朝鮮, 鮮卑의 '鮮'과 순록유목민 - 몽골유목 起源과 관련하여>, ≪동방학지≫(110호) 연세대 국학연구원 2000년 12월, 117~220면.

25) 주채혁, <'蘚'의 고려와 '小山'의 馴鹿 연구>, ≪백산학보≫ 67호, 337~360쪽, 백산학회, 2003년.

이분법은 나중에 예맥(濊貊), 즉 예(濊)와 맥(貊)으로 대입된다. 소산(小山) – 예(濊)는 물이 있는 지역이고 대산(大山) – 맥(貊)은 고산지대라는 것이다. 전자는 한반도로 흘러 들어와서 강릉을 중심으로 하고, 후자는 춘천을 중심으로 나라를 이루었다는 것이다.

체첸 – 칸의 나라, 체첸 '칸국'처럼 '칸국 – 한국'일 수 있다는 것이다. 주채혁은 몽골이라는 나라도 '맥(貊) + 고려(高麗) = 몽 + 골'의 합성이라고 조심스럽게 주장한다.[26] <퀼테긴 돌궐비문>의 '복클리'가 '맥고올리 = 맥고구려 = 몽골'이라고 예단하는 주채혁의 학문적 전망은 "한냉고원의 건조지대인 거대한 시베리아 타이가의 너구리(貊 = 山獺) 사냥꾼인 맥족이 식량생산 단계에 들어 순록·양 유목민으로 발전하면서 생겨난 생업발달사의 소산물로서, 목농을 아우르는 유목제국사의 차원에서 명명된 것이다."[27]라고 덧붙인다.

주채혁은 "몽올코리족과 맥코리족은 하나로서 '몽(蒙)' 고올리(Qori)와 '맥(貊)' 고올리(槁離)는 둘이 아니라는 결론이 나온다. 즉 맥고리(貊槁離) = 맥고려(貊高麗) = 몽올고려(蒙兀高麗) = 몽골(Mongol)일 수 있다는 것이다. 여기서 고골리(高句麗), 'Gogoli'가 고올리(Gooli)로, 암수달 수간(Sugan)이 수안(Suan) 소욘(Soyon, 蘚)으로 전개되는 것은 12~13세기 전후의 모음과 모음 사이에 있는 'g'음의 탈락현상에 따른 것으로 음운발달사를 보여 주는 한 사례다."라고 말한다.[28]

주채혁은 유목민족의 원류를 찾아가는 키워드는 선(鮮, 소욘, Xian,

---

26) 주채혁, <'몽골' – 貊高麗, 유목형 '고구려' 世界帝國考>, ≪백산학보≫ 76호, 305~360쪽, 백산학회, 2006년.

27) 주채혁, ≪순록치기가 본 조선·고구려·몽골≫, 303쪽.

28) 주채혁, 위의 책, 288쪽.

Soyon)이다. '소욘(鮮)'이라는 명칭은 본래 유목민의 주식인 젖을 주는 암사슴(sugan)이 음운변화 과정에서 'g'가 탈락하여 생겨난 것이라는 사실을 국립 투바대학 엔. 베. 아바예프 교수와 스키타이 전공자인 엘. 케이. 헤르테크 교수의 주장을 인용하여 설명했다.[29]

요컨대 "식량채집에서 식량생산으로 발전한 혁명은 메소포타미아-시날 평야에서 시작하였는데 그것이 몽골리안 루트를 따라 스키토 시베리아 역사태반으로 진입하면서(생산혁명의 시원지가 서북의 고산사막지대로 가로 막힌 황하유역의 한족보다 훨씬 더 앞선) 스키토 시베리안의 선진 순록-양유목이라는 식량생산문화가 만개됐음은 다 아는 사실이다. 천산북로가 동서축으로 돼 등온대(等溫帶)를 이룬데다 스텝-타이가-툰드라라는 일련의 순록-양 유목의 기동성이 가세한 터여서 고대유목제국의 창업기에 유라시아 인류사의 주류-주축을 이뤄 온 몽골이란 루트임을 자각하는 일은 그 역사의 주체민족의 하나인 우리에게는 매우 소중한 일이다. 알타이 산맥과 바이칼 호수 사이의 장대한 동서 사얀산맥의 주요종족 소욘(蘚, Soyon)족이나 그 문화가 카스피 해나 아랄 해에서 올라왔음은 우랄-알타이-사얀(鮮) 산맥 지대의 원주민들에게는 상식화된 역사정보일 뿐이다."라고 말한다.[30]

"'젖을 주는 암순록(Sugan)'이라는 뜻은 그리스어로 스키다이(Schythia)이고 페르시아어로 사하(Saxa)요, 터키-조선-몽골어로 소욘(鮮, Soyon)이다. 이 순록치기 부족들은 알타이 산맥에 잠입해 사얀(鮮) 산맥의 투바(拓拔)로, 다시 투바에서 순록먹이 이끼(蘚)의 천국 예니세이

---

29) 주채혁, <朝鮮·鮮卑의 鮮(Soyon)族 起源考-原조선겨레 '소욘'족에 관하여>, ≪백산학보≫ 63호, 5~45쪽, 2002년.

30) 주채혁, <유라시아 몽골리안 루트, 'Zion(鮮)의 길'과 순록치기> 7쪽, 2007년.

강과 레나(까축지역 현지인들에게는 '큰 물'이란 뜻이다.) 강 유역으로 대거 이동하여 마침내 레나 강과 알단 강을 따라 올라와 외흥안령이라고 할 스타노보이 – 야블로노비 산맥을 넘어 제야(에벵키어로 '칼날'이란 뜻이다.) 강을 따라 내려오다가 일부는 아무르(전설상의 에벵키 청년 이름에서 따온 이름이다.) 강을 넘어 강을 따라 치치하르와 하르빈을 거쳐 소흥안령 유목한계선 이전의 아성(阿城: 황금성이라는 뜻)에 이른 것이다."[31]

최남선은 '밝(Pǎrk)'이라는 키워드로 '불함문화론'을 주장한 반면 주채혁은 '선(鮮)'이라는 키워드로 '신불함문화론'을 주장하고 있다. 주채혁은 우랄산맥 중에 고미공화국(곰나라)이 있고 거기서 흘러나오는 강 이름도 쿠마(錦＝熊)라고 소개한다. 주채혁은 한 걸음 더 나아가 단군출현 이전의 조족(朝族, chaatang)의 한(汗, khan)은 순록치기의 본명칭인 '축치'일 수 있는 '자오지(蚩尤)'일 수 있다고 내다본다. 치우가 백달달(白獺獺, 倍達)의 군신으로 추모되는 것으로 보아 농경지대인 황하지역으로 세력을 확장했고, 치우의 본지파 배달 조족(朝族) 중에서 누군가가 대만주권에서 같은 순록유목의 생업에 종사하는 종족인 선족(鮮族)을 통합해 이룬 고대유목제국이 조선(朝鮮)의 단군왕국(檀君王國)이었던 것으로 본다.

치우는 '환웅(桓雄)＝환(桓, Khan)＋영웅(英雄, baatar)＝khan baatar'으로 보고 아직 조족(朝族) 중심의 선족(鮮族) 통합 유목제국인 조선(朝鮮)이 견고하게 대만주권에 자리 잡기 이전 단계의 순록유목 군장으로 본다. 치우천왕의 수도 청구(靑丘)가 행궁적(行宮的) 성격을 갖는 것은 유목민의 '움직이는 수도'였던 셈이고 그가 순록유목

---

31) 주채혁, 위의 논문, 11쪽.

민의 군왕이었기 때문이라고 본다. 조족 중심의 흥안령 산록 아성(阿城, 황금성)에서 후기의 선족 정벌과정에서 대흥안령 남부 산록인 적봉(赤峰) - 홍산(紅山)으로 이동해 간 것으로 본다.

주채혁은 순록유목 단계에 진입한 순록치기를 두 부류로 나누는데 하나는 이끼(蘚)가 풍족한 지대의 순록을 주로 방목하는 '소욘(蘇)'족이고 다른 하나는 목초(牧草), 즉 꼴인 선(鮮)에서 나는 선(蘚)을 따라 이동을 하며 순록을 치는 '차아탕' - 조족(朝族) 또는 코리치(高麗族)이다. 주로 유목하는 조족(朝族)과 방목하는 선족(鮮族)이 차별화된 것이다.[32] 유목하는 '차아탕', 즉 조족이 선족을 통합해 세운 '예맥(濊貊) 단단국(檀檀國)'이 단군조선이라는 것이다. 주채혁은 현지의 언어, 특히 발음을 토대로 고대사를 복원하는 데에 획기적인 진전을 이룬 것으로 평가된다. 동이족, 북방유목민족은 한족(漢族)과 달리 소리글자를 우선하며, 두 음절의 국가명을 사용한다는 것은 이미 알려진 사실이다.

주채혁은 단군신화의 곰과 범의 등장을 이렇게 해석한다. "레나 강 북극해권에서 유목생산을 먼저 시작한 곰 토템족은 힘이 넘쳐 아무르 강 태평양권으로 진출하게 됐는데 여기서 호랑이 토템부족과 대흥안령 북부 선비족의 가센둥이나 고구려 집안의 국동대혈(國東大穴) 같은 동굴 근거지 쟁탈전이 벌어졌다. 당연히 곰 토템족이 범 토템족을 내쫓고 동굴을 독점해 살면서 환인천제의 아들인 환웅과 결혼해 곰녀의 자손을 낳게 됐는데, 그게 임금의 혈통을 타고난 천손족인 한민족일 수 있다는 것이다."[33] 물론 곰 부족의 범 부

---

32) 주채혁, <朝鮮·鮮卑의 '鮮'과 순록유목민 - 몽골 유목 기원과 관련하여>, 《동방학지》 110쪽, 186쪽, 연세대 국학연구원, 2000년.

33) 주채혁, 위의 논문, 18쪽.

족에 대한 승리는 여러 학자에 의해 지지되고 있다. 그러나 토템으로 볼 때 곰의 토템은 그 후 사라지고 범의 토템은 계속 남아 지금까지 생존하고 있다는 점을 설명하는 데에 부족함을 느끼게 한다.

곰 토템은 아무래도 그 '모계＝군장사회'의 상징성이 강하고 범 토템은 '부계＝초기국가사회'의 상징성이 강하다. 그렇다면 곰에게 패배한 범이 다시 사태를 역전시켜 '밝'문명을 만들었다는 역전의 상황을 가정하지 않으면 안 된다. 물론 지배를 당한 부족이 문화의 확대재생산 논리와 토착화 논리(모성의 논리)에 따라 다시 주도권을 잡을 수는 있다. 그래서 범 토템이 나중까지 생존하는 것일 수 있다. 그러나 그것보다는 곰과 범의 신화는 같은 시기의 승패라기보다는 시간을 압축하는 과정에서 일어난 신화적 글쓰기, 즉 신화 조작(신화에서의 조작은 나쁜 것이 아니다)이라고 보인다. 곰은 역사적으로 앞선 시기이고 범은 뒤의 시기이기에 존재하는 것이기에 그것을 압축하는 과정에서 저절로 범이 실패한 것을 담당하였다는 뜻이다. 단군신화에서 실패한 범의 토템은 바로 '밝'문명의 핵심 상징이기 때문이다.

주채혁은 '조선(朝鮮)'에 대한 종래의 해석인 '해 뜨는 아침의 나라'라는 뜻에 대해서는 전면부정을 하고 있다. 주채혁은 또 '밝(不咸)'이 '밝다'의 뜻이 아니라 '붉다'의 뜻이라고 한다. 그러나 '해 뜨는 아침의 나라', '밝다'의 뜻도 음역의 보충설명 정도의 의역으로 인정하는 것이 좋을 듯하다. 한인(漢人)들의 음역(音譯)과 의역(意譯)을 동시에 충족하려는 음사(音寫)전통으로 보아 그렇다. 발음과 뜻을 동시에 충족하는 번역이 있다면 그것이 최선이기도 하다. 결국 순록의 먹이인 이끼, 선(蘚)을 찾아온 방향이 해 뜨는 동쪽의 방향이고 '붉다'라는 뜻은 얼마든지 '밝다'라는 것과 같은 어원을 가졌다고 볼 수도 있기 때문이다. 한역(漢譯)에 대한 기본원칙으로 음역을 우선하되 의역으로 그것을 보충하는 것이 현명한 것 같다.

주채혁의 주장은 다소의 이견이 있지만 결국 단군조선을 모계에서 부계로 넘어가는, 모계 성읍(군장)국가의 치우(蚩尤)의 단계에서 부계 단군(檀君)의 고대국가로 넘어가는 경계선의 신화로 보는 필자의 견해와 접점을 찾을 가능성이 있는 것 같다. 그렇게 되면 치우와 황제의 싸움에서 어느 쪽이 이겼던, 그 전쟁으로 인하여 황제는 중국 대륙을 대표하는 세력으로 정착되었고, 동이족이 거주하는 동북의 만주대륙은 단군이 대표하는 세력으로 되었을 가능성이 높다. 그렇다면 대체로 복희 - 신농 - 황제와 환인 - 환웅 - 단군이 시기적으로 서로 대응되며 역사의 압축이라는 신화적 표현의 한계는 있지만 동시대였을 가능성도 있어 보인다.

여기서 복희와 환인의 역사적 실체에 대해서는 도리어 후대에 덮어씌워진 감이 있다. 이는 전형적인 신화적 글쓰기의 후대의 소급적 덮어씌우기의 예일지도 모른다. 시간적으로 소급하면 결국 태초에 이르게 되고 그 태초에 대해서는 실은 아무도 모르는 것이 아닌가. 이 시기야말로 더욱더 신화의 농도가 진하기 마련이다. 이 말은 반대로 역사성이 줄어든다는 얘기이다. 전형적인 '하느님'의 시공간이다. '하느님(혹은 부처님)'이 해결하지 않으면 안 되는 시공간이다. 이에 비하면 신농과 환웅이야말로 역사적 실체로서의 가치가 있다. 황제(黃帝) 이전의 복희(伏羲), 신농(神農)의 동아시아 역사는 실은 동이(東夷)와 화하(華夏)의 공유의 역사가 되는 셈이다. 황제를 중국이 강조하는 것은 이런 이유 때문이다. 동이족의 일원인 한민족이 단군을 강조하는 것도 마찬가지 이유이다.

신화적 글쓰기에서 대체로 승자가 신화에 남고 패자는 전설이나 민담으로 전락한다. 때로는 전설이나 민담이 신화로 승격되기도 한다. 그러나 이 경우는 매우 드물다. 동아시아의 역사가 중국 중심으로 된 것은 이러한 까닭이다. 동이족의 역사는 소위 화하족의 것으로 둔갑되어 버리고 신화적 적통(嫡統)경쟁에서 밀려났다. 그러나 한 번 패자가 되거나 변방으로 밀려났다고 해서 완전히 역사에서 사라지는 것은 아니고 동이족의 역사의 경우 다시 부활하는 것이다. 이는 다시 말하면 동아시아의 패권경쟁에서 화하의 완전한 승리가 아니었다는 말이다. 동이와 화하의 줄다리기는 오늘도 계속되고 있다. 한때 밀려난 동이족은 화려한 옛 신화를 부활시키려고 신화적 글쓰기, 신화조작을 지금도 하고 있다. 말하자면 치열한 신화전쟁을 하고 있는 셈이다. 신화전쟁은 실제 전쟁보다 더 중요할 수도 있다. 신화야말로 문화의 정수이기 때문이다.

정복전쟁의 결과로 영토를 빼앗거나 재편하는 것은 당연한 후속조치들이다. 그러나 땅을 잃는 것은 다시 되찾을 수도 있다. 집단의 생존에 있어 꿈을 잃는 것은 땅을 되찾을 수도 없을 뿐만 아니라 현재의 삶 자체의 정체성(혹은 주체성)도 상실할 위험에 처하게 된다. 이는 마치 개인의 삶에 있어 돈은 있다가도 없는 것이지만 희망을 잃으면 다 잃어버리는 것이 되는 것과 같다. 그래서 신화전쟁에서 패배는 더 심각하고 집단의 존속을 위해서도 위험한 일이다. 신화는 집단무의식의 꿈이다. 일연이 ≪삼국유사≫에서 단군을 부활시킨 것은 한민족의 부활을 꿈꾼 것이다. 일연은 당대의 최고의 지성으로서 불교적 바탕(보편성)에서 단군의 이야기를 재해석하고 후대에 전함으로써 지식인의 사명을 다하였다.

고조선의 역사에서 현재의 평양 중심의 '평양 고조선'은 훨씬 후대의 일인 것 같다. 북방과 중원을 통일한 대제국 몽고의 침략에 맞서 민족정체성을 보존하기 위해 쓰인 ≪삼국유사≫가 옛 조선의 역사를 평양에 맞춘 것은 중국과의 차별성을 얻기 위해 선택한 것이라는 생각이 든다. 그러나 그 결과로 한민족은 단군 이전의 북방 민족의 역사와 뿌리에 연결할 수 있는 길을 갖게 되었다는 것은 의심할 수 없다. 단군신화는 합리적인 역사서술이라기보다는 역사를 압축하는 신화적 기술방법을 택한 '역사의 압축파일'이기에 그것을 푸는 과정에서 여러 해석과 논란을 불러일으키고 있는 셈이다.

〈단군신화와 불함문화론: 천지인과 삼신(三神)과
오행(五行)〉

불(火, 金) 2, 4 father fire, 밝, 朴	父 (天)象天	桓因 (天皇)
목(木) 3 son, sun world tree	子 (人)	檀君 (人皇)
물(水) 1 mother water, world	母 (地)法地	桓雄 (地皇)

최남선의 '불함문화론'은 이후에 이 밖에도 여러 학자에 의해 계승되는데 그 가운데서도 김상일의 ≪한밝문명론≫[34]과 ≪인류문명

---

34) 김상일, ≪한밝문명론≫, 1987, 지식산업사.

의 기원과 한≫[35]에서 집대성된다. 김상일은 불함문화론의 지평을 넓혀서 한민족의 문화목록어로 '(알)감, 닥, 밝, 한'을 제안하면서 이를 문화층으로 가설하고 시대를 다음과 같이 가정했다.

(알)감 = 구석기
닥 = 신석기
밝 = 청동기
한 = 철기

그러나 위의 시대구분보다는 각 시기를 전기와 후기로 나누어서 앞 시대의 후기가 뒤 시대의 전기와 맞물리는 것으로 말이다. 왜냐하면 선사시대는 역사자료나 유물자료가 많지 않을 뿐만 아니라 시기적으로, 지역적으로도 많은 편차를 보이기 때문이다.

(알)감 = 구석기 전기/구석기 후기(무리사회)
닥 = 구석기 후기/신석기 전기(씨족사회 – 부족사회)
밝 = 신석기 후기/청동기 전기(부족사회 – 부족 · 군장국가)
한 = 청동기 후기/철기 전기(부족 · 군장국가 – 초기국가)

특히 구석기시대의 '감'이라는 말은 길짐승의 토템시대를 말하는데 그 가운데서 곰이 가장 대표적인 동물이라는 것이다. 그는 구석기시대의 문화목록어로 신 이름, 산 이름, 땅 이름으로 감, 검, 곰을 예로 들었다. 그는 이를 인간의 의식과 결부시키는데 그의 주장에 따르면 '(알)감' 시기는 '아린 기(期)'로 분류하면서 인류의 잠재의식(무의식, 전 자아)의 시기이다. 이는 또한 샤머니즘의 시기이다.

---

35) 김상일, ≪인류문명의 기원과 한≫, 1987, 가나출판사.

'닭' 시기는 '어린 기(期)'이면서 '낮은 의식(의식, 자아)'의 시기이며 원시무리기이다. 날짐승 토템의 시기이며 새를 숭상한다. 대표적인 동물은 닭＝닥(鷄)이다. 이 시기에는 새를 통해 인간의 의식이 하늘의 신비를 엿보기 시작한다고 한다. 이것은 신석기시대이다. 밝음을 깨닫기 시작하는 닭은 하늘의 태양을 숭상하게 된다. 닭은 어둠과 밝음의 중간에 해당하는 여명기이다. 문명의 새벽을 지키는 '잘 날지 못하는 새'인 것이다. 제일 중요한 시기가 바로 '밝'층이다. '밝' 시기는 역시 '어린 기(期)'로 '어둡고', '검검한', '땅'이 상징하는 여성의 시기가 아니라 '밝은', '하늘'을 상징하는 남성의 시기가 된다. '태양의 시기' 혹은 '태양화(Solarization)'라고 하는 이 시기는 '높은 의식'의 단계이며 육체에 대해 정신적 자아(Mental Ego)가 등장하는 시기이다. 태양의 시기가 바로 육당이 말하는 '밝 문화'의 시기이다.

'태양의 시기'와 관련해서 환단(桓檀)이라는 글자에 대해서도 주목할 필요가 있다. 환(桓)을 파자하면 환(桓＝木＋一＋旦(日＋一))이고 단(檀)을 파자하면 단(檀＝木＋亠＋回＋旦)이다. 여기서 두 (一) 자는 상(上) 자의 의미가 있고 단(旦) 자는 물론 모두 태양을 나타내는 글자이다. 두 글자에 공통으로 들어가는 것이 목(木) 자와 '구할' 선(亘＝一＋旦) 자이다. 선(亘) 자는 환(桓) 자로도 쓰인다. '아침', '밝을' 단(旦) 자는 단(檀) 자와 발음도 같다. 한글 발음으로 '환(한)'이든 '단'이든 모두 같은 계열이다. 이들은 태양 혹은 태양이 뜨는 모습을 상형하고 있다. 여기에 목(木)을 감안하면 나무 사이로 태양이 떠오르는 상형이다. 목(木)은 식물을 말하기도 하지만 생명을 뜻하기도 한다. 태초의 태양과 생명의 모습을 고스란히 담

고 있다. 특히 단(檀＝桓＋ヽ＋回) 자에는 환(桓) 자와 달리 여기
에 '등불' 주(ヽ＝炷) 자와 돌 회(回) 자를 보탠 것이 눈에 띈다. 이
미 태양의 돌고 도는 순환 혹은 주기에 대해 주목하는 발전을 보이
고 있다. 이러한 전통은 다음의 고대 개국신화에도 이어진다.

'밝'과 관련된 문화목록어를 보면 '밝(白)', 위대한 인물인 '박[朴,
박혁거세(朴赫居世)]', '동명(東明)', '해[해모수(解慕漱), 해부루(解
夫婁)]', '불그레[불구내(弗九內)]' 등이 있다. 이는 청동기시대이다.
청동기시대에 들어오면 구석기시대, 신석기시대의 여성원리들은 남
성원리로 바뀐다는 것이다. '하늘 - 해 - 남성 - 정신적 자아'는 '땅 -
달 - 여성 - 육체적 무의식'에 대립한다.[36] 개체발생과 계통발생은 반
복한다는 사실을 전제하는 그의 주장은 윌버[37]의 이론을 원용하고 있
다. 윌버는 피아제의 인지발달론과 문화인류학을 관련시키면서 인간의
의식구조와 문명발달 단계를 8단계 - 8層으로 나누어 설명하고 있다.

신학자인 김상일은 엘리아데의 현재와 미래의 종교는 과거의 종
교를 반복하면서 나타나고 있음을 원용하면서 외양적(exoteric) 상태
로서 1층(層)＝알(물리적 자연, 물질적 우로보로스 뱀의 상태)/2층
(層)＝감(육체적 삶, 짐승인간의 마술적 상태)/3층(層)＝닥(돈·언
어·시간에 의한 소속감 신비의 상태)/4층(層)＝밝(합리적·정신적
자아, 자기반성적 상태)을 제안하고 이에 대응하는 내밀적(esoteric)
상태로서 5층(層)＝무(巫: 응신적 샤머니즘의 상태)/6층(層)＝선(仙:
보신적 성자적 상태)/7층(層)＝법(法: 법신적 현자적 상태)/8층(層)
＝연(然: 무자성의 궁극적 절대의 상태)의 개념을 제안하고 있다.

---

36) 김상일, ≪한밝문명론≫, 1987, 12～15쪽.
37) Ken Wilber, *Up From Eden*, 1981, New York: Anchor Press/Doubleday.

그에 따르면 무(巫)는 '감'층에 해당한다. 선(仙)은 '닥'층에 해당한다. 그리고 '밝'층에 법(法)/연(然)을 해당시킨다. 무(巫)와 선(仙)은 전자가 '신이 내렸다'고 하는 수동적인 반면에 후자는 '신이 난다'고 하는 능동성, 수련을 통한 의지를 강조하는 점이 다르다. 불교의 깨달음의 상태 혹은 삼신론(三身論)과도 대응시킴은 물론이다. 법(法)과 연(然)은 둘이 하나가 되는(becomes) 단계이다.

그는 선(仙)과 법(法) 사이, 6~7층 사이에, 인격신인 모세의 남성적 유일신(唯一神)이 나타난다고 한다. 예수의 아버지와 내가 하나 되는 신관은 법(法)과 연(然) 사이, 7~8층 사이에서 나타난다고 한다. 그렇다면 그 이전의 무(巫) 혹은 무(巫)와 선(仙), 5~6층은 여성적 범신(汎神)의 영역이다. 무(巫)는 감(곰)과 안과 밖의 조응을 한다. 그래서 무(巫)-감(곰)-모계(母系)-웅녀(熊女)는 하나의 커넥션을 이룬다. 단군은 비록 웅녀의 몸에서 태어났지만 산신각의 그림이나 민화에 호랑이(산신령)와 함께 있다. 단군은 죽어서 산신령이 되었다고 한다. 왜 단군신화에서 곰과 범이 동굴에서 사람이 될 것을 겨룰 때는 범이 실패를 하는데 곰은 나중에 사라지고 범만 등장하는가? 범은 남성성을 상징하는 동물이다. 곰은 동굴 속에서 겨울잠을 자는 '어둠의 동물=여성'이지만 범은 생리적으로 산천을 호령하고 다니는 '밝음의 동물=남성'이다. 그런 점에서 범의 등장은 부계사회로의 전환과 긴밀한 관계를 갖는다고 하지 않을 수 없다.

그의 주장은 '한(One)'이라는 개념에서 완성된다. '한'은 모든 층이 형성되는 근저이면서 동시에 목적이 되는 층이다. 무엇보다도 '한'은 순환을 전제하고 있다는 점에서 반복성을 가진다. 그러나 자칫하면 '한'의 순환고리도 피라미드의 역삼각형의 위계로 오인할 여지가 없지 않다. 예컨대 유일신이 마치 신(神)의 진화론상의 정점인 양 표현하게 되는 경우 등이다. 남성 신, 유일신을 '밝' 단계의 산물이고 '밝'이야말로 문명이라고 하게 되는 것 등도 여기에 속한다. 그러나 실제로 어디까지나 이런 분류는 상대적이고 관계론적인 차원의 문제이다. 특히 '한'의 의미는 매우 포괄적이다. 더욱이 역설적 의미를 하나에 내포하고 있다. 그래서 '한'은 '하나'이다. '한'은 다른 모든 단계의 바탕이면서 정점이고 정점이면서 다시 바탕이 되지 않으면 안 된다. 그런 점에서 부계와 모계는 순환하여야 하고 부성과 모성, 문명과 자연은 순환하여야 한다. 똑같은 반복은 아니지만 그러한 성질의 씨앗이 내포되어 있는 것이다.

그의 '한(One)'의 개념은 불교의 무(無, Void, 空)와 기독교의 신성(神性, God)이 바로 같은 층에서 나타난다. 유대 - 기독교는 불교적 무(無)가 결여되어 있고 불교와 동양의 다른 종교의 경우 인격신(God)을 결여하고 있는 것이 큰 어려움이며 이것을 해결하기 위해서 '한'사상을 역설한다. 그는 "신이 만약 세계와 인격적으로 상대하는 존재라면 이러한 인격신과 세계를 포함하는 그 자체(Suchness), 즉 '궁극적 통일성(Supreme Identity)'이 무엇이냐고 할 때에 이와 같은 자체성을 '그렇고 그런(然)'이라고 한다. 이를 '한'이라고 하고, 이러한 한에 인격적 경칭인 '님'을 붙인 것이 '한님' 즉 '하나님' 혹은 '하느님'이다. 이렇게 하여 '한'과 '한님'은 한국에서 자연스럽게 '하나(One)'가 된다."[38]

그의 주장은 종교를 결국 자연으로 회귀시킨다는 점에서 획기적인 발상을 하고 있다고 여겨진다. 만약 그의 말대로 '법(法) = 연

---

38) 김상일, 위의 책, 20쪽.

(然)'이 하나라면 종교라는 것은 결국 자연의 비유 혹은 은유에 지나지 않음을 말하기 때문이다. 이를 상천법지(象天法地)의 논리로 보면 상천(象天)하고 신(神)을 만드는 데에 주력하는 종교가 결국 법지(法地)하고 자연의 법칙을 발견하는 데에 주력하는 과학에 접근하는 것이기 때문이다. 결국 상천법지가 관통한 셈이다. 결국 인간이라는 종은 '상(象)'을 만들면서 자신을 다스리고 법(法)을 만들면서 자연을 다스리는 존재'로 규정되게 된다. 자연과 헤어졌던 인간은 다시 자연으로 돌아오게 되는 셈이다. 그리고 신과 인간과 자연은 비로소 하나가 된다. 자연은 '그렇고 그런 것(然)'으로 돌아오는 것, 그것을 깨닫는 것, 그것을 믿는 것으로 완성된다. 특별히 다른 것을 만들 필요도 없게 된다.

이러한 주장이 비록 인류학과 바로 연결될 수 있을지에 의문이 많고 앞으로 많은 토론이 필요하겠지만 단군신화의 해석에 의미심장한 조언을 한다. 바로 '밝'층과 범의 등장과 '감'층과 '곰'의 등장이 어떤 개체 – 개통발생적 연속성을 가지지 않는가 하는 실마리를 제공한다는 점에서 매우 시사하는 바가 크다. 단군신화는 바로 '(닥)밝'층과 '(알)감'의 역사적 전환을 내포하고 있지 않느냐 하는 결론에 도달하게 한다. 다시 말하면 단군이야말로 한민족 역사상 바로 깨달음의 징표이다. '한 사상'의 심리 – 역사적, 혹은 개체 – 개통발생적 근거가 바로 단군에 있음을 강하게 추론하게 된다.

물론 단군신화의 단계에서도 제정일치 시대의 흔적과 제정분리의 단초도 발견할 수 있다. 여무(女巫)는 남왕(男王)에 종속되는 위치에 있게 된다. 환인의 모계집단은 단군의 부계집단으로 바뀌게 되는데 여무가 남무(男巫)인 단군으로 바뀌는 사정과 동시에 제정일치에서 제정분리로 넘어가는 단계를 말해 준다. 물론 여기에는 인류사적으로 보편화되어 있는 인간집단(부족집단) 간의 권력경쟁이 개재되어 있고 이것이 국가시대를 앞당기는 원인이 된다. 이때 남자는 정치를, 여자는 제사를 맡다가 다시 제사마저도 남자가 맡게 되는 과정을 후대에 거친다. 곰 토템은 단군신화 이후에 우리의 고대문헌에서 찾아보기 어려워지고 대신 범 토템만 남게 되는데 이는 무엇을 말하는가? 단군신화에서 패배한 범은 왜 끈질기게 토템으로 남아 있는가? 이는 무한한 상상력을 동원하게 한다.

예컨대 단군시대에는 옛 조선의 영토가 곰을 토템으로 섬기는 전역에 걸쳐 있었지만 그 후 점차 범 토템 지역으로 영토가 좁아지면서 곰이 퇴색한 것이 아닐까? 단군신화를 연상하게 하는 그림이 있는 산동성의 무씨화상(武氏畵像)은 무엇을 말하는가? 중국 산동성(山東省) 가상현의 자운산 아래에 있는 무씨사당의 석실의 벽에 설치되어 있는 화상석은 곰 토템의 범위와 동이족의 분포를 말해 주는 것은 아닐까? 이들 지역은 요순이 통치하였던 지역이고 양자강 중심의 문명을 이룩한 지역이다. 중국에서도 고대 문명이 가장 빨리 이룩된 지역이다. 어쩌면 고대 동아시아 문명, 동이족(東夷族)의 문명은 황해를 중심으로 말발굽 모양을 이루면서 중국 대륙과 한반도에 걸쳐 있었던 것은 아닐까 짐작해 본다.

이것이 서이(西夷) 한족(漢族)의 등장으로 북방만주와 한반도로 축소되면서 곰 신앙이 떨어져 나간 것을 아닐까? 예컨대 우리의 조상으로 알려진 동이족의 영역이 중국 동남방을 잃고 북방만주와 한반도로 축소되면서 범 신앙이 중심이 된 것은 아닐까? 황해(＝동해)를 중심으로 하는 일대에 맥(貊)이 등장한다. 따라서 고조선을 특정나라인 고유명사로 해석하면 한민족(韓民族)의 역사는 평양주변으로 축소되는 것을 피할 수 없다. 차라리 고조선을 옛 조선으로 해석하면 영역과 활동의 폭도 넓어진다. 옛 조선은 조선(朝鮮)을 비롯하여 숙신(肅愼), 예맥(濊貊), 청구(靑丘) 등 여러 나라가 있고, 이들의 영역은 동아시아 전역으로 확대된다.

5. 곰은 사라지고
단군이 산신령이 된 까닭은

한민족은 신화적으로 보면 곰의 후손이다. 이 말은 사실적으로 한민족이 곰의 자손이라는 말이 아니라 곰이라는 토템을 가진 부족의 후손이라는 말이다. 그런데 현재의 입장에서 보면 곰은 우리 생활 주변에서 사라지고 정작 호랑이만 신화나 전설과 민담에서 활개를 치고 있다. 곰 신앙은 없어지고 호랑이 신앙만 있다. 곰은 어디로 갔는가? 단군신화 시기에는 호랑이에게 승리한 곰이 그 후에 호랑이 토템 부족에게 다시 패배하여 사라지거나 흡수되었는가, 아니면 곰 부족들은 다시 북쪽으로 돌아갔는가? 단군은 왜 또 죽어서 산으로 가서 호랑이로 상징되는 산신령이 되었는가? 이는 적어도 한민족의 민족이동과 세계 문명사적 변화를 내포하고 있는 듯하다. 곰의 생태지역은 호랑이보다 훨씬 북쪽인 북극해에 이른다. 그러나 호랑이는 북쪽에 서식한다고 하지만 타이거지역(툰드라지역 아래)에 머문다. 호랑이의 생태지역은 곰에 비해 훨씬 남쪽이다.

　한민족의 이동은 중앙아시아에서 남동이었다. 남동이라는 말은 이동하면 할수록 호랑이에게 가까워진다는 말이다. 지금까지의 고고학적 조사결과에 따르면 예컨대 단군조선과 결부시켜 볼 만한 지역으로 앞에서 예를 든 홍산(紅山)문화를 더욱더 지목하지 않을 수 없다. 홍산문화를 이룩한 한민족의 조상들은 다시 동남진을 계속했고 나중에 한반도에서 철기시대를 맞았다고 하면 어떨까? 한반도야말로 호랑이가 서식하기 좋은 위도에 있다. 북쪽 시베리아부터 남쪽까지 어디든지 활동할 수 있는 것이 호랑이라고 한다면 곰은 그렇지 못하다. 곰은 남쪽에서는 맥을 못 춘다. 여기서 우리는 상상력을 발휘해 볼 수 있다. 웅녀에게서 태어난 단군은 죽을 때는 산으로 들어가서 산신령＝호랑이가 되었다.

단군의 탄생과 죽음에 이르는 시기는 꽤나 긴 시간이다. 물론 단군이 1,500년간 나라를 다스리고 죽을 때 나이는 1,908세였다고 하지만 이는 한 사람이 그렇게 오래 다스리고 살았다는 얘기가 아니라 단군의 치세를 말하는 것일 것이다. 단군조선은 적어도 신석기에서 청동기를 걸쳐 나라를 운영한 것으로 보인다. 단군의 탄생과 죽음 사이에 일어난 신화적 담론을 보면 적어도 개국 시기와 망국 사이에 크게 변화가 있음을 알 수 있다. 이것이 바로 곰은 사라지고 범이 등장한 이유이다. 이것은 적어도 모계사회에서 부계사회로의 전환을 상징하는 신화라는 것에 초점을 맞출 수 있을 것이다. 이 시기에 지배세력의 교체가 있었음도 알 수 있다.

단군신화에는 적어도 2,000년 동안 일어난 사건들이 압축되어 있다. 이것을 통시적(通時的)으로 볼 것이 아니라 공시적(共時的)으로 보면 더욱 명확하게 다가온다. 단군신화의 출발은 모계에서 하였지만 종착은 부계가 되어 버린 정황을 짐작할 수 있다. 곰에는 여성의 이미지가 있다. 북극해(아랄 해, 카스피 해)를 포함하고 바이칼 호, 몽골리안 루트, 중국 남부를 포함하여 유라시아 대륙 전역에서 펼쳐진 곰 토템의 시대는 '곰녀－웅녀(熊女)＝곰＝모계＝부족연맹＝청동기'라는 등식을 성립시킨다. 이것이 부계사회로의 전환과 더불어 '범부－호랑이(虎父, 火, 불)＝초기국가＝철기'로의 전환은 어디서 가장 잘 나타날까? 뭐니 뭐니 해도 토템에서 곰은 사라지고 호랑이의 득세에서 두드러진다. 부(父) 자에는 아비 부, 늙으신네 부, 남자미칭 부 등이 있는데 여기에는 만물을 나게 하여 기른 것, 어른의 존칭 등의 뜻이 내포되어 있다. 부(父) 자는 남자의 성기를 상징하는 곤(丨)에서 출발한 것이며 신농씨의 아들 희화주씨의 이름자이기도 하다.

지금까지 만물을 낳아 기른 것은 어머니인데 이제 아버지로 바뀌었다. 아버지와 어머니는 누가 만들었다고 해도 틀린 것은 아니다. 정확하게는 아버지와 어머니가 합작해서 만든 것이지만 인류의 역사라는 것은 항상 어느 한쪽을 편들게 되어 있다. 이것이 바로 권력이다. 역사는 삶의 필요와 이에 따른 권력경쟁의 조건을 무시할 수 없기 때문이다. 부계니 모계니 하는 출계(혈통)와 주류니 비주류니 하는 정통(법통)시비는 다 부질없는 짓인 줄 알지만 여전히 인류가 범하는 어리석음이면서 동시에 보편사의 하나이다. 이는 생물의 생존경쟁이 인류에 이르러 권력경쟁으로 변화한 까닭이다. 곰이 사라진 것에 대해서 충분한 설명은 다음으로 미루기로 하자.

단군은 왜 죽어서 산으로 들어가고 산신령이 되었을까?

"뒤에 돌아와서 아사달(阿斯達)에 숨어 산신(山神)이 되었다(後還隱
於阿斯達爲山神)."

단군이 산으로 들어갔다는 것은 무엇을 의미할까? 이는 이중적인 의미를 지닌다. 하나는 농경신인 태모(太母, The Great Mother)의 죽음을 의미하고 동시에 태모신(太母神, Great Goddess)으로의 승화를 의미한다. 여기서 태모와 태모신의 차이를 주지할 필요가 있다. 학자에 따라서는 둘을 같은 것으로 보는 이도 있고 다른 것으로 보는 이도 있다. 태모(太母)는 남자와의 관계에서 남근(男根)을 제공받는 경우이고, 태모신(太母神)은 제단에 시조로서 모셔지는 경우이다. 태모신은 지모신(地母神: 구석기시대, 감층), 곡모신(穀母神: 신석기시대 닥층)을 이어받은 것이다. 이들은 모두 여성원리에 의한 신이다. 김상일은 태모는 외양적인 것이고 태모신은 내밀적인 것이라고 한다. 태모는 진정한 자아의 희생, 탈아의 방법론적 기교를 통해 초월하여 태모신이 되는데 이들이 선(仙, 僊)이라고 한다. 인류의 최초의 유일신관은 태모신이며 최초의 유일신은 '남성'이 아니고 '여성'이라고 한다.[39]

태모신의 흔적은 언어에도 나타나 있다. 영어의 'mother', 'measure', 'menstrual', 'metered' 등은 모두 산스크리트의 'Ma(matr)'에서 나온 말로서 '생산(production)'을 의미한다. 수메르어에서 'Ma', 'Mu'는 임신(pregnant)을 의미한다. 모두 만물을 낳는 생산을 의미하는 어간이다. 어머니는 'Um‒MA'이다. 이 말은 한국어의 '엄마'와 같다. 그래서 엄마는 모든 만물을 낳는 근본적인 '하나(One)'인 존재이다. 이것이 부계사회에 들어와서 '하느님 아버지'로 나타난다. 태모신의 초자연적인 모습이 '하나(One)'가 되며 그것이 나타남이 'Ma'인 것이다. 수메르어의 'Me'는 태모신의 나타내는 여러 가지 모양을 두고 하는 말이다. 김상일은 "단군신화에서 환인(桓因)을 문자 그대로 하나(一者)의 원인(原因)으로 번역한다면 절대로 남성신일 수 없고 여성 신이어야 한다."고 말하고 있다. 환인은 수메르어의 '인안나(INANNA)'와 그 음이 같다고 보며 슈메르의 태모신

---

39) 김상일, ≪한밝문명론≫, 198쪽.

적 존재라고 보았다(김상일, 위의 책, 199~201쪽).

삼안(SAMAN = SAM + AN)은 바로 삼신(三神, 産神, 山神)이고 수메르어에서 최고신은 'AN'이며 우리말의 '한', 몽고어의 'Khan' 도 같은 뜻이다. 혹시 샤만(Shaman, 薩滿)도 '삼안(SAMAN = Shaman)' 에서 유래된 것은 아닐까? 태모가 천신의 배우자가 됨으로써 태모 신이 되는지(地母神→穀神→祖神→太母神→天神), 태모가 스스로 태모신이 되는지(太母→太母神→祖神→天神), 확신하기는 힘들다. 지모신(地母神)은 권력 자체를 인식하지 않는 전(前) 권력적인 단 계라는 점에서 조상(祖)의 도움을 받아 권력적이 되는 태모신(太母 神)과 구별될 수 있다. 문제는 여성 혹은 모계를 권력적으로 보느 냐 여부에 따라 의견이 갈린다. 유일신은 형이상학적 존재이며 이 것이 강화되는 것은 남성 신과 가부장제가 심화되면서 일어났기 때문이다. 모계는 그것 자체가 출계의 한 방식이긴 하지만 출계의 의미를 강하게 부여하지 않는 관계로 조신(祖神)과 천신(天神)의 힘을 받지 않고 유일신이 되기는 힘들다.

〈삼신(三神)과 단군(檀君)과 산(山)〉

桓因	天	天神
檀君	人(仙)	(白)山 祖上神
桓雄	地	地祇 (地靈)

원시종교는 모계(母系)의 신인 대모(大母, 地母)에서 시작한다. 그 대모는 대지(大地)와 같은 의미이다. 모계는 자연이다. 그래서 모계는 본질적으로 출계의식이 약하다. 출계가 없다고도 할 수 있다. 그 이유는 여성이 직접 생산을 하기 때문에 자식이 누구의(나의) 것인지 확인할 이유도 없다. 그리고 출계를 거슬러 올라가는 노력보다는 자신의 자궁에서 태어난 자식을 잘 키우는 것이 선결과제이다. 남자에게 성씨(姓氏)를 가지도록 한 것도 그 때문이다. 여자들이 시집을 가서 아이를 생산하는 것도 이 때문이다. 이것은 엄청난 모험이고 희생이지만 자식을 안전하게 키우기 위해서 인류사의 어느 시점에서 여자들은 그러한 결단을 내렸던 것이다. 여자들의 종교인 무교가 현세의 기복(祈福)에 치중하는 것도 이와 연관이 있다. 여자들은 신이 누구냐가 중요한 것이 아니라 복을 주는 것이 중요하다. 다시 말하면 출계를 따지는 것은 여유 있는 자의 것이고 '낳는 자(여자)'가 아니라 '낳아진 자(남자)'의 몫이다.

여성은 굳이 천지창조를 생각할 필요도 없다. 여성은 밖으로부터는 자연의 옷(衣)을 입고(월경이 좋은 예이다.) 안에서는 자궁이라는 우주를 갖고 있는 존재이다. 그 우주 속에서 신주(神主)로부터 빙의(憑依)를 입고 하늘의 점지를 받아서 자식을 생산하면 그만이다. 남자는 자신의 새로운 우주를 만들어야 그곳에서 자신감을 갖고 권력을 행사하는 존재가 되지만 여자는 이미 제 몸에 그것을 갖추고 있다. 이는 처음부터 남자와 다르다. 여성은 스스로 '가진 자'이고 그렇기 때문에 '베푸는 자(혹은 희생하는 자)'이다. 남자는 자신의 몸 밖에서 노동을 통해 그것을 구축해야 하지만 여자는 몸 안에 그것을 다 갖추고 있다. 여성에게 자궁은 천지이고 천지창조이고 빅뱅이고 모든 것의 출발이고 그래서 우주 그 자체이다. 출계를 따지는 것 자체가 이미 권력에의 의지이다. 그런 점에서 진정한 조상신은 부계에서 비롯된다고 해도 과언이 아니다.

모계라는 자연은 의식적으로, 혹은 인위적으로 출계를 따져야 하는 것이 못 된다. 모계의 출계는 따라서 출계를 몇 대조(代祖) 운운하면서 출계를 거슬러 올라갈 이유도 없고 필요도 없다. 모계는 자연과의 미분화 상태이고 진정한 의미의 출계도 아니다. 부계의 조상신이 등장하면서 여사제(혹은 Shaman King)는 한낱 무당(한 남자에게 소속되지 않는 여자)으로 전락하고 모계의 대모는 태모신(太母神, Goddess)이 된다. 그리고 부계의 연장선에는 남자 샤먼킹(Shamam King) 혹은 천신(天神)이 등장하게 된다. 천신은 어떤 여자에게도 소속되지 않는 남자, 초월적 남자이다. 이로써 남자는 왕(King)과 신(God)을 모두 찬탈하고 마는 셈이다. 절대적인 천(天)의 개념의 등장은 그래서 중요하다. 남자는 출산으로부터의 자유, 혹은 여유 때문에 권력자가 된다. 정신(精神), 신(神), 천(天), 천신(天神), 형이상학(形而上學) 등은 모두 남자의 인위적 산물이다. 부계사회는 육체와 가까운 것, 땅과 가까운 것을 모두 비하한다. 이것은 여자들의 것이기 때문이다.

한국의 경우는 모성(母性)이 강하게 남아 있다는 이유로 김상일은 태모신(太母神) 뒤에 조신(祖神)이 성립되는 후자에 기울어졌다. 그러나 똑같은 이유로 필자는 조신(祖神) 뒤에 태모신(太母神)이 성립되는 전자 쪽을 택하고 싶다. 단군은 조상신 국조(國祖)가 되었지만 유일신 교조(敎祖)로 확립되지 못하는 것도 이 때문이다. 단군은 겉모양은 국조이면서 그 내용에 있어서는 태모신 단계를 벗어나지 못한 것으로 생각된다. 한민족은 천손족(天孫族)이라고 스스로 말하고 있지만 단군이 천신(天神＝하느님)이 되지 못하고 외래 불교, 기독교의 석가나 하느님에 그 자리를 내주고 있다. 단군할아버지보다는 삼신할머니, 단군할머니가 더 일반에 호소력이 있는 이유도 여기에 있다(≪단군할머니론≫ 안천 1995, 민족문화사). 부계－가부장으로의 전환을 완전히 이행한 경우는 천신이 되고 그렇지 못하면 모계적 성격을 내포하게 된다. 단군이 오늘날에도 고등종교로 발전하지 못하고 조상신 혹은 국조(國祖)신격으로 모셔지는 까닭은 여기에 있다.

여기서 일본의 신도(神道)와 한국의 무교(巫敎)의 차이점을 살펴볼 필요가 있다. 신도는 확실히 일본에서 국가종교의 지위를 차지하고 있는데 반해 무교는 도리어 미신으로 취급되면서 버림받고 있다. 신도는 샤머니즘의 단계에 있지만 적어도 근대에 들어 고등종교로서의 이론체계를 갖추고 있다. 이에 비해 무교는 무속으로 취급당하고 있다. 토테미즘은 자연과 조상을 하나로 인식한다. 자연과 조상은 서로 교환이 될 수 있는 부호인 것이다. 이때의 조상이 집합표상을 가지면 국조가 된다. 단군은 그 좋은 예이다. '자연＝조상＝국조'가 그것이다. 이러한 점에서 한민족의 단군과 일본민족의 천조대신은 같다. 한국의 단군과 일본의 천조대신은 모두 샤머니즘의 숭배대상이다.

단군과 천조대신이 다른 점은 전자는 지속성이 결여되어 있고 후자는 지속성이 있다는 점이다. 이때의 지속성이란 바로 한국의 역대 왕들은 단군을 계승하고 있지 않은 반면에 일본의 천황들은 천조대신을 계승하고 있다는 점이다. 한국의 단군은 단절된 반면에 일본의 천조대신은 단절되지 않고 있다는 점이 다르다. 일본의 신도(神道)는 충성을 받는 반면에 한국의 무교(巫敎)는 다른 고등종교들로 대체되는 바람에 버림을 받았다. 신도는 더욱이 국조에서 나아가서 절대신의 초월성을 달성하였다. 그래서 일본에선 "모든 종교는 신도"라는 데에 도달하였다.

일본의 신도는 국가주의의 토대가 된다는 점에서 일본의 강점이기도 하면서 약점이기도 하다. 절대적이고 초월적이지 않는 것에 그것을 부여하였으니, 결국 최악의 경우에 바로 신도 때문에 국가가 망하게 될 수도 있는 것이다. 그것이 바로 태평양전쟁의 예이다. 일본 신도의 특성으로 볼 때 태평양전쟁과 같은 역사는 되풀이될 수 있다. 이것은 일본 문화의 본질적 구조이다. 이는 한국의 단군이 국가 존망지추 때마다 되살아나는 것과 같다. 고려 때 몽고의 침략과 구한말 일본의 침략을 받았을 때 단군 신앙이 부활한 것은 좋은 예이다. 신도는 '신도＝천황＝천신(天神)＝절대신'에 도달하였지만 무교는 그렇지 못하다. 무교는 '무교＝태모신(삼신할머니)＝칠성신＝귀신(상대신)'에 그치고 있다.

단군의 고조선은 모계사회에서 부계사회로의 이행과정의 나라였으며 단군의 신의 성격은 태모신에서 천신으로의 이행과정에 있었다고 할 수 있다. 또한 이와 관련하여 단군신화에 나오는 곰과 범의 문제는 곰＝모계사회, 범＝부계사회라는 등식을 도출할 수 있을 것 같다. 처음에는 범족이 곰족에게 졌지만 나중에는 결국 다시 범족이 이기는 역전의 드라마를 펼친다. 그래서 단군은 곰(여자가 된)에서 태어났지만 결국 죽어서는 범(산신령이 된)이 되었다. 이것에 대한 역사적 진실은 아직도 많은 연구과제와 후학들의 분발을 남겨 놓고 있지만 일단 고조선의 아리바이를 이쯤 구성해 두자.

유일신으로서의 천신(天神)을 확립하는 데에는 불리하게 작용한, 삼신(三神)이 함께 있는 성격은 절대적인 종교를 성립시키는 데는 불리하게 작용하지만 바로 이 점이 단군신앙의 원형적 성격을 증명하는 것이 된다. 거꾸로 대표적인 고등종교인 기독교는 삼위일체(三位一體)를, 불교는 삼신불(三身佛) 사상을 통해 고등종교의 교리를 확립하게 된다. 말하자면 고등종교들은 천신(天神) 혹은 부처(佛)를 탄생하는 절대신앙을 마련하였지만 그것의 대중화 혹은 민중화를 위해서 도리어 지상으로 내려오지 않으면 안 되었던 것이다. 단군의 이러한 사정을 '지상(地上)과 모계(母系)에 대한 미련'이라고 말하고 싶다. 단군은 그래서 산(山)으로 간 것 같다. 산은 하늘과 땅의 중간 지점이다. 산은 땅에서 보면 하늘이고 하늘에서 보면 땅이다. 산은 땅에서 사는 인간들에게 상당기간 하늘의 역할을 하는 시기가 있었던 것 같다. 다시 말하면 단군신앙은 하늘로 덜 올라간, 그래서 강력한 '천신＝하늘 신＝하나 신'이 되지는 못한 점이 있지만 다른 고등종교들은 하늘로 올라갔다가 다시 땅으로 내려온 사정이 있는 것 같다. 환인과 환웅은 단군신화에 따르면 지상을 내려다보고 신시(神市)를 건설할 것을 결정하는 까닭에 본래 천신(天神)계열인데 환웅과 웅녀의 몸에서 태어난 단군은 지상신의 성격을 가지게 되어 하늘로 돌아갈 수 없게 된다. 그래서 산으로 숨었다. 산은 비록 지상에서는 가장 높고 하늘에 가까운 곳이긴 하지만 엄연한 지상이다. 단군은 그래서 천상계열이긴 하지만 시조신, 조상신의 성격을 가지게 된다. "산신이 되었다는 것은 단군은 엄격히 말해 천신이 아니고 천신계의 시조신이다."[40] 알타이(Altai)인의

산악숭배가 씨족적 영역에 대한 숭배인 것으로 본 연구도 있다.[41]

단군은 태모신적 성격이 강하다. 단군이 천신이 되지 못한다는 것은 바로 그 후에 따르는 치열한 국가건립 과정에서 권력경쟁의 주도권을 가지지 못하는 것이 된다. 단군은 이상하게도 남성 신으로 완전히 승격을 하지 못하고 반쯤은 여성 신의 성격을 유지하였던 것 같다. 단군신앙의 무교는 그 후 외래종교인 불교와 유교, 기독교에 그 자리를 내어놓는다. 여기에 단군신앙의 여성성과 포용성이 있는 반면에 천신으로서의 미흡함이 있는 것이다. 한국의 고대 신앙체계는 대체로 천신과 지상신의 조화와 합작으로 이루어진다. 이것은 확실한 부계-가부장의 신이 아니다. 고등종교들의 탄생은 정도의 차이는 있지만 대체로 부계-가부장제를 뒷받침한다. 이는 어쩌면 고등종교의 출현은 국가시대로 들어감에 따라 좁은 지역을 넘어선, 보다 넓은 지역을 다스리기 위한 이데올로기적 준비과정이었을 것이다.

부계-가부장제야말로 국가건립과정에서 필수적인 제도였고 쉽게 '땅의 속박'이나 '땅의 제한'을 넘어서는, 그래서 보다 광활한 지역을 통치하는 강력한 남성 군왕을 탄생케 하는 데에 주효했을 것으로 보인다. 이것은 물론 평화와는 반대되는, 끊임없는 전쟁을 지향하는 방향이지만 넓은 영역을 지배하고 다스리기 위해서는 불가피한 발전과정이었을 것이다. 이성(理性)의 발달은 여기에서도 주목된다. 국가시대에 접어들면서 남성적 특성을 우월한 것으로 보게 되고 남성의 좌뇌적인 특성을 문명의 중심으로 옮겨 놓게 되는

---

40) 조흥윤, 《무》, 280쪽, 1997년, 민족사.

41) 徐永大, 《韓國古代 神觀念의 社會的 性格》, 서울대학교 대학원 국사학과 박사학위 논문, 1991년, 83~84쪽.

데 감성적 - 구체적인 것보다는 이성적 - 추상적인 것을 중시하는 경향은 남성의 권력경쟁에도 유리하게 작용한다. 종교의 우주론은 실은 상상력도 필요하지만 그보다는 합리성을 크게 요구하게 되는 데 조상을 귀신으로 섬기는 무교보다는 국가 규모로 혹은 국가를 넘어 신을 섬기는 소위 고등종교들은 이 합리성의 강화를 통해 모계인 태모 - 태모신을 정복해 들어갔다.

귀신을 섬기는 무교와 신을 섬기는 고등종교가 본질적으로 다른 것은 아니다. 귀신이든 신이든 어차피 일종의 상상계의 의미체(의미를 부여함으로써 존재하게 되는 실체)에 속한다. 그래서 귀신이든, 신이든 있다고 하면 있는 것이고 없다고 하면 없는 그런 것이다. 그래서 귀신이든, 신이든 믿는 사람에게 작용하는 것이다. 믿지 않으면 작용하지 못하는 게 귀신과 신의 공통점이다. 귀신은 죽음과 결부된 신(귀신＝죽음＋신)이고 신은 삶과 결부된 신(신＝삶＋신)이다. 죽음을 두려워하면서 죽은 영혼(조상의 정령)을 섬기며 살던 인간은 인지가 발달하면서 삶은 보장하는 신(구원의 신)을 섬기게 된 것이다. 무교는 귀신 든(귀신을 섬기는) 무당이 귀신을 쫓고 섬기고 고등종교는 신이 든 사제가 귀신을 쫓는 것이다. 모든 종교는 공통적으로 정령(spirit)을 전제하고 있다. 고등종교란 보다 강력한 정령을 유일신으로 절대화한 것이다.

정령이라는 것은 애니미즘(animism)의 산물이다. 애니미즘이 토테미즘(totemism)을 거쳐 샤머니즘(shamanism)으로 발전하는 진화론을 인정하지 않는다고 하더라도 이 과정이 '종교적 종(種)'으로서의 인간이 어떻게 동식물을 섬기다가 드디어 정령과 함께 귀신을 섬기고 나아가 인간신을 섬기게 되었는지, 역사적 과정을 샤머니즘이

보여 주는 것에 동의할 수 있을 것이다. 샤머니즘은 귀신의 종교라고 하지만 실은 샤머니즘에 의해서 인간이 인간을 섬기는 대전환을 이루게 된다. 이것은 바로 인간중심의 세계관을 가진 것을 의미한다. 샤머니즘이야말로 고등종교의 산실이다. 샤머니즘이야말로 유일신으로 이르는 매개이다. 유일신 - 일원론을 만들어 내지 못한 문명은 상대적으로 응집력이 떨어지기 마련이었다. 유일신은 권력경쟁에 유리한 종교였다. 고등종교들은 전쟁과 정복을 지지하지는 않았지만 역사적으로 패자(覇者)들의 정복전쟁을 뒤따라가면서 선교(宣敎) 영역을 넓혔다.

고등종교가 국가 혹은 국가를 뛰어넘는 선교영역을 보이는 것은 이 때문이다. 인류사의 종교의 발전과정으로 볼 때 범신(汎神), 정령(spirit)의 신령관에서 지고신(至高神)을 거쳐 유일신으로 발전해 가는 과정에 주목할 필요가 있다. 모계는 유일신이기보다는 범신(汎神), 혹은 지고신(至高神)에 가깝지 않았을까 싶다. 지고신은 최고의 신이지만 다른 신을 인정함으로써 유일신은 아닌 것이다. 지고신은 다중일(多中一: 많은 것 중에 하나가 있다.)이고 유일신은 일중다(一中多: 하나 속에 많은 것이 있다.)이다. 지고신은 다(多)를 인정하는 것이고 유일신은 일(一)을 강요하는 것이다. 일(一)을 강요하는 유일신은 부계로의 완전한 이행을 통해 이루어지는 것이다.

'하늘신(天神)' 신앙이 발생한 것은 바로 인간이 땅에 발을 딛고 사는 '지상(地上)의 두 발로 걷는 존재'이기 때문이다. 사실 처음 인간의 하늘은 하늘(天)의 하늘(天)이 아니라 땅(地)의 하늘(天)이다. 땅의 하늘이 다시 땅에 투사되면서 하늘의 하늘이 된 것이다. 따라서 땅을 이해하지 못하면 하늘을 이해하지 못한다. 인간이 땅의 존재라는 사실은 종교의 출발이 여성성이라는 것을 말한다. 다시 말하면 여성의 출산과 풍요가 신앙의 대상이 되었으며 남성들에 의해 신앙이 강화되었을 것을 가정할 수 있다. 여성성을 신앙하는 것은 바로 남성이기 때문이다. 이것이 가부장사회의 출발과 더불어 역전되게 되는데 여성성은 은밀하게 내재하게 된다. 동서양이 함께 가부장사회로 진입하였지만 성의 특성에 관한 한 다르게 나타난다. 서양에서는 지혜롭고 분석적인 특성은 남성성으로 보고, 감정적이고 정신적인 것은 여성성으로 보지만 동양의 경우 그 반대이다.

불교에서 지혜는 여성으로, 모성으로 나타난다. 깨달음은 지혜의 자궁에서의 잉태에 비유된다. 깨달음은 출산에서의 아버지의 역할에 비유된다. 총카파(Tsong Khapa, 1357~1419)는 그의 연구 <The Great Exposition of the Graded Stages of Path(Lam rim chen mo)>에서 지혜를 여성, 더 정확하게는 모성으로 묘사하고 방법 또는 보리심을 아버지로 나타낸 사정을 설명한다. 인도와 티베트에서 아이의 민족성은 아버지의 민족성에 기반을 둔다는 사실에 입각한 그의 설명을 요약하면 다음과 같다. 지혜는 정신적으로 득도한 개개인들에 의해 공유되는 정신적 특성으로 본다. 다양한 계급 또는 민족성을 가진 아버지의 아이를 어머니가 임신한 것처럼, 지혜 또는 성문, 연각, 부처 등 개개인의 정신적 수행에 따라 여러 가지를 가져올 수 있다. 어머니, 지혜는 이러한 모든 경우에서 같기 때문에 아버지가 수행자들의 정신적 계통을 결정한다는 논리이다. 만약 아버지, 즉 방법이 특히 뛰어나다면 아이는 부처가 될 것이다. 만약 반대로 아버지가 이러한 특성들이 비교적 적다면 결과는 소승불교의 깨달음으로 갈 것이다. 어머니로 비유되는 지혜와 아버지로 비유되는 방법을 말한다.

그러나 총카파의 설명조차도 실은 매우 가부장적이다. 아버지에 따라 깨달음의 수준이 달라진다고 하는 것이다. 모성인 지혜의 자궁은 깨달음의 정신적 계통을 결정하지 못하는 단지 육체적인 바탕일 따름이라는 것이다. 지혜는 무엇이고 보리심은 무엇인가? 지혜 위에 보리심을 하나 더 놓음으로써 여성적 깨달음의 위에 다시다른 깨달음이 하나 더 있다는 논리이다. 이는 공(空)에서도 마찬가지이다. 공(空)은 어머니이고 그것을 깨달음은 다른 것이라는 논리이다. 어머니라는 지혜나 공(空)의 위에 혹은 아래에 출계(정신적계통)를 결정짓는 아버지와 아들이 있는 것이다. 이러한 이면에는 종교의 깨달음이라는 것도 실은 자연을 초자연으로 해석하려는 호모사피엔스의 경향이라고 볼 수 있다. 아들에게 아버지는 초자아에 해당하고 어머니는 무의식에 해당되는 것과 궤를 같이한다.

무의식과 의식 사이에 초의식이 있고 초의식은 바로 초자아이다. 의식과 무의식과 초의식은 서로 순환관계에 있다. 아버지적 초자아는 끊임없이 달아나고 어머니적 무아는 그 달아나는 초자아를 끊임없이 잡으려 한다. 그래서 초자아(시작)가 무아(끝)를 물고 있는, 아니 무아(시작)가 초자아(끝)를 물고 있는, 그래서 양자가 하나가 되는 우로보로스 뱀의 형상이 우주의 완성을 나타낸다. 시작과 끝이 하나가 된다. 여기서 시작과 끝이 하나가 된다는 그러한 표현 자체가 바로 아버지의 발상이다. 그래서 아버지적 발상은 표층적이다. 이에 비해 어머니적 발상은 심층적이다. 이것을 어머니적 발상으로 말하면, 그 심층은 시작과 끝이 하나가 되는 것이 아니라 시작과 끝이 없는, 더 정확하게는 시작이 끝이고 끝이 시작인 상태가 된다. 이것은 영원한 정지의 형상 속에 끊임없는 운동과 변화를 내포하고 있는 것이다.

고등종교들은 아버지적인 것을 내세우지만 그 이면에 어머니적인 것을 내포하고 있다. 그 이유는 아버지적인 것은 표면일 따름이고 실은 이면은 어머니적인 것이기 때문이다. 그래서 신도 아버지적 신과 어머니적 신을 동시에 가져야 완성된 신이 된다. 앞으로 여기에 부응하는 고등종교가 탄생하거나 고등종교들이 여기에 적응할 것이다. 부계적 고등종교는 모계적 자연을 모방하지만 실은 자연만 한 세계도 만들어 내지 못한 채 자연을 은유하고 있을 따름이다. 그래서 다시 모계의 자연이 부계의 '언어의 바벨탑'을 무너뜨릴 준비를 하고 있다. 고등종교들이 선전하고 과장하고 있는 천국이나 극락 등 내세들이 유사자연에 불과하거나 자연만 못한 것으로 판명 났다.

고등종교도 여성적이고 어머니적인 이미지와 남성적이고 아버지적인 이미지를 공유하고 있다. 불교의 부처와 보살, 기독교의 하느님과 성모마리아가 그 좋은 예이다. 둘로 표현할 때는 그것을 깨닫는 인간(자아)을 제외한 경우이고 셋으로 표현할 때는 자아를 포함한 경우이다. 불교의 삼신불(三身佛)과 기독교의 삼위일체(三位一體)가 그 좋은 예이다. 이러한 신격(身格＝信格＝神格) 혹은 위격(位格)은 얼마든지 분화·팽창할 수 있고 다시 통합·수렴할 수 있다. 바로 이것이 우로보로스 뱀의 형상이다. 이 우주적 가족형상을 말할 때 깨달음 혹은 깨달음의 말(입＝페니스＝陽＝日＝朱雀＝火＝南＝文明＝文＝高等宗教)을 우선하면 남자를 우선하고, 본질 혹은 본질의 매트릭스(자궁＝만물(몸)＝陰＝月＝玄武＝水＝北＝

自然＝武＝原始巫敎)를 우선하면 여자를 우선한다.

만약 자연이 본질이라면 자연을 깨닫는 것은 본질을 어떠한 형태든 언어로 규정하는 것이다. 자연이 여성이라면 깨달음은 남성이다. 정치에서의 여성성에 대한 불평등은 종교에서도 여전하다. 깨달음 자체를 자연은 인정하지 않을지도 모른다. 천국이니, 극락이니, 천궁이니 하는 것은 모두 땅의 존재인 인간이 땅의 것을 하늘에 투사한 것이고 진정 하늘의 것은 아니다. 거대한 우주는 실은 하늘도 땅도 없는 것이고 우주 속에 그저 둥둥 떠 있을 뿐이다. 수직적·수평적 우주관이라는 것은 지구 속에서 살고 있는 인간의 관점일 뿐이다.

하늘에 현실 혹은 이상을 투사하는 것도 땅의 현실이 있기 때문이다. 마찬가지로 무욕이나 무상이니 하지만 정녕 땅의 인간을 움직이는 최초의 동인은 바로 자손의 번식이고 욕망이다. 무욕이나 무상이니 하는 것은 바로 욕망의 투사에 불과하다. 그렇다면 하늘과 더불어 남성성의 상징들은 실은 허위(虛僞) 혹은 허무(虛無)의 것이 된다. 그럼에도 정치는 물론이고 말로써 이루어지는 역사나 기록은 모두 남성에 의해 주도가 되는데 여성은 권력에서 소외되어 있다. 우주의 본질은 여성이다. 단지 그 본질을 깨닫는 것이 남성이기 때문에 마치 본질이 남성의 것인 양 보인다.

지혜는 여성성이지만 지혜를 깨닫는 것은 남성성이라는 사실은 여성성(자궁의 지혜 혹은 지혜의 자궁)을 매우 높게 평가하는 것 같지만 실은 여성성을 결국은 깔고 뭉개는 것이다. 이는 여성을 존중하지만 결국 여성의 위에 아버지가 있고 지혜의 어머니가 낳은 아들은 아버지의 것이라는 것과 다를 바가 없다. 그렇다면 지혜와 공(空)과 여성은 공통의 의미를 가지고 있다(지혜＝空＝여성).

아버지와 아들과 남자를 빛내기 위한 것이다. 이것보다는 여성의 경우 남성성을 이해하고 남성의 경우 여성성을 이해하는 것이 지혜와 깨달음의 요체라는 것을 상기할 필요가 있다. 출계를 따지는 것은 이미 불평등이고 권력경쟁이다. 권력경쟁을 할 바에는 종교가 무슨 필요가 있겠는가. 이는 깨달음조차도 남성들이 독점하고 있는 것과 다를 바가 없다. 아니면 남성적 입장의 깨달음이다. 더욱이 깨달음 자체가 남성적인 것이다. 남성은 남성을 유지하면서 깨달음에 도달하는데 여성은 남성이 되어야 깨달음에 도달할 수 있다는 논리가 이 속에 숨어 있다. 이것은 종교의 깨달음에 있어서조차도 여성에 대한 모독이고 불평등이다. 반야, 지혜, 여성에 대한 남성들의 매개적·도구적 사용의 음모가 도사리고 있다.

그래서 딸(여성)은 슬픈 존재이고 딸은 어머니가 됨으로써 완성될 뿐이다. 아들은 아버지를 섬기고(추월하고) 어머니는 아들을 좇아가지만 딸은 어머니를 준비하는 존재가 된다. 이런 남성성과 여성성은 인간에 내재해 있다. 남자 혹은 남성성이 강한 사람은 여성성을 알아야 하고 여자 혹은 여성성이 강한 사람은 남성성을 알아야 한다. 이는 결국 양(陽)은 음(陰)을 알아야 하고 음은 양을 알아야 한다는 말에 다름 아니다. 여성, 음은 비어 있는 존재이고 남성, 양은 그것을 채우려는 존재이다. 이것을 서양적, 양(陽)의 입장에서 보면 상실이고 없음이지만 동양적, 음(陰)의 입장에서 보면 우주의 본래 모습인 것이다.

공(空)의 상형을 보면 공(空＝宀＋八＋工)이다. 이것의 의미를 보면 집 면(宀: 움집의 지붕을 본뜬 글자로 건축물과 관련이 있다.)

과 구멍 혈(穴: 땅속을 좌우로 파헤쳐서 만든 굴의 모양을 본뜬 글자)과 만들 공(工)이 내포되어 있다. 참고로 주역에서 태(兌 = 八 + 兄: 이것은 하늘을 향해 열린 상태로 기뻐하며 춤추는 무당의 모양이다.)괘는 신체의 입(口)을 나타내고 동물로는 양(羊)이며 자연은 못(澤)이며 인간은 소녀(少女)를 나타낸다. 성질은 기쁜 열(說, 悅)이며 오행은 음금(陰金)이다. 공(空)은 구멍을 통해 만들어지는 우주공간이다. 구멍(穴)은 무엇이 들어오고 나가는 곳이며 태초에 무엇인가 만들어지는 것(工)을 상징한다. 공(空)만큼 여성을 상징하는 것이 없다. 앞에서 무(巫)에 대한 상형을 논했는데 무(巫)는 '춤추는 사람' 혹은 '공(工)의 중첩(重疊)'으로 설명했다. 공(空)과 무(巫)는 상형적으로 긴밀한 관련성을 가짐을 알 수 있다.

공(空)에는 형상적으로 볼 때 여성적 우주의 블랙홀(Black Hole)과 천지창조의 만듦(工)에 대한 의미를 내장하고 있다. 우주의 빅뱅(Big Bang)이론 자체가 실은 남성적 표현이다. 빅뱅, 즉 튀어나오고 폭발하려면 그 반대로 움푹 들어간, 블랙홀이론이 있어야 한다. 실은 이 빅뱅－블랙홀이론도 천지창조의 현대적 해설에 지나지 않는다. 고대에도 이미 그와 유사한 생각을 가졌음을 공(空) 자를 통해 유추할 수 있다. 이것은 또한 인간 뇌구조의 산물인지도 모른다.

사고의 구조가 우주의 구조이고 우주의 구조가 사고의 구조이다. 결국 소우주와 대우주는 같은 것이다. 또 같아야만 우주가 하나인 것이 증명된다. 우주가 하나이기 위해서는 들어가는 것과 나오는 것이 하나여야 한다. 대립하지 않기 위해서는 작은 것이 큰 것이고 큰 것이 작은 것이 되어야 한다. 이것이 나선형(double helix)의 우주이다. 그래서 머리를 남성이라고 하고, 몸을 여성이라고 한다. 우주의 본질은 여성이지만 그것을 깨닫는 것은 남성이다. 본질과 깨달음은 어느 것이 먼저라고 할 수 없는 관계이다. 본질과 깨달음 그 자체도 우로보로스 뱀의 형상이다.

이보다는 종교 자체가 정치에 비해 매우 여성적이라는 사실을 알 필요가 있다. 종교는 제정일치시대의 제(祭)이며 당시에는 여성이 남성에 비해 우월한 위치에 있었다. 이것이 후에 권력경쟁에 의해 정(政)이 우위를 점령하면서 제정분리시대가 되는데 종교는 아무래도 제(祭)의 계승임을 부정할 수 없다. 오늘날 종교가 필요한 것은 현실(地) 정치(政)의 상실과 절망을 상상계(天)의 희망과 행복으로 바꿀 수 있는 문화기제이기 때문이다. 반야, 지혜, 공(空), 여성 자체가 인류 미래의 희망이다. 여기에 가부장의 깨달음의 덮개를 하나 더 씌우지 말자. 천신(天神)과 여성성은 얼마든지 역전될 수 있는 성질의 것이다. 이는 지신(地神)과 남성성에게도 마찬가지로 적용된다. 여성성과 남성성은 상호 보완적인 관계이기 때문에 서로 교차하거나 위상적인 관계를 보인다. 남성은 여성이 되고 여성은 남성이 되어야 편안하게 되고 인격적 완성이 될 수도 있다. 천지의 차이는 없고 남녀의 차이는 없는 것이다. 천지와 남녀는 역전될 수 있는 것이다.

가부장의 국가사회와 그 확대재생산 과정이 오늘날 인간을 전쟁과 불평등의 나락으로 떨어뜨렸다. 유일신 체계가 바로 국가권력과 맞아떨어지는 카리스마를 가지게 됨은 물론이다. 대체로 유일신을 중심으로 주변에 다른 여러 신이 포진할 수는 있지만 유일신 체계가 없이 큰 국가가 된 경우는 드물다. 유일신은 국가와의 공모자이다. 국가는 문화의 아버지이다. 그렇지만 한 가지 분명한 것은 모성(母性)에 대한 깊은 이해나 전제가 없이는 지고신이든 유일신이든 타락하여 실패한 신(神)이 된다는 점이다.

틸리히(P. Tillich)는 "종교는 문화의 어머니"라고 했다. 이 말에는 다분히 종교가 절대적인 신념체계이기에 인간에게 세계관을 규정해 주고 그에 따라 문화를 형성해 가는 뜻도 있겠지만 그보다는 종교 자체의 여성성을 말하는 것일 것이다. 종교는 정치에 비해 여성적이고 과학에 비해 여성적이다. 유일신이라고 하는 것조차도 실은 정치나 과학에 비해서는 여성적 평등과 평화를 추구하고 현실보다는 내세에서 복락을 약속함으로써 삶보다는 죽음 편에 가까이 있다. 틸리히의 말에 대하여 필자는 "정치 혹은 과학은 문화의 아버지"라고 말하고 싶다. 나아가 "종교가 신화라면 정치 혹은 과학은 역사"라고 말하고 싶다. 나아가서 여기에 예술을 포함하여 말하면 "종교와 예술 자체가 과학에 비해 여성적이다."라고 말하고 싶다.

죽음을 상정하지 않는 종교는 없다. 여성은 언제나 몸으로 직접 생산(출산)하는 존재이기에 생명과 동시에 죽음에 대해 본능적인 교감을 하고 있다. 이에 비해 여성에게서 태어난 남성은 오직 삶만을 생각한다. 그래서 남자는 권력지향적이고 영웅이 되고 왕이 되긴 하지만 때에 따라서는 폭군이 된다. 절대왕정이나 전체주의 국가는 그 좋은 예이다. 왕(王)은 본래 신인이었으나 타락하여 폭군이 되고 대량학살을 하고 마침내 신시(神市, 神國)는 파괴된다. 왕(王)은 태모(太母)에게 자신의 육신을 바치는 신왕(神王, Divine King)이 될 때 진정한 왕이 되는 것이다. 신(神)과 왕(王)과 불(佛)은 가역관계에 있다. 그러나 현실적 정치에 있어서 자신을 희생(犧牲)으로 바치는 진정한 왕, 유교의 왕도(王道)의 왕(王), 불교의 전륜성왕

(轉輪聖王), 기독교의 왕중왕(King of Kings)은 드물다. 그래서 종교에서 이상적인 왕들이 섬겨지는 것이다.

하지만 종교는 아무리 가부장의 탈을 쓴다고 해도 본질적으로 여성성을 벗어나지 못한다. 그것은 태모신인 대자연으로 돌아가려는 회귀본능을 기초로 하기 때문이다. 반대로 과학은 아무리 친자연적이라고 해도 남성성을 탈피할 수 없다. 그것에는 천신(天神)을 법(法)과 바꾼 원죄가 있기 때문이다. 상천법지(象天法地)라는 순환의 패러다임으로 볼 때 여성성은 상(象)을 대표적으로 표상하고 법(法)은 남성성을 대표적으로 표상하고 있다. 모계사회의 상징들은 부계사회가 되면서 정반대로 역전하게 된다. 여신은 창녀가 되고 종은 왕이 된다. 이를 극단적으로 표현하면 모든 여성은 태모(太母) -창녀(娼女)적 기질을 가지고 있고, 남성들은 종(從)-폭군(暴君)의 기질을 가지고 있는지도 모른다.

켄 윌버(Ken Wilber)는 '밝' 단계를 셋으로 구분한다.

초기 자아기(밝1기): 기원전 2500~기원전 500년
중기 자아기(밝2기): 기원전 500~기원후 1500년
말기 자아기(밝3기): 기원후 1500~현대

초기 자아기는 땅어머니가 파괴되면서 개체적 자아가 등장하는 시기이다. 이때 중국에서 요(堯), 순(舜) 임금이 등장하고 한국에서는 환웅, 단군이 등장한다(김상일, 위의 책, 134쪽).

중기 자아기는 소위 추축시기(Axial Age)이다. 이 시기 서양에서는 탈레스, 피타고라스, 소크라테스, 플라톤, 아리스토텔레스 같은 위대한 철학자들과 동양에서는 붓다, 공자, 노자, 맹자, 장자 같은

인물이 태어난다. 이 시기는 본격적인 가부장의 국가시대로 들어가는 시기이다. 불행하게도 이 시기에 동이족, 동이(東夷)문화는 중국의 서이족, 하화(夏華)문화에 주도권을 넘겨주고 한(漢)의 침략을 받고 고조선은 멸망한다. 이 시기에 한국인으로서는 공자가 동이족 출신이고 황제 헌원(軒轅)이 자부선인(紫府仙人=北斗七星의 紫微垣＋南斗六星의 天府)에게 삼황내문경(三皇內文經)을 받아가서 그 중 하나가 노자의 도덕경이 되었다는 것에 위로를 받을 뿐이다.

공자는 노(魯)나라에서 태어났지만 은(殷)나라의 문화를 간직한 송(宋)의 후손으로 나라로 예악의 종주가 된 것은 바로 은(殷)의 제례에 박식했기 때문이다. 자부 선생으로부터 책을 건네받은 황제는 이 책에 담겨 있는 내용 가운데 중요한 부분을 둘로 나누어 추려서 후세에 남겼다고 한다. 그 하나가 노자(老子)에게로 이어져 도교(道敎)의 바탕이 되었고, 또 다른 하나는 지금까지 전해 내려오는 동양 최고(最古)의 의서(醫書) 중의 하나인 '황제내경(黃帝內經)'이 되었다고 한다. 이 밖에 '황제음부경(黃帝陰符經)'도 '삼황내문경'에서 비롯된 것이라고 전해진다. 동이는 하화에게 문화적 세례를 주었음이 확실하다.

동이(東夷)의 웅녀(熊女)-단군(檀君)문화는 세계사적인 흐름의 부계-가부장 문화, 남성의 원리의 등장과 함께 역사의 후면에서 수동적인 입장에 서게 된다. 이는 인류문화의 서진(西進)과도 관계가 있다. 동쪽에서 만개한 모계-여성문화는 부계-남성문화에 주도권의 자리를 내준다. 그럼에도 세계사적인 부계-남성문화의 흐름을 뒤쫓아 가게 된다. 여기에 한국문화의 집단무의식적 모성이 자리한다. 중국 화하족은 언제나 집단무의식적으로 동이문화를 이상향으로 생각하는 버릇이 있다. 이것은 비단 공자(孔子)에 한하는 것이 아니다. 중국문화의 이상은 동이문화인데 나아가는 방향은 서진(西進)이다. 같은 동양문명 속에서도 중국은 한국에 비해 서쪽에 위치하고 있으며 동시에 상대적으로 서쪽 지향문화라고 할 수 있다.

중국문화에는 서양적 요소가 적지 않다. 예컨대 중국어의 어순은 영어와 같다. 우랄－알타이어와의 한국과 다르다. 중국은 입식(立式)－침상(寢牀)문화이다. 좌식(坐式)－온돌(溫突)문화의 한국과 다르다. 이 밖에도 중국문화의 서구적 요소는 많지만 여기서 생략한다. 그렇지만 추축시대의 성인과 위인, 현인과 철인의 면면과 사상을 보면 서양(그리스)과는 다르다. 부계－가부장, 남성의 원리를 우선한다고 하더라도 중국의 면면들은 여성의 원리를 완전히 파괴하고 정복해야 하는 것으로 보지 않는다. 이것이 서양의 '양(陽)의 문화'에 대해 동양의 '음(陰)의 문화', 서양의 '태양(太陽)'의 문화에 대해 '동양의 월(月)'의 문화인 이유다. 동양에는 여성적 원리가 남성적 원리에 의해 완전히 정복되거나 죽음을 당하지 않는다.

무엇보다도 서양은 뱀과 용을 악마로 규정하고 타도의 대상이 되지만 동양에서는 도리어 용(龍)을 숭상하고 신령스러운 동물로 취급한다. 중국인들은 음양오행사상에서 동쪽을 좌청룡이라고 하고 숭배하였다. 동양도 역사의 발전과 더불어 가부장제로 전환하지만 적어도 그 이전의 모계에 대한 적대감을 표출하지는 않았고 도리어 여성과 모계, 음(陰)의 세계에 대한 배려가 있었다. 그래서 음(陰)을 앞세운 음양(陰陽)사상이라고 하지 않는가. 더구나 동양에서는 여성에 대한 적대감인 마녀사냥과 원죄의식 같은 것이 없다. 노자는 더더욱 도덕경에서 여성성에 대한 외경의 마음을 현(玄)으로 나타냈다. 동아시아에서도 위치로 볼 때 현(玄)과 용(龍)의 위치는 동북방에 있었던 동이족의 방향이다.

캔 윌버의 세 시기론은 간격이 넓다는 흠이 있긴 하지만 문화인류학자의 눈으로 볼 때도 나름대로 설득력이 있다. 이왕이면 윌버의 주장보다는 차라리 500년 단위로 끊으면 좀 더 자세한 설명이 가능할 것이다. 서력기원 전후 로마가 이룩한 문화와 예수의 등장, 500년경의 사라센문명과 모하메드의 등장, 선종의 달마의 등장(한국의 경우 승랑, 원효, 원측, 의상), 1000년경의 신유교의 주자의 등장, 1,500년경의 서양의 르네상스 문화와 갈릴레오, 케플러, 뉴턴의 등장(한국의 경우 퇴계, 율곡, 화담) 등 문명의 주기와 리듬을 확연히 볼 수 있다.

"아무튼 노자의 도(道)는 수·당시대(기원후 6~9세기)에 이르러 불교를 받아들이는 다리 역할을 했다. 즉 도(道)는 불교의 무(無)와 같다고 중국 사람들은 이해하였던 것이다. 노자가 '무극(無極)에서 태극(太極)을 낳는다(도덕경 42장).'고 한 것은 유(有)가 무(無)에서 나온다고 함으로써 태극에서 음양이 나온다는, 즉 유(有)에서 유(有)가 나온다는 유학자들을 매우 당황하게 만들었고 불가에서는 이를 대환영하였다. 나중에 신유교(新儒敎)에서 도·불가의 압력을 견딜 수 없어서 주렴계(周濂溪, 1017~1073)는 '무극이태극(無極而太極)'이라고 함으로써 이들 견해를 수용할 수밖에 없었다. 주자(朱子, 1130~1260)는 이를 이(理)라고 하였다. 장재(張載, 1020~1067)는 기(氣)라고 하였다."[42]

위의 구절은 김상일의 유불선도(儒佛仙道)에 대한 이해를 적나라

---

42) 김상일, 위의 책, 225쪽.

하게 보여주는 것으로 매우 탁월하다. 그러나 동양의 인격신인 상제(上帝)와 서양의 인격신인 여호와(Jehovah)를 같은 범주에 넣는다는 점과 남성 아버지 하느님에 해당하는 비인격적인 신의 범주에 도(道), 무(無), 이(理)를 한데 묶는 것은 무리가 있어 보인다. 먼저 상제는 여호와처럼 절대적이지 않다. 또 동양의 도(道)는 결코 남성적이지 않고 무(無)도 또한 그렇다. 이(理)는 남성적인 것이 맞지만 장재(張載)가 주장한 기(氣)라는 개념은 점차 여성적인 특성을 보인다. 이(理)는 본래 화엄불교의 용어이나 신유학자들이 기(氣)에 대칭되는 우주의 궁극적 개념으로 차용했다고 한다. 그래서 의미의 굴절이 있긴 하지만 대체로 동양에서는 이(理)의 남성성에 비해 기(氣)의 여성성에 주목하였던 것 같다. 무(巫)와 선(仙)의 차이점은 전자가 아니마(anima)계열인 데 반해 후자는 마나(mana)계열이라고 앞에서 언급했다. 마나계열은 바로 동양의 기(氣)의 개념에 가장 가깝다는 것을 지적하였다. 그러나 우리문화에서 무(巫)와 선(仙)은 선가무격(仙家巫覡)이라는 말에서도 엿볼 수 있듯이 크게 구분되지 않았던 것 같다.

김상일은 기독교를 선(仙) – 마나(mana)계열로 보는데 과연 그럴까? 과연 기독교를 무(巫)와 선(仙)에서 선(仙)의 것으로 볼 수 있을까? 기독교가 과연 동양적 의미에서 선(仙)에 포함되는 것인가? 선(仙)은 우주를 일원론으로 보고 무(巫)는 이원론으로 본다고 한다. 영육일원론에서 영(靈)을 지나치게 강조한다면 과연 일원론일까? 동양의 선(仙)의 전통은 육(肉)을 영(靈)에 비해 낮추어 보지 않는다. 그래서 기독교처럼 영혼의 구원을 강조하지 않는다. 서양적 전통에는 어딘가 영(靈)을 육(肉)에 우선하는 경향이 있는 것 같다.

어느 하나를 강조하면 결국 일원론이라고 하지만 이원론이 될 위험에 처하게 된다. 기독교는 귀신이나 정령이 아닌 절대신에 접하는 강력한 무(巫)가 아닐까? 기독교가 육신의 부활을 믿는다고 하지만 그 육신은 어머니가 낳은 육신이 아니다. 육신의 부활이라는 말 하나만으로 일원론이 되지 않는다. 이는 말의 수사학이다.

지구상에서 고등종교의 탄생은 국가의 발생과 더불어 더 넓은 지역에 대한 정치적 지배와 이를 뒷받침하는 종교적·문화적 보편성의 확대와 궤를 같이하는 것이었다. 이는 철저히 가부장제 확대의 결과였다. 이는 필연적으로 그 이전의 여성의 원리에 속하는 '땅-달-여성-육체적 무의식(-어둠-모계-여신)'을 무시하고 그 대신 '하늘-해-남성-정신적 자아(-빛-부계-남신)'라는 남성적 원리를 내세우게 된다. 이 남성적 원리의 첨단에 선 것이 기독교이다. 다른 고등종교는 그렇지 않다. 이는 다분히 기독교는 마나계열의 '정기, 생기, 생맥, 천신(상제설)'의 천신과 아니마계열의 '정령, 영혼, 다령, 다신(귀신설)'의 영혼이 만난 것 같다(영혼+천신=하나의 정령의 절대화). 기독교에 정기(精氣)나 생기(生氣) 같은 개념을 적용하는 것은 어딘지 부적당한 것 같다. 기독교 하면 '영혼의 구제'와 '천국과 지옥', '부활'밖에 생각이 나지 않는다.

애초에 마나계열을 일원론으로, 아니마계열을 이원론으로 분류한 것이 잘못이거나 무(巫)와 선(仙)을 확연히 구분한 것이 무리가 아닌가 싶다. 일원론의 기(氣)라는 개념은 동양문화권에서는 가장 오래된 개념이다. 동양의 선가(仙家)는 바로 영육일원론의 산물이다. 신선(神仙)이라는 것은 하늘과 땅을 자유자재로 돌아다니는 존재이고 현신(現身)과 우화(羽化登仙)가 자유로운 존재로 상정되어 있다.

절대자를 상정해 놓고 처분만 바라는 그런 종교체계가 아니다. 동양의 기(氣)라는 개념은 기운생동(氣運生動)을 전제하는 것이고 매우 상대적인 개념이다. 전지전능한 절대적 신령(神靈), 인격적인 남신(男神)을 전제한 종교가 마나계열에 속하는 것은 이해가 가지 않는다. 땅(어머니)에서 태어난 육신과 하늘(아버지)에서 새롭게 태어난 육신이 다른 것은 이미 일원론이 아니라 이원론이다. 따라서 마나계열에 속하기보다 아니마계열에 속하는 것이 순리가 아닐까.

영육이원론의 기독교는 무(巫)의 다른 변종으로 보인다. 기독교의 부활(復活)의 개념이 영육일원론으로 소속시키기보다는 부활된 '하늘의 육체'는 '땅의 타락하거나 타락할 수 있는, 여자의 몸에서 태어난 육체'와 다른 것이기에 영육이원론에 가깝다. 스스로 구원되는 것이 아닌, 절대신에 의해서 구원되는 구원론 자체가 바로 이원론의 출발이다. 기독교의 구원론 속에는 남성 우월주의가 숨어 있다. 다시 말하면 남성 신이 구원하는 것이다. 물론 기독교도 마리아라는 일종의 태모(Great Mother)가 있다. 그러나 마리아는 어디까지나 남성 신에 종속된 태모신(Great Goddess)의 흔적일 뿐이다. 이에 비하면 동양의 음양론은 기(氣)적 우주관의 완벽한 패러다임이다. 우주는 끊임없는 음양의 변화생동이다. 음양원리에 의하면 여성과 모계의 원리가 자연스럽게 등장할 수 있는 길이 열려 있다. 강요된 하나(Oneness)는 이원론의 위험이 있다. 저절로 있는 둘인 음양(陰陽, Yin and Yang)이 더 완벽한 하나이다.

차라리 고등종교가 나오면서 지나친 이원론이 발생한 것 같은데 영육(靈肉)과 이기(理氣)의 이원론이 그 좋은 예이다. 그나마 동양의 경우에는 그 정도가 덜하다. 특히 동양의 도(道)는 그렇다. 도

(道)는 동양 본래의 선(仙)의 정신을 가장 많이 내포한 때문이 아닐까. 서양은, 기독교는 절대신, 하느님 아버지를 향하여 진화하였지만 동양은 여전히 태모신과 어머니에 대한 신앙을 잠재하고 있다. 그래서 동서양이 다른 것이다. 동서양의 일반론을 쉽게 달성하려고 하면 실패하고 만다. 문제는 김상일이 '선(仙)'의 개념에 기독교를 해당시키고 그것을 동양의 선(仙)의 '상제(上帝)'와 기독교의 '하느님 아버지'를 같은 종류의 같은 단계로 보려는 것은 억지에 있다. 기독교는 철저히 무교(巫敎) − 여무(女巫)의 코드를 기독교 − 남사제 (男司祭)의 코드로 바꾼 종교로 해석된다. 그러나 본질은 무(巫)이다. 필자가 보기에는 기독교는 무(巫)에 가깝고 도리어 불교가 선 (仙, 禪)에 가까운 것 같다. 기독교는 구원의 종교이고 불교는 자각의 종교이기 때문이다.

같은 인도 − 유로피안어 문화권에 속하는 불교와 기독교가 다 같이 천상과 천국, 지옥을 상정하고 있지만 불교는 대승(大乘)의 공 (空)과 선(禪)에 들어오면서 매우 비인격적인 신을 추구함으로써 중성적인 모습으로 남성 중심을 벗어나는데 이는 동양문화의 여성성의 영향으로 보인다. 기독교가 철저하게 인격신을 추구한다는 것은 바로 남성 신을 추구하는 것의 다른 모습이다. 비인격적인 신이란 남녀 중 어느 하나의 원리를 강하게 주장하게 되면 성립되지 않는 것이다. 남녀 누구나 도달할 수 있는 것이 되어야 자연스럽게 성립된다. 이는 결국 비인격적인 신이라는 자연(自然)의 대원리인 법 (法)과 연(然)으로 돌아가는 것을 말한다. 인격신을 너무 강조하면서 어떻게 대자연의 이치와 일원론에 도달하겠는가. 기독교의 절대신은 결국 자연보다는 인격신을 중시하기 때문에 자연과 분리되는 약점을 지닌다. 절대신은 결국 자연스럽지 못한 신이다. 동양의 선도(仙道)는 선가(仙家)이든 도가(道家)이든 기(氣)를 다스리는 데에 그 특징이 있다. 이것은 타자에 의한 구원의 종교와는 거리가 멀다. 그런 점에서 자각의 종교인 불교가 동서양 문화의 중간에 있는 것이고 미래 지구촌문화의 다리역할을 할 것으로 보인다. 자연(自然)과 기일원론(氣一元論)으로 돌아가지 않는 종교는 일원론의 세계로 돌아갈 수 없다.

신의 진화과정에서 볼 때 태모 – 태모신의 여성원리에서 천신 – 하느님의 남성원리로의 이행에 대해 일반론을 펼치던 나머지 김상일이 다소 비약한 감이 있다. 한마디로 동양의 비인격적 신은 결코 남성적이지 않다는 점을 지적하고 싶다. 그래서 서양 부계 – 가부장의 남성원리에 의해 병든 현대를 동양이 구원할 가능성이 점쳐지고 있는 것이다. 동양은 아직도 여성성을 품고 있다. 여성의 원리를 어둠이고 몸이고 무의식이고 욕망이라고 매도하지 말고 그것을 부활시키는 것이 남성적 원리의 폭력과 억압에서 해방되는 길이라고 보인다. 설사 여성의 원리가 성적으로 타락한다고 할지라도 남성성의 폭력에 의한 타락으로 세계가 분열하고 균열하는 것보다 낫다고 생각한다.

김상일은 '남성 신이 이기는 이유'에 대해 이렇게 설명한다.

"태모는 영원한 처녀이다. 처녀란 고대 농경사회에서 결혼을 하지 않았기 때문이거나 혹은 성관계를 어떤 남자와도 갖지 않았기 때문에 처녀가 아니라 어느 남자에게도 속하지 않았기 때문에 처녀이다. (중략) 태모에게 남자란 다산과 생산을 위해 남근(Phallic)을 제공해 주는 것이 전부이다. (중략) 오래된 신화일수록 생명의 생산은 남녀 양성의 결합의 결과로 이루어지는 것이 아니라 여성 스스로의 힘으로 이루어진다고 말하고 있다. 이집트의 호루스(Horus)가 탄생되는 것을 보아도 그는 스스로 낳기도(begetter) 하고 낳아지기도(begotten) 한다. (중략) 남자가 생산에 관계된다는 사실을 안 이후부터는 남자한테 필요한 것은 남근이지 남자 자체가 아니라고 생각하게 되었다. (중략) 남근 소유의 인간적인 남자 아버지와 정신적인 아버지를 구별할 필요성이 자연히 생기게 된다. 남근을 제공하는 인간적인 아버지와 그것을 초월하는 아버지 하나님의 이중성이 여기서 생기게 되는 것이다. '아버지 하나님'이 자연발생적으로 생기게 된다."

김상일의 논리는 바로 정신적인 아버지로서의 아버지 하나님의 생성이 자연스럽게 발생하였다는 것이다. 이는 정신적인 아버지를 만들어 내는 발생학이다. 아버지 하나님이 자연스럽게 생겼다는 것은 결코 인류학적으로 인정할 수 없는 부분이다. 이는 기독교의 하나님의 형성에 대한 알리바이치고는 무리가 있다. 아버지는 결코 자연스러운 것이 아니라 문명적 억압과 권력경쟁의 산물이기 때문이다. 아버지 하나님의 등장이 모계사회의 특성에 의해 자연스럽게 생성한 것이라는 주장인데 이는 인류의 생존경쟁과 전쟁의 역사에 대해 너무 안일한 전개이다.

이는 가부장제와 국가의 발생이 여성의 성을 억압하는 것을 토대로 이루어졌다는 것을 무시하거나 부정하는 태도이다. 남근을 제공하는 생물학적인 남자(아버지)가 아닌 정신적인 남자(아버지)를 여성 스스로 요구한 것처럼 해석하고 있는데 정반대로 남자의 '남근제공'에 대한 반대급부, 반사가 아니라 남자의 '여성억압'으로 가부장제와 하느님 아버지가 발생하였다고 보는 것이 훨씬 '생물종의 생존경쟁'에서 '호모사피엔스(Homo sapiens)의 권력경쟁'으로 이어지는 인류사의 설명에 정합성을 보인다.

6. 가부장제와 고대신화: 고등종교의 비밀

박혁거세(朴赫居世)라는 말보다 태양의 신화를 직접적으로 이름 속에 내포하고 있는 군왕은 없을 것이다. 고대 한민족의 문화는 '불함(밝)문화'라고 할 때 박혁거세의 의미는 끝없이 내포와 외연을 동시에 확장한다. 단군의 문화가 '밝문화'이고 박혁거세를 시조로 하고 있는 서라벌(신라)의 의미는 새롭게 등장한다. 단군과 박혁거세는 어떤 관계에 있을까? 고대 국가성립기에 대체로 북방이주민이 정치적 패권을 장악하는 것을 상기할 때 분명 박혁거세는 북방에서 이주한 세력일 것이다.

그런데 박혁거세는 삼국 중에서 가장 경쟁이나 분쟁이 없이 화백(和白)이라는 제도에 의해서 육부촌장의 만장일치로 왕위에 오른다. 혹시 박혁거세는 단군의 후손이 아닐까 하는 의구심이 든다. 삼국의 시조 가운데서 박혁거세야말로 가장 샤먼 킹(Shaman King)의 냄새를 풍긴다. 불교가 삼국에 들어올 때도 신라가 가장 무교와의 진통을 겪었다. 이차돈이라는 박씨를 순교자로 희생시킴으로써 무교의 성림(聖林)인 천경림(天鏡林)에 흥륜사(興輪寺)를 짓는다. 단군은 무조(巫祖)이며 국조(國祖)이다. 신라는 거서간(居西干), 차차웅(次次雄), 니사금(尼師今), 마립간(麻立干) 등 왕의 칭호가 상당기간 샤먼 킹의 칭호로 이어진다. 박씨야말로 한국 성씨(姓氏)사에서 가장 의심할 바 없는 토성(土姓)이 아닌가. 박(朴) 자를 풀면

나무 목(木)에 점 복(卜) 자여서 '나무 밑에서 점치는 사람'이니 나무신앙시대의 무당임에 틀림없다.

박혁거세라는 말 속에는 물론 알, 태양, 빛 등의 뜻이 포함되어 있다. 박 씨는 위로는 단군신화, 환단(桓檀)의 시대에까지 거슬러 올라간다. 러시아 민속학자 아리엘 골란(Arial Golan)의 저서 ≪신화와 상징(Myth and Symbols)≫에 소개된 선사시대 시베리아 암각화의 복원 스케치는 그대로 박혁거세 탄생신화를 그림으로 보여주고 있다. 한 마리의 말이 꿇어앉아 있고 그 옆에 커다란 둥근 알이 있다. 아리엘 골란은 이 둥근 알을 태양으로 보았고 그래서 이것을 시베리아와 노르딕 신화에 등장하는 태양말(Sun horse)로 해석했다. 노르딕 신화에 등장하는 이 태양말의 이름은 '아르 – 박(Ar – vak)'이다. 그 뜻은 '일찍 일어나는 자(Early Riser)'이다.

'박(Bagg · Bak · Bek)'이라는 단어는 인도 – 이란어 계통에서는 '말을 탄 군주'를 뜻한다. 아울러 신(God)에 대한 존칭어이다. 솔의 전차를 이끄는 아르박이 '일찍 일어나는 자'라는 뜻은 리그베다에서 태양신 솔을 '빠른 신'으로 일컬었던 것과 연결된다. 그렇다면 박혁거세가 알에서 태어나서 처음으로 외쳤던 "알지 거서간 한 번 일어나다"라는 말은 무슨 뜻인가? 특히 '알지'는 석탈해 왕이 김알지에게 붙여 준 이름이다. 그것은 어쩌면 "아띨 카사르칸 아르 박"이라는 박혁거세의 이름을 풀어서 말한 것이 아닐까? 다시 말하면 박혁거세라는 이름은 위의 말을 명사형으로 바꾼 것이 아닐까 하는 점이다.

이 아르박은 태양의 여신 솔(Sol: 다른 이름은 Sunna)의 마차를 끄는 성스러운 말인데 아르박의 '박'은 의미심장하다. 어쩌면 박씨의 역사적 면모를 밝히는 단서가 될지도 모른다. 지금은 태양신이라고 하면 그리스 신화의 영향을 받아 으레 남신이라고 생각하지만 본래 태양의 신은 여신이다. 박혁거세는 아마도 여신과 남신, 모계사회와 부계사회의 중간, 전환기의 역사적 인물일 가능성이 많다. 특히 제정일치시대에는 무당이 제정을 겸한 경우가 많기 때문이다. 흔히 남자무당을 박수무당이라고 하는데 이때의 '박수'의 '박'도 의미심장하다. 혹시 박씨무당이 박수무당(박씨무당＝박수무당)으로 변한 것은 아닌지?

단군신화와 박혁거세신화, 주몽신화는 물론이고, 고대 건국신화의 대부분이 어느 시점에선가 하늘로 상징되는 태양, 빛 등 천신에 의해 지상의 여자가 잉태되는 구조를 갖는다. 이를 지금까지는 시조(始祖) 탄생의 신비를 위해서라고 설명하는 것이 주류를 이루었다. 그러나 이것을 생물의 암수원리에 의해 과학적으로 설명을 하면 결국 아버지의 불확실성 혹은 결여를 '하늘을 상징하는 것'으로 메우는 것으로 볼 필요가 있다. 그러한 신화는 쉽게 말하면 우리가 잘 아는 예수의 '동정녀 마리아 잉태설'과 석가의 '마야부인 옆구리 탄생설'과 같은 것이다. 왕들은 여자의 자궁으로 태어났다는 사실을 숨기고 태양의 아들로 자처한다.

이것을 앞에서 '태양의 시기' 혹은 '태양화(Solarization)'라고 잠시 설명하였다. 그러나 이러한 인류문화 단계를 문화목록어라고 하는 상징언어나 어원학이나 심리학적으로 설명하는 것에 만족할 수 없다. 이것은 적어도 인류사회의 발달과정에서 어느 시점에선가 아버지를 설정하고 확인하여야 하는 전환기를 맞는다는 것을 의미한다. 집단적으로는 왕을 필요로 하고, 가정적으로는 아버지를 필요로 하는 국가와 가부장제의 완성과 긴밀한 관련을 맺는다.

이 말은 역으로 그 이전에는 아버지라는 존재가 별 의미가 없었거나 적어도 확인할 필요가 없었다는 것을 증명하는 것이다. 또 집단을 강력하게 다스리는, 강제력을 가진 왕이 필요 없었다는 뜻도 된다. 예컨대 모계사회의 경우 아버지라는 존재는 별 의미가 없었다. 아버지가 없어도 여자가 아이를 낳아서 키우는 데는 별 지장이 없었다. 아버지를 확인할 필요가 없었던 셈이다. 그렇다면 왜 어느 시점에서부터 아버지가 필요하게 되었던가? '아버지 없음'의 구조가 '아버지 있음'의 구조로 바뀌어야 하는 전환점에 대해서 논의할 필요가 있다.

우리는 흔히 천신 강림신화를 북방신화계통이라고 하고 난생신화를 남방신화계통이라고 규정해 왔다. 그런데 그것의 복합적인 형태가 있을 뿐만 아니라(예컨대 박혁거세 신화) 이것이 뒤섞여 북방 천신강림신화, 남방 난생신화이니 하는 것을 분별의 기준으로 삼기에는 부적당하다는 것을 알게 됐다. 새와 알은 남방신화의 전유물이 아니다. 또 천신강림이 북방신화의 전유물이 아니다. 그것보다는 '천상적인 것'과 '지상적인 것'의 결합으로 보는 것이 보다 타당성이 있음을 알게 됐다. 모계사회에서 부계사회로의 전환은 그동안 무시되었던 부계의 설정을 강요하였고 그 부계는 더더욱 강력한 것이 되어야 했다. 이것은 다분히 가부장제를 기초로 한 국가의 출현과 권력경쟁 체제로 인류사회가 들어가는 것과 필연적인 연관을 갖는 것이다.

'아버지 없음'의 구조는 '남자(남편) 없음'의 구조와 동일하다. '아버지 없음'의 구조는 고등종교의 신화형성의 전략이기도 하지만 이것은 원시종교인 무교의 여무(女巫)의 '남자(남편) 없음'의 구조와 동일한 원형성을 가진다. 다시 말하면 남편이 없는 지상의 한 여자는 '하늘(정령)의 신부'가 되는 것이다. 무당의 접신 구조는 고등종교에서 하늘(天) 혹은 아버지(父), 그리고 국가에서 왕(王)으로 상징되는 것으로 대체되면서 새롭게 가부장제와 국가와 고등종교가 비슷한 시기에 완성된다. 이것을 칼 야스퍼스는 서기전 5세기를 전후한 '추축시대'라고 하였다.

고등종교의 출현은 국가시대와 시기적으로 병행된다. 고등종교들의 공통점은 그 이름이 하느님이든, 부처님이든, 상제님이든 모두 초월적 성격을 갖는다는 점이다. 여기서 초월적 성격이란 그 이전의 원시종교가 상대적으로 좁은 지역을 무대로(특정 시공간) 하던 것을 벗어나서 다른 곳으로, 더 넓은 낯선 지역(때로는 새로 정복에 의해 편입된 지역이나 새로운 전도지역)에로 시공간을 더욱 넓힌다는 의미가 있다. 고대신화의 전략과 고등종교의 전략은 바로 초월성에 있다. 인간의 활동과 교류의 무대가 넓어지면 자연스럽게 지역신이나 정령, 귀신 등은 호소력과 영험을 잃게 마련이다. 그 초월성은 대체로 남자에게 주어진다.

인간 종, 호모사피엔스에 이르러 생물종이 생존경쟁에서 권력경쟁으로 넘어가는 과정에 대한 문명·문화적 설명은 복잡다단하다. 여기서 그 간단한 설명을 하면 식(食)－성(性)의 생존경쟁(生存競爭)의 단계에서 제정일치(祭政一致)의 제(祭)－무(巫)·성(聖)의 단계로 넘어가고 다시 제정분리(祭政分離)의 정(政)－성(姓)의 단계로 넘어가는데 이는 종과 종 간(inter－species)의 살아남기 위한 경쟁인 생존경쟁에서 승리한 인간 종이 내부 즉 인간집단 내의 경쟁

(intra－species)으로 경쟁의 차원을 달리하는 것과 일치한다. 이는 보다 직접적인 식(食)의 체계, 먹이연쇄가 간접적이고 상징적인 권력체계－제사의 체계, 혹은 정치체계로 바뀌는 것을 의미한다. 인간에 이르러 먹이연쇄는 제사의 형태로 나타나기 시작한다. 이것이 바로 종교의 발생이다. 이것이 점차 정치체계로 전환한다.

정치에는 식인(食人)의 개념이 도사리고 있음을 알 수 있다. 권력에는 폭력적인 남성의 개념이 숨어 있다. 그러나 그 폭력은 초월성을 가짐으로써 성스러움이 된다. 이것은 커다란 문명의 반전이다. 더더구나 그 폭력성과 초월성은 보편성이라는 이름으로 변신한다. 이것은 가부장제를 기초로 하고 있다.

性 (몸)	姓 (말)	聖(巫) (제사)
食	政	祭
精 (天)	氣 (地)	神 (人, 鬼神)

식인(食人)이란 사람을 잡아먹는 끔찍한 개념이 아니라 사람을 다스리는 제사와 정치의 원초적 개념이다. 인간은 제사에 사람을 바치다가 점차 간접적인 형태로 동식물을 바친다. 제사에서도 생고기를 바치다가 구운 고기를 바친다. 여기에 토테미즘과 샤머니즘이

개재된다. 토테미즘이란 섬기는 주체와 대상 간에 서로 먹이가 되기도 하고 서로 섬기게 되기도 하는 이중적 의미를 갖고 있다. 이러한 가역과 순환의 동식물의 관계에서 인간이 독자적인 세력, 혹은 주체로 등장하는 것이 바로 종교적으로는 샤머니즘의 단계이다.

샤머니즘은 흔히 무당의 신들림으로 인해 인간이 귀신이나 신에게 매달리는 종적인 관계, 수직적인 관계에 있는 것처럼 보이지만 실은 그 반대이다. 샤머니즘에 의해 인간은 천지(天地) 혹은 만물(萬物)의 중간자, 매개자가 되는 개념을 획득하게 된다. 샤머니즘의 단계에서는 남성보다는 여성이 유리한 입장이었다. 이는 몸이라는 구체성과 관련이 있다. 여성은 인간이 몸의 체계인 우주에서 나오고 들어가는 출입구(出入口)이다. '몸의 체계'의 식인(食人: 먹이연쇄)이야말로 '말의 체계'의 공(空: 無爲性)이다. 이를 쉽게 설명하려면 불교의 '색즉시공(色卽是空) 공즉시색(空卽是色)'을 들 수 있다. 몸은 곧 말이고 말은 곧 몸이다. 몸의 체계는 말의 체계로 극단적 변형이 가능하다. 이것은 제(祭)와 정(政)의 분리 혹은 대체와 같다. 인간의 위대성은 약육강식의 체계를 제사체계로, 다시 제사체계를 정치체계로 바꾸는 데에 있다.

여기에 몸과 말이 있고, 그 사이에 둘의 매개로 제사가 있다. 동시에 여기에 모계와 부계가 있고 그 사이에 제정일치시대가 있다. 부계는 제정분리가 되면서 본격화된다. 남자들은 말의 성찬인 경전과 법전을 만든다. 그리고 그 뒤에 식인과 폭력을 숨기는 데에 성공한다. 아울러 생태학적인 먹이삼각형 체계를 사회학적인 계급체계로 만든다. 그렇게 하여 집단의 질서를 잡는다. 물론 집단과 집단 간의 전쟁과 병합이 일어나고 승리자는 패배자를 노예로 삼았다. 승리자의 여자는 귀족이 되지만 패배자의 여자는 노예가 된다. 여자는 별도의 집단적 행동을 할 수 없게 되었다. 여자는 남자들의 신분에 종속되었다. 식인이라는 말은 폭력이라는 말과 같은 의미맥락에 있다.

정치는 물리력만을 의미하는 것이 아니고 여러 가지 통치기술, 다스림의 소프트웨어를 가지는 것을 의미한다. 르네 지라르는 ≪낭만적 거짓≫에서 "모든 욕망은 매개된 욕망이다. 그 욕망의 중개현상에는 두 가지가 있다. 하나는 욕망의 매개자와 욕망의 주체 사이의 거리가 뛰어넘을 수 없을 정도로 커서 그 욕망이 모방욕구라고 하는 것이 분명하게 드러나는 현상이고, 또 하나는 그 거리가 아주 적어 그 욕망이 모방욕구라는 것이 분명히 드러나지 않는 현상이다. 앞의 것을 지라르는 외적 중개라고 부르고 뒤의 것을 내적 중개라 부른다."[43]

르네 지라르는 또 ≪폭력과 성(聖)≫에서 "희생물은 그러므로 상상적인 신에게 봉헌하는 것이 아니라 거대한 폭력에 봉헌되는 것이다. 사회가 제대로 유지되려면 폭력에 사로잡히지 않아야 한다. 그 방법으로는 폭력을 오래 속이는 방법 외엔 딴 방법이 없다. 폭력을 속이는 폭력, 그것은 제의적 희생에 나타나는 폭력이다. 순수하고 합법적인 폭력과 불순하고 비합법적인 폭력 사이에는 차이가 없으며 합법적 폭력의 초월성은 나쁜 폭력의 내재성을 이겨 낼 수 있다고 믿어야 한 사회는 유지될 수 있다."라고 말한다. 르네 지라르에 따르면 "신들이 존재하는 것이 아니라 우리 저마다에 속하는 폭력의 환상적 육화가 바로 신이다."라고 말한다.[44]

---

43) 김현, ≪르네 지라르 혹은 폭력의 구조≫, 29~30쪽, 1987년, 나남.

르네 지라르의 문학인류학은 문화인류학에 많은 것을 시사한다. 욕망이라는 것이 제삼자의 것에 매개되어 있으며 권력이라는 것이 폭력에서 기원한다는 것은 '말(낭만적 거짓과 거짓말)'과 '몸(제의적 희생과 폭력의 환상적 육화)'으로 살아가는 인간의 문화를 이렇게 간명하게 요약한 경우는 드물다. 가부장제야말로 오이디푸스 신화에서 드러나듯이 위의 '말과 몸'을 증거한다. 가부장제는 여성의 말과 몸을 지배하기 시작하는 제도이다. 더욱이 여성을 말의 체계에서 아예 배제하고 몸의 체계에서는 희생물이 되게 함으로써 남성은 말의 지배자가 되는 동시에 여성의 몸을 감시하는 신이 된다.

그러한 점에서 남성은 권력지향적이고 여성은 희생물이 되는 것을 스스로 받아들이게 된다. 남성은 여성의 소외와 희생을 통해서 권력자가 된다. 이러한 맥락에서는 여성의 의미와 민중의 의미는 같다. 여성이 재생산한 인간 가운데 극히 소수만 권력자가 된다는 점에서 여성은 민중적이다. 남자는 어떤 여성에게서 출산되었느냐, 그것이 중요한 것이 아니라 집권의 유무만 중요하기 때문에 매우 권력적이다.

이러한 '몸의 체계'에서 '말의 체계'로 점차 추상적인 상상계를 발전시키면서 인간은 가부장제로 넘어가게 된다. 그런 점에서 여성은 근본적으로 남성보다 물신숭배(物神崇拜, fetishism)에 가깝다. 여성이 권좌에서 폐위(廢位)되는 것은 바로 여성이 권좌에 처음 올랐던 이유인 바로 그 몸 때문이다. 여성은 흔히 남성이 '천(天)-양(陽)'의 존재인 데 반해 '지(地)-음(陰)'의 존재라고 한다. 부계-가부장제는 인간이라는 종의 개체군, 즉 인구의 증가와 이에 따른

---

44) 김현, 위의 책, 44~45쪽.

집단 내의 권력경쟁, 국가의 발생에 유리한 반면 모계사회는 근친혼의 위험과 잡종강세의 실패 및 성적 타락의 위험에 직면한 관계로 무엇보다도 현실적인 약육강식과 약탈과 전쟁에 가부장제가 적응적이었다. 분명한 것은 기독교를 비롯한 고등종교가 가부장제를 지원하는 이데올로기 체계였다는 사실을 인정할 필요가 있다. 근본적으로 종교는 남성적인 정치권력에 비해 여성적인 이데올로기 체계이지만 가부장제의 소용돌이 속에서 종교마저도 남성들의 차지가 되었던 것이다.

여성의 성(性)은 바로 생산(生産: 出産)과 관련되는 구체적인 몸과 관련되어 본능(本能), 섹스(sex)에 가깝지만 남성의 성(性)은 점차 추상적인 것이 되어 본성(本性)을 의미한다. 흔히 성선설 혹은 성악설이라고 하는 것은 바로 추상적인 본성을 말한다. 그러나 선악이라고 하는 것은 그 개념 자체가 바로 지배의 논리와 연결된다. 지배하는 자의 논리가 선이다. 만약 그 지배에 대항하면 바로 악이 된다. 물론 이것이 인간을 다스리는 고도의 도덕체계로 발전하면서 법체계와는 다른 도덕체계를 성립시키지만 그 원천을 거슬러 가보면 가부장제의 발달과 더불어 성(性)의 추상화는 바로 권력의 확대과정과 같은 방향에 있음을 알게 된다. 가부장제 – 남성중심의 고등종교의 등장 – 정치권력의 확대 및 국가의 발생은 긴밀한 관련을 맺는다. 남성이 제정(祭政)의 전면에 들어서면서 바로 권력이 등장한다.

물론 가부장제도 진화론적으로 보면 양성(兩性)을 바탕으로 생존경쟁을 생물의 탄생과 밀접한 관계를 가지고 있다. 이질적인 유전인자를 찾는 것이 인간에 이르러 외혼제로 나타나고 외혼제가 모계보다는 부계에 더 적합한 이유도 있겠다. 양성의 기원을 거슬러 올라가면 차라리 생물의 모체인 암컷(여성)의 선택이나 기도(企圖)였는지 모른다. 가부장제의 이면에는 어딘가에 여성이 인간 종의 번영을 위해 자신의 권력—제사권과 정치권—을 포기하는 희생적인 측면이 있다. 그러나 적어도 현상적으로는 부계사회가 여성의 성을 억압하는 방식으로 성립되었다. 어쩌면 인류사회는 커다란 역사적 주기로 보면 부계와 모계, 부성과 모성, 남성과 여성의 원리의 주기적 교체의 가능성이 크다.

여성은 아이를 생산함으로 인해 언제나 윗대의 부모보다는 아랫대의 자식에 관심을 갖는다. 또는 여성의 사랑은 구체적이고 즉물적이다. 그래서 조상을 섬기는 추상적인 출계제도에 대해서는 무관심하다. 원시 권력이라는 것이 출계에서 비롯되는 법통성 때문에 성립되는 것이고 보면 여성은 권력을 만들어 가는 데에 애초에 불리하다. 물론 여성이 가부장제의 성립에 따라 시집을 가는(시집의 조상은 자기의 조상이 아니다.) 때문이기도 하겠지만 여성은 본질적으로 조상을 섬기는 누대형(累代型)의 인간이 아니라 자식을 소중히 하는 당대형(當代型)의 인간이다. 여성의 관심은 구체적이고 근시적이기 때문에 집단적이고 정치적인 행위를 잘하지 못한다.

풍요를 지배하였던 여성 신, 때로는 암수동체의 완벽성, 생산과 권력을 자랑하였던 여성 신이 남성 신에게 권력을 내놓고 굴복하고 이유는 남성 신이 '정신적 아버지'를 만들어 내었기 때문이라고 하지만 그보다는 가부장사회가 되었기 때문이다. '가부장사회＝국가사회'가 정신적 아버지를 필요로 하였다는 뜻이다. 그러나 이와 때를 같이하여 종교권력은 정치권력의 아래로 들어간다. 물론 양자는 가부장제의 강화를 위해 협력하지만 주도권은 정치권력에 있게 된다. 이것이 제정분리시대의 핵심적 내용이다. 종교권력의 위치는 정치권력에 비해 여성적 입장에 서게 된다. 이 말은 종래 여성성으로 대표되던 것들은 종교가 맡게 된다. 여성 신들은 대거 고등종교의 남성 신의 품으로 숨어 버리고 부차적이 된다.

고등종교의 신들은 절대적이고 초월적이다. 이것은 지고신(至高神)이 진화한 것이겠지만 삼위일체 혹은 삼신론의 신들이 어떻게 역사적으로 성립되어 가는지를 설명한다. 신들은 처음엔 보이지 않는 정령이었다. 이것은 기독교의 성령(聖靈), 불교의 보신(補身)에 해당한다. 성령과 보신은 매우 여성적이고 매개적(媒介的, 靈媒的)이다. 그런 점에서 가장 고대적 정령의 개념을 보존하고 있다. 살아 있는 사람들을 도와주고 보이지 않는 힘을 주는 그러한 신들이다. 이것이 점차 정복전쟁의 영향으로 생존영역의 확대로 인해 초월적이고 추상적인 성부(聖父)와 법신(法身)을 만들어 내지 않으면 안 되게 되었다. 이것은 자연스럽게 남성적 특성과 어울린다. 성부와 법신은 매우 정신적이다. 이것은 추상적 언어의 승리이기도 하다. 이것이 신들의 발생학이다.

남성 신이 여성 신을 이기는 이유는 전쟁을 승리로 이끄는 점에서도 유리하였지만 본래 제정일치시대의 여성중심(태모신)의 종교가 제정분리 이후 정치권력의 주도권을 남성에게 내준 후 권력에 억압을 당한 일반백성(민중＝여성)을 위무할 존재로 남성 신이 적당하였기 때문이다. 남성 신이 이기는 또 다른 이유로 태모(가부장제에서는 창녀라고 한다.)와 모계는 성적으로 타락할 수밖에 없는 신체적·사회적 구조를 가지고 있음을 들 수 있다. 모계사회는 성적인 소속이나 감시체계가 전혀 없고 일종의 성적 해방구의 성격을 가지고 있다. 그렇다고 곧바로 성적 문란이라고 규정할 수 있는 것은 아니지만 모계사회의 행동반경은 좁고 좁은 지역에서 일어나는 섹스는 근친상간의 위험이 상대적으로 높다.

이것은 인간이 성(sex)을 재생산에만 이용하는 것이 아니라 쾌락으로 이용하는, 그럼으로써 자유와 해방과 행복을 느끼는 특이한 생물종인 까닭에 적당한 성의 규제를 필요로 함에도 그렇지 못함으로써 상대적으로 타락의 위험도 그만큼 크다고 할 수 있다. 모계사회는 평화와 평등의 실현에서 부계사회보다 앞서 있지만 결정적으로 성적 타락, 유전학적 열성의 위험에 상대적으로 더 노출되어 있다. 모계사회는 성적인 타락과 내혼제적 성격이 강하다는 결정적으로 불리한 구조를 가지고 있다. 가부장사회의 전쟁이나 약탈이라는 것은 도덕적으로는 잔인하고 비인간적인 것 같지만 실은 이것이야말로 잡종강세와 인류문명의 확대와 세계화에 기여한 것이다.

인류문명사에서 정복자인 알렉산더와 시저와 칭기즈칸의 역할은 지대하다. 오리엔트 문명과 동서 문명의 교류와 국제화와 세계화에서 그보다 더 기여한 인물은 없다. 전쟁은 그것 자체는 비참하고 비인간적이지만 그것의 기능은 일종의 창조를 위한 파괴와 같은 측면이 있다. 이것은 모두 가부장제라는 기초 위에 이룩된 것이다. 집에서는 가부장제, 사회에서는 왕조사회, 종교에서는 고등종교가 거의 동시적으로 일어난다. 고등종교는 본질적으로 가부장사회에서 모성=여성의 역할을 뒤에서 수행하고 있다. 그러한 점에서 가부장사회=왕의 등장(제정분리)=고등종교의 출현=여성의 희생(犧牲)은 궤를 같이한다.

모든 종교권력은 정치권력에 비해 본질적으로 여성적이다. 몸의 희생이라는 것 자체가 여성적이다. 예수의 희생도 실은 여성적이다. 예컨대 하느님의 복음(말)을 전하는 예수는 전형적인 몸의 희생(여성적인)을 수행함으로써 세상을 구제한다. 그의 '왕중왕'과 시온 성 예루살렘은 로마식민 통치의 피지배민족인 유대인에겐 현세의 고통에 대한 내세의 구원이었으며 그 구원은 죽음을 통해서 궁극적으로 실현되기 때문에 죽음을 관장하던 고대 여성 신의 역할을 예수는 고스란히 물려받고 있다. 부활이라는 개념도 바로 재생의례의 한 종류에 속하는 것이다. 기독교가 세계종교가 된 것은 물론 로마의 국교가 되고부터이다. 기독교는 로마라는 남성권력의 말을 타고 세계로 퍼져 간 셈이다. 그런데 기독교 성경은 처음부터 여성을 원죄로 낙인찍고 있다.

기독교의 성경은 여성을 유혹과 원죄의 원인으로 등장시킴으로써 여성을 저주하고 있다. 이것은 바로 모계사회의 성적 타락을 원죄(原罪)로 암시하고 있는 대목이다. 모계사회는 성적 해방으로 인한 타락 때문에 망하고 부계사회는 여성의 성을 억압하는 권력경쟁 때문에 망하게 된다. 성경이 부계사회의 원리를 새로운 정의로 묘사하면서 모계-농경-바알신을 저주하고 있다. 성경이 실낙원을 이브가 악마의 사주로 선악과를 따 먹은 탓으로 돌리며 악마와 이브(여성)를 연결시키고 '악마(惡＋魔ma)'라고 부르고 여성을 '마녀(魔ma＋女)'로 부르는 것은 다분히 여성을 비하하는 음모가 도사리고 있다. 여성적인 것이 '마(ma)' 자['엄마', '마마', '마고(麻姑)']에 많이 나타나고 있고 '마(魔)' 자에 귀신 귀(鬼) 자가 들어가는 것은 여무(女巫)가 사제인 샤머니즘을 적대화하기 위한 문화적 전략으로 보인다.

김상일의 '한밝문화론'은 고고학이나 발달심리학, 신화학 등 통합학문적, 학제적인 연구의 큰 성과로 보이지만 그의 기독교 신학자로서의 위치는 아무래도 기독교적 유일신을 정점으로 보려는 경향이 깔려 있는 것으로 보인다. 기독교적 유일신과 구원은 가부장제 원리에 충실하다. 기독교의 구원은 남성의 원리에서 찾고 있는 셈이다. 모르긴 해도 언젠가는 다시 여성의 원리에서 구원이 이루어지고 여성적 범신론, 정령을 매개로 하는, 정령을 영매로 하는 신령론(神靈論)이 다시 인류사에 크게 등장할 수도 있다. 여성은 신(神)보다는 영(靈)에 더 민감하다. 보이지 않지만 현재에 살아 움직이는 영이 훨씬 정감이 가는 것이다.

모든 종교단체가 유지되는 것은 대체로 여성 신도에 의해서다. 물론 남성 신도들도 있지만 신앙의 중추세력은 여성이다. 이는 여성들이 스스로 태모(太母)에 대한 이해가 남성에 비해 상대적으로 유리하기 때문이다. 그럼에도 종교의 신격은 남성 신이 많다. 흔히 고등종교의 신은 대체로 남성 신격이다. 그렇지만 정치적 왕들이 남성성을 바탕으로 군림하려는 데에 비해 종교의 신격들은 본질적으로 여성성을 바탕으로 희생하려는 데에 출발함으로써 태모신(太母神)의 과정을 밟고 있다고 할 수 있다. 이것이 종교가 정치와 근본적으로 다른 점이기도 하다. 여성 신도들은 자신의 태모성(太母性) 위에 남성 신을 통해(매개로 해서) 태모신(太母神)을 느끼고 있는지도 모를 일이다. 이때 남성 신은 조신(祖神)이나 천신(天神)의 역할을 하고 있는 셈이 된다.

유일신(神)의 개체발생과 계통발생이 일치한다면 유일신은 남성

신의 끌어 줌에 의한 것이 아닌가 싶다. 이때 중요한 것은 바로 조신(祖神)의 역할이다. 과연 모계가 스스로 조신(祖神)이 될 수 있느냐의 문제와 결부되는 것 같다. 부계와 유일신과 왕권은 의식적이고 억압적인 데 반해 모계와 태모신(혹은 지고신)은 억압적이지 않기 때문이다. 이는 여성적 특성이 강한 한국문화의 특수성과도 연관되는 문제이다. 태모신의 형성 문제는 어느 쪽을 택하든 세계적으로 일반화하기에는 무리가 따르는 것 같다. 한국의 경우 외부적으로(외래 남성 고등종교의) 끌어 줌이 아니면 아직도 유일신에 이르지 못하였을 것 같다. 이는 무교(巫敎)의 뿌리 깊음과도 일치한다. 한국문화의 무교적 전통은 아직도 외래 남성 종교(고등종교)를 통해 유일신을 달성하고 있다. 이것을 '한국종교의 무속화(巫俗化)'라고 말한다.

모계에서 부계로의 전환기적 증후군을 단군신화가 여러 각도에서 나타낸다는 점에 동의할 것으로 본다. 유대인에겐 산이 항상 남성 신과 관계되지만 한국인에겐 산이 여성 신과 관계된다. 구약에서 야훼는 산에 거하고 바알신은 들에 거한다. 한국의 산에는 특히 여성 이름이 많다. 대모산(大母山), 대모성산(大母聖山), 모산(母山), 모악산(母岳山), 모후산(母后山), 불모산(佛母山), 여귀산(女貴山), 오모산(吾母山), 왕모산(王母山) 등. 그런데 그것이 불교와 도교의 그림에서 남성 신으로 변모하고 말았다. 삼신할머니는 태모신으로 산신(山神)할머니이다. 산신(山神)은 산신(産神)이며 동시에 삼신(三神)이다.

"한국인은 유태인들과 같이 하나님을 유일신으로 믿기는 하나 조각이나 그림으로 표상화하지 않는다. 불당에 산신령님이 그림으로 표상화되어 있으나 그것은 무신(巫神)들의 본모습과는 다른, 불교적(佛敎的)이거나 도교적(道敎的) 그림이다. 예를 들면 '산마누라'라 하여 여성 신인데 산신도(山神圖)의 산신은 노인남자(老人男子)로 그려져 있다. 소위 무신도(巫神圖)는 우리 고유의 심성이 아니고 중국이나 인도인의 심성을 빌린 소산이라고 할 수 있다."[45]

단군은 왜 하늘로 가지 않고 산으로 갔는가? 산은 하늘에 가깝기는 하지만 아직 하늘이 아니다. 산은 하늘(하느님)과 접신하는 곳이지만 하늘은 아니다. 단군은 그렇기 때문에 하느님, 법신이 되지 못했다. 말로는 단군도 한울님(하느님)이라고 하지만 완전한 가부장의 신이 되지 못하고 국조(國祖)로 머무른 감이 크다. 국조는 나라를 초월한 절대신이 되기에는 부족하다. 제국의 신이 되기에 부족하다.

단군은 왜 '단군할아버지'이고 왜 '단군 아버지'가 아닌가? 단군과 병행되는 '삼신할머니'는 왜 '삼신 어머니'가 아닌가? 할아버지, 할머니는 더 고졸(古拙)하고 넉넉하긴 하지만 아버지, 어머니만큼 현실적이고 절박하지 못하다. 현실감이 적다는 말이다. 현실감이 적으면 호소력도 적은 편이다. 한국 속담에 친족 간의 거리를 따질 때 '한 다리가 천 리'라는 말이 있다. 단군은 그래서 평소에는 절박하지 않다가 나라를 잃고 민족이 위기에 빠졌을 때만 부르고 외치고 단군의 이름 아래에 모인다. 일제 때 대종교의 부흥도 그러한 것의 좋은 예이다. 단군은 어딘가 느낌(feeling)이 꽂히지 않고, 정령으로 생동하지 않는 화석과 같다. 그래서 '단군의 아들', 성자(聖子)나 색신(色身)으로 주장하는 사람도 적다.

---

45) 김상일, 위의 책, 210쪽.

한국의 산은 왜 남성이 아니고 여성인가? 서양문명의 경우, 모계에서 부계로, 여성 신에서 남성 신으로, 여성의 원리에서 남성의 원리로, 무의식에서 의식으로, 땅어머니에서 하늘 아들(아버지)의 이미지로 바뀔 때 전자는 후자에 의해 죽음을 당하고 타도와 정복의 대상이 된다. 그런데 한국의 경우 그렇지 않다. 한국의 경우 웅녀의 아들인 단군은 죽음을 당하지 않고 스스로 산으로 은둔한다. 이것은 여성원리와 남성원리의 화해와 조화, 혹자는 균열(dissociation)이 아니라 분별(differentiation)이라고도 말하지만 국가시대의 진입과 더불어 권력경쟁 사회의 전개로 볼 때 한국은 완전한 부계 – 가부장의 원리가 정착하지 못했다는 것을 의미한다. 한국은 비록 가부장사회로 변하긴 했지만, 신화적으로는 남성과 여성의 성전환 과정에 있는, 그래서 암수동체나 혹은 다른 가부장의 종교보다는 여성의 입장에 있음을 암시한다. 국조단군 신앙이 민족의 위기 때에 기둥서방이나 되고 마는 사정은 단군신화에 이미 배태되어 있는 셈이다.

캠벨(J. Campbell)은 "여신상은 인간이 만든 최초의 신상이다."[46]고 말했다. "여신상은 갓 자연에서 분리된 추상이며 그런 의미에서 농경문화의 돈이나 언어가 갖는 의미와 같다고 할 수 있다."[47] 흔히 여성의 신(神)을 여신(女神, Goddess)이라고 하는데 실은 여신이 아니고 그저 신일 따름이다. 예컨대 마리아의 경우 '여신 마리아(The Goddess of Maria)'가 아니라 '신 마리아(The God Maria)'이다. 여신(Goddess)이라고 하는 것은 남신을 신(God)이라고 하는 데 따

---

46) J. Campbell, *The Mask of God*, 1959, 132쪽.
47) 김상일, 위의 책, 114쪽.

른 것이다. '신 마리아(The God Mary)'로의 복귀가 완전히 이루어져야 가부장제의 그늘에서 벗어나는 것이 된다. 마리아가 여신인 한 가부장제에서 완전히 벗어난 것이 아니다. 남자가 신을 차지하고부터 끝없는 권력경쟁의 소용돌이 속으로 빠져들었다.

그런 점에서 여성의 원리로의 복귀가 원시반본의 신선함과 함께 구원이 될 수도 있을 것이다. 예컨대 모성사회로의 전환이 장기적으로는 성적 타락을 가져온다고 할지라도 가부장사회의 전쟁보다 덜 나쁠 것이다. 더구나 모성사회의 문제점이 심각하게 된다면 그때 가서 또 문제해결의 방안으로서 가부장사회로 돌아갈지도 모를 일이다. 인류는 가부장제의 '거대 신'에서 다시 모계사회의 '작은 신'으로 회귀하고자 하는 욕망(stress)과 시대적 요청(need)에 직면해 있다. '거대 신(여호와, 하느님 아버지)'을 섬겼다고 해서 더 행복했다는 아무런 증거도 없다. 거대 신은 제국주의와 함께했다. 보편성(catholic)이나 정교(orthodox)라는 것도 실은 국가시대나 제국주의시대를 뒷받침하거나 그에 걸맞은 종교였다.

종교의 발생이라는 것도 생태학적으로 적응에 성공한 인간종이 정체성을 심어 줄 집합표상에 대한 압박(stress)에 대해 반응한 필요(need)의 한 종류인지도 모를 일이다. 인간은 과학이 생기기 전까지 오랜 세월을 종교에 의지해서 살았으며 과학이 발달한 오늘날도 종교를 버리지 않고 있다. 이는 종교가 해결할 일과 과학이 해결할 일이 다르기 때문이다. 여성의 원리가 지배하게 되면 종교도 오늘날처럼 거대한 종단을 과시하는 세계적 종교가 아니라 마치 과거의 당골(무당)처럼 지방적 마을단위의 종교, 우상(偶像), 작은 아이콘(icon)들로 대체될 수도 있다. 이것은 또한 정령(spirit)시대의 복귀가 될 것이다. 전통적 종교와는 전혀 다른 모습의 종교, 모계의 비권력적이고 비권위적인 종교가 등장할 수도 있다. 이것은 네오샤머니즘(neo-shamanism)이다.

인간은 자연의 기나긴 진화과정의 한 종(種)일 뿐이다. 그것이 전우주를 좌지우지하고 망라한다고 생각하는 것은 편견과 착각일 뿐이다. 종교라는 것도 그러한 인간의 대뇌작용이 만들어 낸 상상계의 일종일 뿐이며 남녀 양성적 존재로 태어난 인간이 자신의 양성을 상상계에 투사한 것일 뿐이다. 그래서 법(法)과 연(然)은 피라미드의 정상이 아니라 순환하는 고리의 한 단락일 뿐이며 자연으로 돌아가는 것을 고상한 용어와 개념으로 치장하고 비유한 것일 뿐이다. 그러한 것이 시비(是非)와 선악(善惡)의 대상이 되는 것은 인간 존재의 한 특성이며 기나긴 우주의 변화 속에서 불교와 기독교가 탄생하였듯 새로운 종교가 탄생할 것이고 그것에 종사하는 사람들이 있을 것이라고 치부해 두자. 그때는 또 다른 상상계가 탄생할 것이다. 인간이라는 종은 현실계(現實界)에 살면서 언어라는 상징계(象徵界)을 사용하고 동시에 상상계(想像界)를 가지고 있는 동물이다. 지구상의 어떤 인류도 자신들의 하늘, 즉 세계관이나 우주관을 가지고 있다. 이때의 하늘은 물리적인 하늘이 아니라 추상적이면서도 상상적인 하늘이다. 사실 물리적인 하늘(sky)이라는 것도 실은 땅(earth)에 있을 때의 하늘이다. 하늘로 올라가면 하늘은 이미 하늘이 아니고 비행기나 우주선이 떠다니는 바다이다. 그 말은 인간과 같은 차원에 있는 '땅의 바다'라는 말이다. 그런데도 인간은 하늘을 만들어놓고, 온갖 상상계를 떠올린다. 실로 극락이나 천국이나 지옥세계라는 것은 그야말로 상상계의 산물이다. 그러한 점에서 인간이 하늘을 만드는 이유에 대해 반성해볼 필요가 있다.

〈천지인 합일구조〉

天 (남성)	天=초월적 기표	상상계
人 (남성/여성)	天/地= 기표/기의	상징계
地 (여성)	地=기의	현실계

　엄밀하게 실체(reality)라는 측면에서는 하늘이 없다. 그런데도 상
징계의 하늘, 특히 상상계의 하늘은 찬란하고 장엄하기 그지없다.
이것은 적어도 땅이라는 것에 대한 반사(reflection)로서의 하늘이다.
시각적으로 보면 분명 하늘이 있다. 그러나 인간은 그 '하늘' 위에
'또 다른 하늘' 하나를 더 올려놓는다. 전자는 땅에 대한 대칭구조
이지만 후자의 것은 대칭구조이면서 동시에 초월구조이다. '동시에
초월구조' 이것이 문제의 핵심이다. 초월적인 하늘은 인간이 만든
것이다. 이것이 바로 모든 인류의 공통점으로서 부각되는 것이고,
여기서 신화의 원천이 발생하게 된다. 이것은 우주적 질서이기도
하다. 인류의 '천지인'(天地人) 3.1체계는 여기서 비롯된다. 이것이
나중에 '음양'(陰陽)의 2.1체계로 바뀌는 곳이 있기는 하지만 원천
적으로 2.1체계는 3.1체계의 변형이다.
　상상계가 왜 인간에 이르러 출현하였는지는 알 수 없다. 그러나

결과적으로(효능적으로) 인간은 상상계를 사용함으로써 더욱 더 자연계에서 생존하는 데에 유리한 고지에 들어선 것임에 틀림없다. 그러한 점에서 상상계라는 것은 단지 상상력의 문제만이 아니라 인간의 적응과 관련하여 생각해 볼 필요가 있다. 인간은 상상계를 가짐으로서 효과적으로 사회의 질서를 유지하였을 뿐만 아니라 이것을 더욱 더 확장하여 욕망의 해소, 혹은 욕망의 대리만족, 혹은 욕망의 최면효과를 달성하여 행복한 존재가 되었다고 할 수 있다. 특히 종교적 구원이나 피안에 대해서는 거의 절대적이었다고 할 수 있다.

특히 정치적으로 권력을 가진 자는 현실적 지배를 할 수 있지만 그렇지 못한 다수(多數), 다중(多衆)들은 종교나 예술을 통하여 만족을 달성할 수밖에 없다. 종교는 특히 그러한 점에서 집단적 예술, 혹은 집단적 축제로서의 기능을 담당한다. 집단적 수적으로는 다수를 점령하고 있으면서도 질적으로는 혹은 정치적으로 소외자, 소수자들인 다중들은 예술이나 축제를 통하여 욕망을 해소할 기제를 마련할 수 있었던 것이다. 이러한 다수이면서 권력적 소수자들에게 예술가들은 구원적 존재이다. 그래서 실질적으로 거장이라고 불리는 예술가들은 모두 소외자, 소수자의 주변부에 있었던 인물들이다. 그러한 점에서 신화라는 것은 정치와 예술이 분리되지 않았던 시절의 통합적 효과, 시너지효과를 가졌던 인간의 담론이다. 제정일치 사회에서 제정분리 사회로, 정교분리사회로 접어들었지만 신화의 정치·예술적 효과는 여전히 계속되고 있다.

태양은 남자도 되고, 여자도 된다. 여신이 필요할 때는 여자가 태양이 되고, 남신이 필요할 때는 남자가 태양이 된다. 본래 음양이라는 것은 고정된 실체가 아니고 일종의 상징적 실체로서 관계에 따라 얼마든지 변화될 수 있는 것이다. 그런데 가부장제의 원리에 따르면 태양은 으레 남성이어야 한다. 그러나 태양이 여성이었을 때가 남성이었을 때보다 훨씬 더 오래된 지속되었을 가능성이 높다. 그러나 역사시대, 기록의 시대는 남성의 원리가 지배적인 시기를 '태양의 시기'라고 한다.

우주는 움직이는(변화 생동하는) 전체이다. 그것에서 개체(자아, 실체, 의식)를 주장하는 것은 질서를 부여하거나 설명을 하거나 특정의 이용을 위한 것이다. 이것을 이(理)라고 할 수 있다. 그래서 움직이는 전체에 대해 인간이 발명한 개념 중에 기(氣)라는 개념은 중요하다. 우주를 논리적으로 설명하는 어떤 것은 실은 기(氣)의 일분수(一分殊)에 지나지 않는다. 기(氣)는 음양(陰陽), 더 정확하게는 음양기(陰陽氣)를 말한다. 음기(陰氣)와 양기(陽氣) 중에서 어느 것이 우선하느냐 하면 음기(陰氣)이다. 음기는 스스로 둘(--)이지만 하나(━)를 낳는다. 이에 비해 양기는 스스로 하나(━)를 주장함으로써 둘(--)을 억압한다. 모든 이(理)는 음양의 양기(陽氣)와 같은 것이다.

인류학적으로 남성의 원리가 지배적인 것이 되는 시기를 '태양의 시기' 혹은 '태양화(Solarization)'라고 말한다. 우주적으로 보면 인간은 태양계의 가족이다. 그러나 태양도 우주의 수많은 별 중의 스스로 빛을 내는 별 중의 하나일 뿐이다. 태양도 언젠가는 생명을 다하고 생멸의 법칙을 따를 것이라고 짐작하는 것은 어렵지 않다. 그렇다면 인간 종도 생멸의 법칙을 따를 것이라고 짐작하는 것은 어렵지 않다. 이것을 '우주적 비태양화(De - solarization)'라고 하면 어떨까? 그렇다면, 인간도 멸하고 태양도 멸한다면 신(神)은 무엇이고 영(靈)이라는 것은 무엇인가? 거대한 우주는 진화의 과정 속에서 스스로를 아는 종을 잠깐 탄생시킨 것일까? 우주(宇宙)는 비어 있는 음(陰, --)이고 음이야말로 공(空)이고 무(無)이고 기(氣)이다.

선(仙)의 진정한 목적은 우화등선이나 무병장수나 장생불사가 아니라 살아 있을 동안의 마음의 평화와 평등과 행복이 아닐까. 움직이는 전체로서의 우주는 인간의 탄생을 기억하지도 못할 것이다. 또한 의식보다는 무의식이, 기억하지 않는 것이 우주의 진면목이 아닐까. 선(仙)은 그래서 시간과 공간을 초월하는 것을 목표로 한다. 고등종교들의 이상향과 목표도 실은 시공초월을 시공간 속에서 설명하는 담론체계에 불과한 것이 아닐까. 선도에도 외단(外丹) - 외공(外功)과 내단(內丹) - 내공(內功)이 있는데 전자보다는 후자에 무게를 두는 까닭이 여기에 있을 것이다. 단 한순간이라도 법열, 희열, 대만족에 겨워 행복하다면 무엇이 아까울까. 그런 경험을 하지 못할 수도 있기 때문에 그것은 더욱 중요하다.

이러한 순리가 진정으로 자연으로 돌아가는 길이 아닐까. 종교적 구원이나 환상보다 말이다. 그러한 점에서 김상일이 연(然)을 순환의 정점에 둔 것은 전적으로 옳다. 인간이 계속 죄를 짓고 그 죄인을 계속 구원하려면 기독교는 영원하여야 하고 그렇다고 보면 인간도 영원하여야 하는 것 같은 착각이 든다. 이는 분명 모순이다. 모순이야말로 우주가 다원다층적으로 변화 생동하는 진리가 아닌가. 모순이야말로 진리이고 역동의 전제이고 순환의 진면목이 아닌가. 수많은 순환의 궤적을 하나의 궤적의 원으로 보는 것은 아직도 원의 진면목에 도달한 것이 아니다. 어쩌면 종교에서 논리적으로 일원론과 이원론을 구분하는 것 자체가 마치 조선조의 이기논쟁(理氣論爭)에 속하는 부질없는 공론이 아닌가 모르겠다. 우주만물의 논리가 혹시 사일사이(似一似二), 사시사비(似是似非)의 연속과 역전의 세계가 아닐까.

남성적이고 아버지적인 신을 '시니피앙(signifiant)의 신'이라고 말하고, 여성적이고 어머니적인 신을 '시니피에(signifier)의 신'이라고 말하면 우주는 다원다층적으로 남성과 여성, 아버지적인 신과 어머니적인 신들로 구성된다. 이것이 우주의 다원다층의 음양학이 완성된다. 인류의 학문 자체도 그러한 관계에 있는지도 모른다. 단군신화에 대한 신연구는 성(性＝sex)에서 출발하여 심리학, 문화인류학(문화학), 언어학, 종교학, 신학에 이르는 궤적을 통해 이루어졌다. 이 학문의 궤적 자체도 이미 우로보로스 뱀의 형상이다.

제정일치시대에는 제사가 정치의 전부였다. 이것은 여기서는 여성이 우선이었다. 여신여사제(女神女司祭)가 핵심이었다. 제사에서 정치가 분리됨으로써 남성이 권력을 잡기 시작하였다. 이것이 남신남사제(男神男司祭)체제이다. 여신여사제는 자연적·부족적 삶이었고, 남신남사제는 문명적·국가적 삶이다. 결국 불을 자유자재로 다뤄서 금속을 활용하면서 문명적·국가적 삶이 시작된다. 그러한 점에서 종교는 정치권력에 비하면 언제나 여성적이다. 설사 그것이 고등종교라고 하더라도 정치권력에 비해서는 여성성을 강조한다.

신화에서 '하늘(天) 개념'의 완성은 참으로 인류문명사에서 지대한 발명이라고 할 수 있다. 신화의 하늘은 본래 없는 것이다. 인간의 창작물이다. 우리가 시각으로 확인할 수 있는 '우주공간의 하늘'과 '신화의 하늘'은 그 출발과 궁극에서 다르다. 물론 전자가 후자의 형성에 도움을 주고 은유로서 촉발시켰을 수는 있지만 양자는 완전히 다른 것이다. 하늘 개념은 신화의 완성일 뿐만 아니라 상상계의 완성이다. 상상계의 하늘은 우주공간에는 없다. 상상계의 하늘은 마음의 하늘이다. 죽으면 인간이 가는 하늘은 우리가 눈으로 보는 하늘의 어딘가에 가는 것이 아니라 상상계의 수많은 어느 층위에 가는 것이다. 그것의 최하층에 지옥이 있고 최상층에 천국과 극락이 있다.

여성 (종교)	자연 수(水＝地)	무의식
남성 (정치)	문명 화(火＝天)	의식
고등 종교	깨달음 (天＝天地)	초의식

7. 고조선의 알리바이: 새로운 '동이(東夷)주체성'의 확립

앞 장의 단군신화에서 고조선의 건국연대와 관련하여 의문을 제기한 ≪삼국유사≫의 대목을 보았다.

　"이는 당고(唐高)가 즉위한 지 50년 경인년(庚寅年)이다[堯가 즉위한 元年은 戊辰년이다. 그렇다면 50년은 정사(丁巳)요, 경인(庚寅)은 아니다. 이것이 사실이 아니어서 의심스럽다.]."
　以唐高卽位五十年庚寅[唐高卽位元年戊辰. 則五十年丁巳. 非庚寅也. 疑其未實.].

　물론 이 대목은 단군신화의 수수께끼를 풀 수 있는 열쇠를 가지고 있다. 정사(丁巳)를 경인(庚寅)이라고 한 것도 이상하지만 기사 자체도 어딘가 작위적인, 의도된 냄새가 나는 기사이다. 개국의 간지(干支)를 틀리게 쓴 것은 도저히 납득이 되질 않는다. 이것은 오늘날 역사학자가 한 나라를 말함에 있어서 건국연도를 틀리게 말한 것과 다를 바가 없다. 아무리 정신이 없어도 그렇지 어떻게 역사를 기술하는 자가 그것을 틀릴 수 있다는 말인가. 아마도 사실이 아닌 것을 맞추다 보니 그렇게 된 것일 개연성이 가장 높다.

　단군신화에서 가장 정체성 확립에 급급했던 것을 유추케 하는 것은 바로 "이는 당고(唐高: 요임금)가 즉위한 지 50년 경인(庚寅)이다(以唐高卽位五十年庚寅)."는 대목이다.

이와 관련되는 기사를 전하는 다른 기록을 보면 "단군은 당요와 같은 날에 나라를 세우고(檀君與唐堯同日而立)"(鄭麟趾 撰, ≪世宗實錄地理志≫ 平安道 平壤條), "요임금과 나란히 했으니 무진년에 나라를 세웠다(並與帝高興戊辰)."(李承休, ≪帝王韻紀≫ 卷下)로 되어 각각이다.

삼국유사는 요임금과 50년 차이가 나지만 엇비슷한 시기로 잡았고, 세종실록지리지는 요임금과 같은 날이라고 하였고, 제왕운기는 무진년이라고 하였으니 요임금의 원년이 무진년이니 결국 같은 해가 된다. 결국 '50년 차이', '같은 날', '같은 해'가 된다. 기록이 뒤죽박죽이다. 한 나라의 개국 연도를 설명하면서 왜 남의 나라의 개국 연도와 같다고 말했을까? 물론 요행스럽게 두 나라의 개국 연도가 같을 수도 있다. 그러나 그러할 확률은 매우 적다. 이 기사는 차라리 요임금에 맞추어 쓴 느낌이 든다. 다시 말하면 단군의 개국이 당고(唐高)에 뒤지지 않는, 같은 시기의 나라로 어깨를 나란히 하는 나라라는 함의를 가지고 있다. 왜 당고와 비교하지 않으면 안 되었을까? 그것은 화자가 그것을 심각하게 당고를 의식하고 있었기 때문이다. 이것은 삼국유사를 쓰는 의도를 결정적으로 드러내는 대목일 수도 있다.

삼국유사의 단군기사는 확실히 요(堯)임금을 의식하고 있다. 그렇다면 요임금이야말로 한족과 동이를 근본적으로 갈라지게 하는 분기점이다. 다시 말하면 요임금 때문에 동이족들은 새로운 신화를 쓰지 않으면 안 되었다. 그리고 그 신화를 중국 대륙을 넘어서 그 훨씬 이전까지 소급해서 쓰지 않으면 안 되었다. 중국사에서는 요순시대를 태평성대를 누린 일종의 황금시대로 그리고 있다. 요순

이전에도 삼황(三皇)과 삼제(三帝)가 있고 그다음 요순이 된다. 요순 이후에 하(夏), 은(殷), 주(周)로 이어진다. 이는 중국에서도 확실히 요임금을 한족과 다른 족속(동이족 혹은 한민족)과의 차별성을 따지는 기준으로 삼는다. 결국 요임금의 역사적 분기점적 역할에 대해서는 동이족과 한족이 동의하는 셈이다. 다시 말하면 요임금 대에 중국 화하족과 한국 동이족의 확실한 분리가 일어나는 것이다.

이렇게 보면 단군과 요는 일종의 특정 시기, 예컨대 서기전 2천년에서 3천년 사이에 일어난 신화-역사적 이원대립항, 대칭적 구조에 해당한다. 물론 단군이나 요에 대한 기록과 이야기는 역사라기보다는 신화적 형태에 속하지만 적어도 신화적 역사, 신화 속에 내재된 상징적 역사라는 데에 이르게 된다. 대체로 인류는 부계-국가사회가 되기 전에 모계사회를 거치는데 모계사회는 실은 국가사회 이전에 있었던 일종의 공동체사회라고 할 수 있다. 공동체사회는 오늘날과 같은, 국가사회로 들어간 이후의 국가개념이 부재한 시기였다. 그래서 이 시기의 집단에 대한 이름도 후대에 붙인 것일 가능성이 높다. 말하자면 그 시대를 지시하기 위해서 붙인 이름말이다. 이것을 억지로 후대의 현실적 필요나 정치적 이유로 국가개념에 의해 재단한다는 것은 과학적이지 않을 뿐만 아니라 바람직하지 않다.

물론 단군과 요의 유동적인 경계선은 아마도 만리장성을 기점으로 보면 큰 무리가 없을 것 같다. 소위 오늘날 중국 동북지방인 흑룡강성, 요녕성, 길림성 지역이 단군에 속하고, 만리장성 이남이 요의 지역이라고 보아야 할 것 같다. 당시의 경계선을 정확하게 긋는다는 자체가 비과학적이다. 이는 후대의 혹은 오늘날의 정치적 줄

긋기이다. 이는 자연스럽게 북방유목민족 대 남방농업민족, 한족 대 동이족의 대칭을 있게 한다.

단군신화는 그 후에 중국과의 민족적 차별성, 혹은 차별적인 정체성을 위해서 새롭게 구성된 신화적 담론, 신화적 글쓰기 혹은 기록으로 보인다. 그런데 화하족과 동이족의 신화적 적통경쟁(嫡統競爭), 혹은 주류경쟁, 주도권경쟁은 단군에 머무르는 것이 아니다. 그 이전에 모계사회에까지 소급된다. 이것이 바로 <부도지(符都誌)>라는 신화·역사서이다. <부도지>는 단군을 말하는 여러 사서 중에서 가장 오래된 기록으로 들 수 있다. <부도지>는 현재 원본이 전하지 않아서 사료로서의 문제가 없는 것은 아니지만 적어도 신화적 담론으로 되기에는 충분하다. <부도지>는 예컨대 기독교의 '천지창조 여호와(남신)' 대신에 '천지개벽 여신'으로 마고(麻姑)를 상정하고 있다.

<부도지>는 신라 눌지왕 때의 충신 박제상(朴提上, 363~419)이 지은 것이다. ≪삼국사기≫ 열전의 박제상전에 따르면, 그는 박혁거세의 후손이자 파사(婆娑) 이사금의 5세손이며, 파진찬 물품(勿品)의 아들이라고 한다. 벼슬길에 나아가 삽량주(歃梁州)의 간(干)으로 있던 중 눌지왕으로부터 실성왕 때 고구려와 왜국(倭國)에 볼모로 간 아우들을 데려오라는 명령을 받았다. 이에 제상은 눌지왕 2년(418)에 고구려에 사신으로 가서 장수왕을 설득해 눌지왕의 아우 복호(卜好)를 데려왔다. 또, 같은 해에 다시 왜국(倭國)으로 가 신라를 배반하고 도망쳐 왔다고 속인 다음 눌지왕의 아우 미사흔(未斯欣)을 빼돌려 신라로 도망치게 하였다. 왜왕(倭王)은 그를 목도(木島)로 유배 보냈다가 곧 불에 태운 뒤 목을 베었다. 이 소식을

전해 들은 눌지왕은 제상에게 대아찬(大阿湌) 관품을 추증하고 제상의 둘째 딸을 미사흔의 아내로 삼게 했다고 한다.

박제상은 확실히 역사적 인물이다. 그런데 <부도지>는 박제상이 쓴 것으로 알려진 ≪징심록(澄心錄)≫ 15지(誌) 가운데 제1지로 들어 있다. 여기에 박제상의 아들인 백결 선생이 <금척지(金尺誌)>를 지어 보태고, 그 후 조선조 세종 때 김시습(金時習, 1435~1493)이 <징심록 추기>를 지어 보태서 현재 모두 17지로 전해지는 책이다. 그러나 그 원문은 전하지 않고 그동안 영해박씨 종가에서 필사하여 비밀리에 전해졌다고 한다. 놀라운 것은 훈민정음 28자를 ≪징심록≫에서 취본했다고 김시습은 증언하고 있다는 점이다. <부도지>는 세조의 왕위찬탈에 반기를 들었던 영해박씨 대소가의 일로 인해 종적을 찾을 길이 없었다. 그러다가 후손 박금 씨가 1953년 ≪징심록≫을 번역하고 연구하던 때의 기억을 되살려 원문에 가깝게 복원하여 전해지는 것이다.[48]

<부도지>는 '마고(麻姑)'라는 여성을 최고신으로 하는 '여성 창조신화체계'로 '여호와'의 남성을 최고신으로 하는 기독교의 '남성 창조신화체계'와 대칭된다. <부도지>는 삼국유사의 단군신화보다 훨씬 더 앞선 시대를 말한다. 고려의 일연이 단군신화를 썼다면 이에 앞선 신라의 박제상은 마고라는 여성창조신화를 씀으로써 부계사회 이전의 모계, 더 나아가서는 세계적으로도 보기 드문 모성신화를 후손들에게 전한다. 마고가 있다는 것은 단군신화보다 훨씬 먼저 형성된 한민족의 여성적 성격을 드러내는 것이 된다.

---

48) 박제상 지음, ≪符都誌≫, 김은수 번역, 5~9쪽, 2002년, 한문화.

박제상: 부도지: 마고신화: 모성신화: 신라

일연: 삼국유사: 단군신화: 부성신화: 고려

<부도지>는 마고, 궁희, 황궁, 유인, 한인, 환웅, 임검(단군)의 시대로 한민족(동이족)의 역사를 구성하고 있다. 복본을 추구하며 부도(符都)를 건설하는 것을 목표로 하는 한민족의 조상들은 파미르고원의 마고성(麻姑城)에서 시작하여 천산(天山), 그리고 지금의 중국 대륙으로 이동하는데 중국 대륙에서 요임금의 반란을 겪게 된다는 이야기가 나온다.

임검(단군왕검)은 지금의 산서성 태백산에 부도를 건설하였는데 요임금이 천산의 남쪽에서 일어나서 반기를 들고 제(帝)를 자처하며 동이족의 후예인 묘족(苗族)을 쫓아낸다. 요임금은 부도(符都) 대신에 당도(唐都)를 내세운 인물이다. 묘족은 앞 장에서 언급하였지만 곰 숭배 지역이다.

묘족에 대해서는 중국 경서와 사서에 좋게 나오지 않는다. 그 대표적인 것이 ≪맹자(孟子)≫ <만장(萬章)> 장에 나오는 다음의 구절이다.

> 090302. 만장이 말하였다. "순은 공공을 유주에서 유배하시고, 환도를 숭산에서 추방하시고, 삼묘를 삼위에서 죽이시고, 곤을 우산에서 죽이시어, 네 죄인을 죽이시자 천하가 다 복종하였습니다. 이는 불인을 주살한 것입니다. 상이 불인이 지극하였는데 유비에 그를 봉하셨습니다."[49]

---

49) MZ090302 萬章曰, "舜流共工于幽州, 放驩兜于崇山, 殺三苗于三危, 殛鯀于羽山, 四罪而天下咸服, 誅不仁也. 象至不仁, 封之有庳."

요임금과 순임금은 묘족을 비롯하여 천손족인 동이족과 투쟁하는 인물로 나온다. 앞에서도 언급하였지만 중국 상고사의 왕통은 모계에서 부계로 넘어오는 과정에서 제곡고신(帝嚳高辛)에서 제(帝) 자가 완성되고, 이로써 모계에서 사위로, 사위에서 부계로 바뀌게 된다. 요임금은 전설상 부계씨족 사회 후기의 염황부족연맹(炎黃部族聯盟)의 장(長)이며 제곡고신의 막내아들이다. 순(舜)은 요(堯)의 두 딸 아황(娥皇)과 여영(女英)을 아내로 맞아 사위가 되어 왕위를 이어받는다. 중국사에서 황금시대인 요순시대는 동이족의 관점에서 보면 배반의 역사이다. 그 배반의 역사에 요임금이 서 있는 것이다.

순(舜)은 본래 단군의 신하인 유호(有戶)씨의 아들 유순(有舜)으로 요(堯)의 꼬임에 빠져 동족인 동이족을 배반하는 데 이에 유호는 둘째 아들 유상(有象)을 시켜 당도(唐都)를 혁파하게 하였다. 요(堯)는 갇혀 있던 중에 죽고, 순은 창오(蒼梧)의 들에 도망하여 도당이 사방으로 흩어졌다. 요(堯)의 무리 중에 우(禹)가 순(舜)에게 아버지를 죽인 원한이 있으므로 그를 추격하여 죽여 버렸다.[50]

중국 측은 묘족에 대해서는 부정적으로 묘사하는 반면 요순시대는 황금시대로 그리고 있다. 대체로 줄거리는 이렇다.

"요순시대는 태평성대로 도둑이 없어서 백성들이 모두 문을 열어 두고 살았다고 한다. 왕위도 어진 신하를 골라 선양(禪讓)으로 주고받았다고 한다. 요임금은 어진 신하 순(舜)에게 왕위를 물려준다. 순(舜)은 어릴 때 어머니를 여의고 아버지 고수(瞽수)와 의붓어머니, 의붓동생과 살았다고 한다. 이들은 호시탐탐 그를 죽이려고

---

50) 박제상, ≪符都誌≫, 김은수 번역, 68~77쪽, 2002년, 한문화.

하였지만 순은 완악(頑惡)한 아버지 밑에서 최고의 효자였다. 순도 태평성대를 이어 간다. 어진 신하 우(禹)에게 왕위를 선양한다. 우(禹)의 아버지는 곤(鯤)으로 요임금 밑에서 9년 동안 치수 사업을 했지만 실패했던 인물로 우는 아버지가 못다 한 치수사업을 마무리한다."

요임금에게는 단주(丹朱)라는 아들이 있었고, 순임금에게는 상균(商均)이라는 아들이 있었지만 왕위를 아들에게 물려주지 않았다는 얘기이다. 우(禹)는 중국 최초의 국가 하(夏)를 세운 인물로 왕위를 선양하지 않고 아들인 계(啓)에게 물려주어 부계세습국가를 이루었다는 것이다. 대체로 우임금의 하(夏) 이전을 신화시대로, 이후를 국가시대로 보는 것이 지배적이다.

단군계통의 문서들은 묘족을 부도(符都)를 실천하는 족속으로 묘사하고, 요순을 부도에 도전하여 요임금의 당도(唐都)를 세운 배반의 인물로 그리고 있다. 이것 자체가 바로 요순부터 동이족과 한족이 갈라진다는 것을 의미한다. 중국 상고사는 대체로 염황부족연맹(炎黃部族聯盟)체제로 염제인 신농(神農)과 황제인 헌원(軒轅)의 집안으로 결혼도 하고 싸움도 하면서 주거니 받거니 하면서 역사가 이루어지는데 황제계열이 바로 오늘의 중국 조상이고 염제 계열이 바로 한국 조상이다. 염제는 바로 어머니가 강(姜)씨로 치우천황의 계열이다. 치우천황과 황제의 갈석산 전투는 잘 알려져 있다. 오늘날 중국은 염황(炎黃) 모두를 섬기는 공동조상 전략으로 고대 동아시아 역사를 독점하고 있다.

아무튼 한족의 정체성과 동이족의 정체성이 갈라지는 분수령이 바로 요임금이다. 그런데 모화(慕華)주의자들은 요순시대를 황금시대로 그대로 받아들였다. 특히 조선조의 선비들은 완전히 모화에 빠져 구한말 자신을 '소중화(小中華)'로 자처하면서 망해 갔다. 완전히 중국 한족체제의 도그마에 빠졌던 것이다. 자신의 북방기마민족의 혈통을 배반하고 문화적으로 한자문화에 순치되어 자신의 혈통을 오랑캐라고 부른 완전히 환부역조(換父逆祖)하는 어리석음을 범했던 것이다. 아마도 조선조 세종 때에 한글을 만들지 않았으면 한민족의 정체성은 사라졌을지도 모를 일이다.

한글은 당시 언문(諺文), 암글, '통시글'이라는 비아냥거림에도 불구하고 문자의 대중화라는 획기적인 업적을 이루어 한국문화의 확대재생산에 결정적인 기여를 하였다. 한글 창제는 문자의 대중화라는 업적 이외에도 간과할 수 없는, 고대 우리문화의 원형인 소리글자를 다시 부활시키는 계기가 되었다는 점에서 평가를 하여야 한다. 고대 소리글자야말로 우리 고유의, 가장 한국적인 발상, 한국적인 세계관이 담겨 있는 보물창고이다. 밝달이든, 배달이든, 불함이든 무슨 상관인가. 같은 뜻이다. 세종 때는 문화적으로 한자문화권에서 전성기를 구가했을 뿐만 아니라 다른 한편으로 주체성을 확립하려는 움직임도 활발하였던 것이다. 동아시아 역사는 '한자와 한글, 그리고 가나'의 싸움이라고 해도 과언이 아니다.

단군신화가 요임금과 대립각을 세우는 것은 아마도 일종의 '역사전쟁'에 더하여 '신화전쟁'이라고 명명할 수 있을 것이다. 상고시대, 원시시대로 올라가면 어차피 신화전쟁일 수밖에 없다. 신화는 왜 필요한가, 단군신화는 왜 쓰이지 않으면 안 되었는가가 단군 신화의 내용 이상으로 중요하다. 이성과 과학이라는 것이 등장하기 전, 인류는 오랫동안 신화에 의지해서 살아왔다. 그것은 오늘날의 역사와 정치, 신화(종교)와 과학이 하나가 되어 영육(靈肉)을 지배했다. 인간 존재의 특이성은 여럿이 있지만 그중에서 역시 보이지 않는 정령(精靈)의 세계와 상상계(想像界)를 정립한 점이다. 정령의 세계는 상상계와 밀접한 연관을 가지면서 상호 발전해 왔다. 오늘날 상상계는 정령과 초월적인 세계, 이상세계뿐만 아니라 이성적인 세계를 구성하고 있다.

이성과 과학으로 보면 우상과 웃음거리일 수도 있겠지만 인간의 조상들은 신화와 이상세계를 그리며 살아왔다. 단군신화는 담론으로 구성된 것이지만 그것의 기능은 사람들로 하여금 정체성을 갖는 데에 결정적인 기여를 한다. 인간은 지상에 태어나면 언제부턴가 정체성을 가져야 살아가는 존재가 되었다. 인간은 어쩌면 정체성이 없이는 단 한 걸음도 뗄 수 없는 존재인지도 모른다. 하물며 역사적으로 집단의 승패와 존속 여부가 달린 초기국가시대에 창조신화와 국조신화를 갖는다는 것은 단순히 말의 문제가 아니라 그것의 기능 여부에 따라서는 생존적인 차원의 문제였다. 신화를 가져야 자신이 살아야 하는 이유를 찾고 힘을 얻을 수 있다. 신화를 통해서 과거, 현재, 미래를 연결하면서 시간과 공간에서 자아를 형성할 수 있다. 그것의 사실 여부, 합리성·과학성 여부는 문제가 되지 않는다. 같은 신화를 공유하는 집단은 공동운명체이다.

그런데 신화는 왜 다시 쓰여야 하는가? 결국 집단은 전쟁의 승패와 역사의 부침 속에서 재구성되어야 하기 때문이다. 집단이 커지면, 인구가 많아지면 언젠가는 갈라져야 하고, 집단의 권력경쟁 속에서 재편되면서 다른 집, 국가를 세워야 한다. 다른 집을 세우면 다른 신화가 필요한 것이다. 단군신화의 등장은 적어도 한족과 한민족(동이족)의 집단적 결별, 차별, 서로 다른 집을 세움에 따른 필연적인 결과였던 것으로 보인다. 신화에서 하늘(天)의 개념의 등장은 참으로 위대한 발명이며 진전이다. 하늘은 다시 신(神)이라는 개념과 만나서 엄청난 힘을 발휘한다. 여러 신들 중의 지고신(至高神)은 절대신으로 발전한다. 단군도 이러한 역사적 과정의 산물로 보인다. 기독교가 한국에 들어와서 급진적으로 세력을 불린 것은 바로 재래의 하늘, 하느님 개념을 도입한 때문으로 보인다.

동아시아의 고대사를 올라가면 당시에는 오늘날처럼 중국과 한국이 구분되지도 않았을 것이다. 동이(東夷)가 먼저 주도권을 잡았으나 한자의 정착과 더불어 서이(西夷)가 서서히 주도권을 잡게 되었을 것이다. 중국문화에서 한자(漢字)를 국자(國字)로 채택한 것은 참으로 위대한 문화적 선점이다. 만약 중국에 한자가 없었으면 한족(漢族)도 없었을 것이다. 한족이라는 용어도 실은 생물학적인 혈연이라기보다 한자문화권의 의미가 크다. 소리글자는 있었겠지만 문자를 먼저 채택한다는 것은 일종의 권력을 갖는 것이나 마찬가지이다. 흔히 한자(漢字)가 중국의 글자가 아니라 갑골문에서 발달한, 동이족의 지분이 있는 글자였다고 강변하더라도 결국 중국에서 국자로 채택하고 발전시켰기 때문에 동이족은 문화적 주도권을 상실하였다고 볼 수 있다. 한자문화는 역사의 부침에도 불구하고 꾸준히 문화역량을 축적하여 한자문화권을 이루었다. 동이족, 북방족은 왜 소리글자를 고집하였을까?

한민족의 경우 한자로 소리글자를 표시하기 위해서 이두, 향찰, 구결 등을 창안했던 것이다. 소리글자의 소원이 세종 때에야 이루어졌다. 아마 수메르어를 비롯하여 몽고, 여진, 조선 등 북방족은 소리글자의 전통을 버릴 수 없었던 모양이다. 뜻글자인 한자는 주로 단음절 문자이다. 한글은 주로 다음절 문자이다. 한자는 주로 소리의 고저(高低), 운(韻)을 통해 글자를 구분하고, 한글은 소리의 길이(長短), 글자 수, 다시 말하면 보격(步格), 미터(meter)를 통해서 글자를 구분한다. 이것은 양국의 운문(韻文)에서 극명하게 드러난다.

그래서 중원을 차지한 나라의 이름은 북방족이든, 한족이든 모두 단음절이고(이것은 한자문화의 흡입력을 웅변한다.), 그렇지 않은 북방족, 동이족 나라의 이름은 모두 다음절이다. 나라이름에서 분명하게 중국 쪽인가, 아닌가 여부를 알 수 있다. 이는 다시 말하면 동이족의 나라이름은 한자의 의미는 중요하지 않고, 소리를 문자로 표시하기 위한 음차(音借)에 불과하다는 말이다. 글자가 좀 달라도 발음이 비슷하면 같은 나라를 말함이다. 이 문제는 뒤에서 다시 거론할 것이다.

진(秦)나라라는 통일왕국의 등장과 더불어 문자의 통일정책으로 한자(漢字)는 국자(國字)로 되고 한자를 전면적으로 사용한 서이(西夷: 진시황도 실은 서융 출신이다. 진시황은 한자를 국자화하기 위해서 隷書體를 개발했다.)가 중국의 주도권을 잡고부터 동아시아 상고시대의 신화적 역사를 자신의 지붕으로 삼으며 역사전개를 한다. 상고의 신화와 전설과 역사에 대한 소유권을 갖게 된다. 또 이것을 한자(漢字)로 일찍이 기록하기 시작하였다. 기록을 한다는 것은 바로 역사의 주인이 됨을 의미한다. 이에 중원에서 밀린 동이족들은 자신들의 정체성 확립을 위해서 다시 신화를 만들 필요성에 직면하게 된다. 단군신화 자체는 적어도 당시에 '역사 찾기 운동'의 일환으로 조작되었을 확률이 높다. 여기서 조작이라는 것은 터

무니없는 거짓이라는 말이 아니라 상고시대의 신화와 역사를 되찾으려는 노력이라고 말할 수 있다.

이를 개인사에 비하면 큰 집이 작은 집에 밀려(자손이 못나서) 가계(家繼)를 잃었으나 다시 그 가계를 찾으려는 것에 비할 수 있다. 그렇게 되면 작은 집에서는 가계를 내놓지 않을 것이고 다시 가족사를 쓰지 않을 수 없게 된다. 그래서 실은 중국 상고사의 삼황오제는 동이족과 서이족의 공통조상일 가능성이 높다. 한 번 문화적 주도권, 장자 상속권을 잃는다는 것은 심각한 권력에의 소외이다. 이는 역사적 변방을 의미한다. 확실하게 중국사라고 할 수 있는 것은 우임금부터이다. 말하자면 복희, (여화), 신농(三皇), 황제, (소호), 전욱, 제곡, 요, 순(五帝)까지는 공통의 조상일 가능성이 높다.

중국에서는 황제(黃帝)를 삼황(三皇)에 포함시키는 것이 일반적이다. 그러나 황제라는 말에서도 이미 삼황이 아니라 오제(五帝)임을 은연중에 드러낸다. 오제 가운데 동이족 출신임이 확실한 사람은 순임금이다. 그래서 요임금에 단군이 개국을 맞추었을 것이다. 중국과는 차별화된 신화를 만들기 위한 노력은 마고신화에 이어 단군신화의 환인, 환웅, 단군의 등장을 통해 우리민족의 기원을 소급한다. 마고와 단군은 조상 인류가 아프리카에서 출발하여 일단 지금의 중동지방 수메르 문명권을 이루고 다시 동으로 이동하여 파미르고원과 중앙아시아를 거쳐 동쪽으로 이동해 온 집단무의식의 역사를 복원하는 방식을 택했을 가능성이 높다.

이렇게 하면 중국사와 대등하면서도 차별화를 기할 뿐 아니라 잊어버렸던 민족사의 궤적도 복원하는 셈이 된다. 단군신화는 따라서 중동문명에까지 소급하는 방식을 택하여 동이족뿐만 아니라 조상 인류에까지 이른다.

흔히 ≪삼국유사≫의 민족사적 의미를 두고 '한민족의 구약(舊約)'이라고 한다. 이는 무엇을 말하는가? 유대민족은 '디아스포라(diaspora: 離散)'라 하여 역사의 중심에서 밀려났다. 이에 비하면 한민족은 '동쪽으로 이동(移動)'하여 역사에서 밀려났다. 성격은 좀 다르긴 하지만 비슷한 성격도 있다. 유대인들은 자신들의 구약(舊約)을 잃으면 자신의 정체성을 확인할 길이 없다. 그래서 철저하게 성경을 지켰다. 유대민족의 구약인 ≪토라≫는 역사적 사실이 포함된 기록이라고 하지만 합리적으로 받아들이기 어려운 대목이 많다. 그래서 역사적 사실과 무관한 것은 아니지만 역사를 신화한 것이라고 말하지 않을 수 없고 따라서 역사학의 대상이라기보다는 신화학의 대상이 되기에 충분하다. 여기서 신화학이라고 하는 것은 역사가 아니라는 뜻이 아니라 신화적인 문체 혹은 통사구조를 가지고 있다는 의미이다.

마찬가지로 ≪삼국유사≫는 한민족의 토라와 같다. 이동해 온 민족이 그 원류를 찾는 것은 뿌리를 잃지 않으려는 노력이다. ≪삼국유사≫의 단군기사는 불교적으로 윤색된 신화라고 하지 않을 수 없다. 신화이기 때문에 역사가 아닌 것이 아니라 굳이 말하자면 일종의 '신화적으로 기술된 역사'에 속한다. '신화적 역사'는 역사가 오래된 민족이나 국가의 상고시대, 혹은 신화시대를 위해서 당연히 있는 문화목록인 것이다. 신화가 없으면 문화민족이 아니다. 이를 두고 역사니, 신화니 논쟁을 하는 것은 전혀 무의미한 태도이다. 신화와 역사는 줄기차게 가역반응을 하면서 새롭게 써지는 것이기 때문이다. 역사적 사실은 객관적일지 모르지만 역사는 객관적인 것이 아닌, 기술자의 주관 혹은 개성이 들어가는 것이다.

삼국유사에서 가장 문제점은 계속해서 새롭게 쓰이지 않았다는 점이다. 삼국유사는 토라와 달리 생활 속에 들어올 수 있도록 계속 쓰여지지 않았고 화석화되어 버렸다. 그저 학자들이나 관심 있는 자들의 연구대상에 불과하다. 삼국유사는 한민족에게 주체적이 되지 못하였다. 단군이나 고조선을 연구하면서 가장 명심해야 할 것은 영토의 문제가 아니라 문화의 문제라는 점이다. 물론 고조선의 강역(疆域)과 단군의 역대(歷代)를 연구하는 학자가 있을 수 있다. 그것의 성과는 우리에게 많은 지식과 유익한 정보를 줄 것이다. 그러나 그것이 오늘의 영토문제로 비약하는 것은 정치적 오염에 속하는 것이다. 영토문제는 역사가 아니라 당대의 무력을 포함한 문화능력 전반에 의해 승패가 결정한다. 극단적으로 말하면 영토는 역사가 없이도 선진문화능력, 혹은 선진무기체계만으로 만들 수 있다.

상고시대, 신석기 – 청동기시대의 강역을 두고, 수많은 이동과 전쟁이 있었던 시대의 강역을 두고 일사분란하게, 일도양단하듯이 경계를 확실히 하는 것은 불가능하다고 해도 과언이 아닐 것이다. 고대로 올라갈수록 그것의 영토성보다는 문화성에 초점을 맞추는 것이 학자의 태도이고 문화민족의 태도이다. 적어도 고조선의 상대(上代)는 신석기 농경시대와 불가분의 관계에 있다고 보인다. 흔히 고조선시대는 청동기시대라고 통설화되다시피 하였지만 그것의 상대는 신석기에, 하대는 청동기에 접하는 시기로 보인다. 어쩌면 초기 철기시대인지도 모른다.

중국의 신석기는 빗살무늬토기가 아니라 채색토기 지역으로 분

류된다. 채색토기 루트는 실크로드와 거의 중첩된다. 중국 내에서
도 서이와 한국의 동이는 신석기의 토기 단계에서부터 다른 문화
적 경향을 보이는데 이는 은(殷)나라와 하(夏)나라를 통해 선명하게
드러난다. 아시다시피 은(殷)나라는 동이족의 나라이고, 한민족과
연결되고, 하(夏)나라는 서이족의 나라로 중국의 한족과 연결되는
나라이다. 동이족의 은나라는 '은(殷) - 동이(東夷) - 봉(鳳) - 용산(龍
山) - 흑도(黑陶) - 발해(渤海)'로 특징을 짓고 서이족의 하나라는 '하
(夏) - 서이(西夷) - 용(龍) - 앙소(仰韶) - 채도(彩陶) - 파촉(巴蜀)'의
특징을 보인다.51) 신석기시대부터 동이족(東夷族) - 한민족(韓民族)
은 중국의 한족(漢族)과 달랐다.

　고조선(古朝鮮)에 관한 가장 오래된 기록은 기원전 8~7세기경
에 관중(管中)에 의하여 엮인 ≪관자(管子)≫에 나타난다.52) 제환
공(齊桓公)과 관중 사이에 제후국의 보물을 이야기하는 과정에서
"(생략)세 번째 보물은 발(發)과 조선(朝鮮)의 반점이 박힌 짐승가
죽입니다."라는 대목에서 나온다. 아마도 여기서 '반점이 박힌 짐승
가죽'이라는 것은 표범이나 호랑이, 즉 맥(貊)의 가죽일 것이다. 이
때 제나라는 산동반도에 위치해 있고 여기서 8,000리가량 떨어져
있다고 하니 대충 지리적 위치를 짐작할 수 있으나 정확한 것은 아
니다.

　고대 중국인들은 이미 기원전 7세기에 조선에 대해 잘 알고 있
었으며 조선(朝鮮)을 동이(東夷)와 구별하였던 것으로 보인다. 여기
서 발(發) - 조선(朝鮮)의 연결에 주목할 필요가 있다. '발'은 지역

---

51) 김병모, ≪한국인의 발자취≫, 147쪽, 1985년, 정음사.
52) 리지린, ≪고조선 연구≫, 12쪽. 1963년, 평양.

명칭이고 '조선'은 나라 명칭이다. '발'은 '불, 불, 밝' 등으로도 표현된다. '조선'이라는 명칭이 '아시밝(발)'이라는 지명 사용을 밀어낼 즈음에 고대조선어와 고대중국어가 결합된 형태의 말이 나타난 것인데 '발'은 '조선'이라는 말을 수식한 것으로 보인다. 이러한 예는 '발(發) – 숙진(肅愼)'에서도 보인다. 동이와 조선의 구별이 이루어졌다는 것은 중요하다.

이에 앞서 기원전 3세기경에 쓰인 고대 중국의 지리서인 ≪산해경(山海經)≫에도 이런 글귀가 있다.

"조선은 열양 동쪽에 위치했으며 북쪽바다 가까이의 산악지역에 있다. 남 열양은 연나라에 속해 있다(朝鮮在列陽東 海北山南列陽屬燕)."

이 구절은 또 이렇게 해석되기도 한다.

"조선은 열양의 동, 바다의 북, 산의 남에 위치한다. 열양은 연에 속해 있다."

"조선은 열양의 동, 산의 남, 바다의 북에 위치해 있다. 열양은 연에 속해 있다."

여기서 열양(列陽)은 열수(列水)의 북쪽을 의미한다.

또 ≪방언(方言)≫에는 "열수는 요동에 위치한다(列水在遼東)."

결국 열양은 요동의 북쪽에 있으며 연에 지배된 조선의 서쪽영역이고 요수(遼水)의 북동쪽이 된다. 당시의 요수(遼水)는 현재의 요하(遼河)가 아니라 난하(灤河)라고 리지린은 고증하였다.[53] 리지린은 또 '열양이 연에 속한다'는 구절은 일찍이 열양은 조선의 일부분이었던 근거라고 추정하고 그렇지 않으면 특별히 열양의 위치

---

53) 리지린, 앞의 책, 15쪽.

를 강조할 필요가 없었다고 주장하였다.[54] 연나라의 중심부가 현재 북경 근처이고 보면 대체로 고조선의 영역은 난하 동북쪽이라고 여겨진다.

그런데 단군을 해석함에 있어서 고조선의 영역을 확인하는 것은 그리 중요한 것이 아니다. 문헌적으로 아무리 영역을 확인해 보았자 기원전 3∼4세기의 일이기 때문이다. 단군은 그보다는 훨씬 앞서는 서기전 2333년(삼국유사에 따르면)의 일이기 때문이다. 이 시기에 일어난 일은 실지로 고조선이라는 특정 국가의 일이기보다는 광범위한 동이족 전체의 역사와 문화를 말하는 것일 것이기 때문이다.

≪삼국유사≫의 고조선과 단군 관계기사는 다분히 동이족의 전래 내려오는 신화와 역사를 신화적인 문체로 정리한 것이라고 보는 편이 옳다. 동이족의 나라와 영역은 예상이나 상상력보다 훨씬 동아시아 전역에 퍼져 있었으며 문화적 역량과 수준도 강력한 것이었던 것으로 보인다. 청동기시대와 신석기시대에 속하는 동이족의 유적은 고조선과 관련이 있어 보인다. 심지어 중국 동남부, 혹은 양자강 유역은 황해를 통해 빈번하게 교류한 것이 확실하고 그 시기는 훨씬 올라가는 것으로 보인다. 동이족과의 문화적 친연성을 보이고 있다. 소위 황해를 지중해와 같은 내해(內海)로 한 발해문화권(渤海文化圈)은 더욱더 설득력을 얻어 가고 있다.

지금까지 중국은 황하(黃河)를 중심으로 고대문명을 정리하였다. 즉 앙소(仰韶, 신석기)문화, 용산(龍山, 청동기)문화 등이었으나 최근 요하(遼河)의 홍산(紅山, 신석기)과 양자강(楊子江) 하류의 하모

---

54) 리지린, 앞의 책, 14쪽.

도(河姆渡, 신석기)문화가 나타남으로써 상고사의 전면 개편이 요구되고 있다.

1973년 절강성(浙江省) 여요(余妖) 전라산(田螺山)에서 발견된 이 유적의 하층(제3 · 4층)을 특히 하모도(河姆渡)라고 한다. 수도재배(水稻栽培)를 나타내는 많은 벼와, 그것을 저장한 것으로 보이는 고상건물(高床建物)의 구조재(構造材) 등이 출토되었다. 이미 각종 생산공구가 발달해 있었고, 그중에서도 소 등의 견갑골(肩甲骨)로 만든 쟁기와 돌도끼를 고정시킨 자루 등이 주목되며, 개 · 양 · 물소 등을 기른 흔적이 있다.

출토된 토기는 탄가루를 섞은 협탄흑도(夾炭黑陶)라고 불리는 독특한 양식으로, 밥을 짓는 가마를 중심으로 단지 · 그릇 · 쟁반 등 대체적으로 소형토기로 구성되어 발달된 식생활 모습을 보여 준다. 방사성탄소연대측정으로 유적의 시기가 BC 5000년으로 밝혀졌고, 재배한 것으로 보이는 차나무 뿌리는 6000년까지 거슬러 올라간다. 강남지방에서 가장 오래된 농경유적인 동시에, 그보다 더 거슬러 올라간 농경문화의 존재를 암시해 준다. 앙소문화보다 더 연대가 오래되고 유물이 방대한 것이 부정할 수 없는 사실로 되었다. 만약 요하와 양자강 문화가 더 앞선 것으로 된다면 황하를 중시하는 고대문명관은 백팔십도 바꾸지 않으면 안 되게 되었다.

요하와 양자강은 황하보다는 우리문화와 관련이 많은 지역이다. 요하는 단군시대와 관련이 크고 양자강은 그 이전의 환웅시대와 관련이 크다. 요하는 청동기시대의 문화층이고 양자강 문화는 신석기시대의 문화층이다. 양자강의 발원인 사천성, 운남성, 귀주성, 호남성, 호북성, 광서자치구, 광동성, 강서성, 안휘성, 강소성, 절강성

등은 중국 상고시대의 유적들이 즐비하다. 호남성은 신농(神農)과 요순(堯舜)과 관련이 있는 지역이고, 사천성은 황제와 관련이 있는 지역이다. 절강성과 강소성은 고대 한국문화와 교류가 활발했던 지역이다. 여기에 산동성과 하남성, 하북성, 그리고 요하가 흐르는 요녕성, 흑룡강성, 길림성은 바로 동이문화의 본거지이거나 접경지역이다.

오늘날 중국 사람들이 자신의 고대문명을 말할 때 하화(夏華)라고 말하는 것은 황하유역의 하(夏)를 중심으로 중국문명의 시원을 잡은 데서 연유한다. 은허(殷墟)의 갑골문의 대량 발굴과 더불어 은(殷)이 상고사의 중심에 우뚝 서게 되었지만 그들은 암묵적으로 은(殷)보다는 하(夏)에 비중을 더 두고 있다. 은(殷)은 동이족과의 친연성을 배제할 수 없기 때문이다. 중국의 역사를 말할 때 삼황오제(三皇五帝), 하은주(夏殷周)라고 하고 있지만 실은 중국사람 자신들도 은나라에 대해서는 미심쩍어하는 경향이 있고, 실제로 주(周)나라부터 확실한 중국의 역사가 되는 셈이다. 삼황오제가 본래 한족(漢族)이 아니라 동이족(東夷族)이니 이에 따라 주(周), 진(秦), 한(漢) 대까지 왼쪽을 임금의 자리로 하고 오른쪽을 신하의 자리로 하였다가, 다시 서쪽에서 시작한 한족을 높이기 위해 우측(서쪽)은 임금, 좌측(동쪽)은 신하의 자리로 고쳤다.

중국의 ≪오경(五經)≫ 가운데 가장 고대에서부터 있었고 역사적으로 확실한 경전은 ≪시경(詩經)≫이다. 양자강 문화는 ≪시경≫ <국풍(國風)> 편의 주남(周南), 소남(召南) 지역이다. 흔히 시를 말할 때 ≪시경≫은 황허강 유역의 여러 나라와 왕궁에서 부른 시가(詩歌)라고 말한다. ≪시경≫의 시 305수(首)는 서주(西周) 초기에서 동주(東周) 중기에 이르는 약 500년간의 작품들로 추측되고 있다. 내용은 주왕조의 비교적 안정되었던 시대에 걸맞은 밝은 서정시로부터 혼란기를 반영하는 어두운 서사시까지 다채롭지만 연애·혼인시가 반을 차지한다. ≪시경≫은 유교 이전의 고대 가요의 황금시대에 꽃핀 중국문학사상 희귀한 연애문학 또는 여류문학의 일면을 지니고 있다.

그러나 ≪시경≫을 보면 쉽게 황허강 유역의 시가라고 보기 어려운 점이 많다. 풍(風)·아(雅)·송(頌)의 3부 가운데 풍(15國風, 160수)이 절반이다. 국풍의 시가들은 대체로 BC 12~BC 7세기경에 중국 전역에서 노래된 것들이다. 애초에 주나라를 칭송하기 위해서 수집되고 만들어진 ≪시경≫에서 왜 목차의 순서를 대아(大雅)나 주송(周頌)으로 하지 않고 국풍(國風)으로 하였을까? 그 가운데서도 시경의 첫머리에 주남(周南), 소남(召南)이 실린 것은 무엇을 말하는가?

주남(周南)의 남(南)은 남방의 제후국을 말한다. 딱히 특정 제후국의 이름이 있는 것도 아니다. 말하자면 범 남쪽지방의 시인 셈이다. 주자는 주남과 소남을 주공과 소공이 다스리던 위수(渭水) 남쪽의 속국인 것처럼 소개하고 있지만 대개 주나라 밖의 남쪽 나라 노래들이다. 초(楚), 오(吳), 월(月)의 남쪽 나라 노래인 것이다. 주남, 소남의 시편들 중 위수(渭水)의 노래는 찾아볼 수 없다. 거의가 강수(江水: 양자강), 한수(漢水), 회수(淮水), 여수(汝水) 등 주나라 밖의 남쪽 나라의 노래이다. 적어도 황허문명과는 인연이 없는, 거리가 먼 시편들이다.

풍(風) 가운데서도 주남, 소남은 정풍(正風)이라고 하고 나머지를 변풍(變風)이라고 하였다. 주남, 소남을 얼마나 중하게 여겼는가를 알 수 있다. 주남, 소남의 정체가 더욱 궁금해진다. 이것을 정확하게 밝히면 일찍이 시가문명을 꽃피운 지역, 고대 문화와 문명이 발달된 지역이 어느 지역인가를 알게 됨은 물론이다.

≪시경≫의 중요성에 대해서는 다시 말할 필요도 없을 것이다. 인류사적으로 보면 문자가 제대로 정립되지 않았고 그 문자가 일반에게 널리 알려지기 전에는 주로 노래에 의해 중요한 문화적 내용들이 전해졌는데 그렇게 볼 때 시경은 중국 고전경전 중에서도 그 핵심이라고 하지 않을 수 없다. 시경은 고대 중국인들의 성경과도 같은 일반 민중들의 교과서 역할을 하였을 것으로 여겨진다.

주자(朱子)는 "국중(國中)에서 얻은 것은 남국의 시를 섞어 주남(周南)이라고 일렀으며 (중략) 남국에서 얻은 것은 다만 소남(召南)이라고 일렀다."고 하였다. 이는 다시 말하면 특정 지역을 알 수 없는 남쪽지방의 시라는 것이다. 이것은 무엇을 말하는가?

그러나 정작 주나라 초창기에는 주남과 소남은 주나라 땅도 아니거니와 주나라 제후국도 아니다. 주남, 소남의 지역은 요순(堯舜) 이래 묘족(苗族)의 지역이다. 초나라의 왕세계(王世系)에는 시조부터 웅역(熊繹)이고 그 웅(熊) 자는 초나라의 모든 왕의 이름에 붙어 있다. 초나라 이전의 조상들도 웅려(熊麗)이고 혈웅(穴熊) 등이 보인다. 이는 곰을 섬기는 부족임을 말해 준다. 초나라의 시조신은 전욱(顓頊)이고 하은(夏殷)의 시조신은 제곡(帝嚳)이었으며 요순(堯舜)의 첫 도읍지가 초나라 옛 땅인 동정호 남쪽 창오(蒼悟)였다는 사실과 결부해 보면 어떤 생각이 떠오른다. 창오의 구의산(九疑山)에는 순임금의 묘인 중화묘(重華廟)가 있고 굴원은 자살하기 직전에 중화묘에서 통곡한다.

혹시 중국에는 주나라가 은나라를 치고 패자로 등장하기 전에 황허를 중심으로 한 은허(殷墟)의 문화와 요순 이래 양자강을 중심으로 한 묘족의 문화가 양립하였고, 그 묘족문화의 백미가 시가문화인 주남, 소남이 아닐까 하는 생각이 든다. 여기에 이르면 초나라 왕족의 후예인 굴원의 문학적, 문화적 의미가 새롭게 떠오른다. 굴원이 쓴 초사의 긴 시들은 굴원의 생존연대인 BC 34~3 BC 277년으로 볼 때 예서체(隷書體)의 한문이 출현하기 이전에 약 70여 년 전의 작품들이다. 어쨌든 다른 서체로 써진 것을 한문으로 번역해 놓은 것들이다.

≪이소(離騷)≫의 첫 구절은 문명의 단초를 풀어 줄 위대한 구절이다.

"고양제의 묘족 후예여!(帝高陽之苗裔兮)"

흔히 묘예(苗裔)를 단순히 후손(後孫)으로만 번역한다. 이러한 단순한 번역은 양자강 유역의 문화, 초나라의 문화, 주나라 이전의 문화를 모르거나 은폐하는 데서 비롯되는 것이다. 아마도 주나라는 황허문화를 이루기 전에 남쪽지방에서 융성했던 시가문학, 묘족의 문화적 세례를 받고 이것을 새롭게 해석하고 발전시켜서 하화문화(夏華文化)의 기초를 이룩한 것으로 보인다.

주나라가 등장한 이후 남쪽은 변방이 되었으며 중국 역사에서 대체로 중심에서 비켜나게 된다. 물론 중국사는 여러 북쪽 나라와 남쪽 나라, 혹은 남북조시대도 있었지만 북쪽의 주도권을 인정하지 않을 수 없을 것 같다. 북쪽의 주도권은 바로 황허문화 중심을 의미한다. 만약 주남, 소남이 남쪽 문화의 것이라면 중국 역사와 문화가 황허 중심으로 전개되고 기술되기 전에 양자강 중심으로 먼저 번창하였음을 시사해 주는 대목과 단서가 된다.

남쪽 문화의 대변자는 바로 초(楚)나라의 문화라고 해도 과언이 아니다. 그러나 초(楚)의 문화는 어딘가 권력의 중심에서 비켜나고 서정과 울분과 실망과 은둔, 그리고 은일의 정서를 엿보게 한다. 인류사를 보면 대체로 북쪽의 척박한 곳에 있는 나라가 남쪽의 풍요한 지역에 있는 나라를 정복하는 경우가 많다. 이는 역사의 아이러니라고 하지 않을 수 없다. 환경이 좋고 풍요로우면 도리어 전쟁과 경쟁을 싫어하고 사람들도 전투적이라기보다는 평화를 추구하고 시와 예술을 사랑하는 풍월적(風月的)이 되는 경향이 있다. 중국사에서도 예외가 아닌 것 같다. 중국은 북쪽 유목민족을 항상 경계하지 않으면 안 되었는데 중국 내부에서는 또한 북쪽 황허강 문화가 남쪽 양자강 문화를 지배하게 되는 경향을 보인다. 중국의 남쪽 초(楚) - 양자강 문화는 그런 패권경쟁에서 물러나는 정한(情恨)과 은일(隱逸)의 문화를 일찍부터 배태한 것 같다.

시경을 어떻게 배워야 하는 대지(大旨)에 대해 주자(朱子)는 이렇게 말한다.

"이남(二南: 周南, 召南)에 근본을 두고 그 단서를 찾고, 열국(列國)의 풍(風)을 참고하여 그 변(變)을 다하고, 아(雅)에서 바루어 그 규모를 키우고, 송(頌)에 화(和)하여 그 그침(귀결)을 요약하여야 한다."

주남, 소남의 지역이야말로 중국문명의 원천(源泉)의 하나임에 틀림없다. 초(楚)의 사부(詞賦)는 그 전통을 가장 많이 계승하고 발전시킨 장르이다. 초의 사부를 시경과 비유한 대목에 유의해 보자.

회남왕(淮南王) 유안(劉安)은 이렇게 말했다. "국풍(國風)은 여색을 좋아하였으나 음탕하지 않고 소아(小雅)는 원망하고 비방하였으나 어지럽지 않은데, 이소(離騷)로 말하면 이 두 가지를 겸했다고 이를 만하다."

송경문공(宋景文公)은 말했다. "이소는 사부(詞賦)의 조종이니, 후인들이 사부를 함에 비유하면 지극히 방정(方正)하여 구(矩)를 가할 것이 없고 지극히 둥글어 규(規)를 벗어나지 않는 것과 같다."

주자(朱子)는 말했다. "시경(詩經)은 흥(興)이 많고 비(比)와 부(賦)가 적은 반면, 소(騷)는 흥(興)이 적고 비(比)와 부(賦)가 많으니, 반드시 이것을 구분한 뒤에야 말의 뜻을 살필 수 있을 것이다."

어쩌면 중국의 상고역사는 주(周)가 패권을 잡고부터 그 이전의 동이(東夷)의 패권역사를 자신의 역사로 편입한 것인지도 모른다. 여기에 한자(漢字)라는 문자의 사용은 결정적 열쇠를 쥐었던 것으로 보인다. 주(周)나라 이전의 역사는 실지로 동이(東夷)와 서이(西夷), 한국과 중국의 공동의 역사라고 하는 편이 옳은 것으로 보인다. 역사에서 후대에 패권을 잡은 자가 전대의 역사를 자신의 역사로 편입하는 일은 흔한 일이다. 이는 역사와 권력의 '강자의 논리'에 해당한다. 그런 점에서 고대 삼황오제는 주나라가 자신의 정권의 합리화와 정복지에 대한 민족통합 및 정체성 확립의 과정에서 발생한 역사 및 신화조작으로 보는 것이 현명한 역사적 태도인 것 같다. 말하자면 동북공정(東北工程)이라는 것이 고대에도 있었던 셈이다. 역사에서 민족과 나라는 변하지 않는 요지부동의 것이 아니다.

실제 우리가 중국, 중국이라고 입버릇처럼 말하지만 실은 중국이라는 나라가 지구상에 등장한 것은 바로 최근세사의 일이다. 그 이전에 중국은 북방족과 남방족의 교체의 역사였다. 실지로 오늘날 중국 정부 당국은 한족(漢族)을 마치 인구의 95%인 양 말하고 있지만 실은 고대로부터 이어져 온 순수 한족은 거의 없을 것이다. 역사적으로 한족은 북방족으로부터 계속 밀려서 실지로 지금의 복건성을 비롯한 양자강 남쪽 지방에 있다고 보는 편이 옳다. 그러한 점에서 중국 한족(漢族)은 한족이 아니라 혼족(混族)이며 소수민족이야말로 순족(純族)이다. 실지로 혈통적으로 볼 때 오늘날 한족이라고 하는 대부분은 가까운 시대를 지배한 원(元)의 몽고족이나 청(淸)의 만주족 등 북방족이 주류를 이루고 있을 것으로 보인다. 한족(漢族)은 단지 '한자(漢字)를 국자로 사용하는 족속(물론 한국과 일본을 제외한)'이라는 의미로 정체성을 받아들여야 할 것이다.

역사는 이주(移住)한 자의 것이 아니라 어느 지역을 점령한 자, 일정한 어느 지역에 거주한 자의 것이다. 다시 말하면 점령하고 거주하는 자는 반드시 역사를 쓸 필요가 있고 다시 쓸 필요에 직면하게 된다. 그래서 지역의 주인이 바뀌면 다시 쓰이는 것이 역사이다. 역사를 정태적으로 보면 결코 제대로 생멸하는 동태적(動態的) 역사를 구성하지 못하는 결과를 초래한다. 역사를 볼 때 흔히 정태적(靜態的)으로 보는 함정에 빠지기 쉬운데 이렇게 볼 경우 고정된 국가주의나 민족주의의 틀에 얽매여 흐름과 변화, 정복과 이주를 무시하기 쉽다. 고대사를 정리함에 있어서 오늘날 한민족이라고 하는 것도 실은 이질적인 민족의 이주에 의해 중층적으로 구성되었을 가능성이 높다. 역사를 정리함에 있어서 전대의 개념을 가지고 후대를 압박하거나 후대의 개념을 가지고 전대를 소급하는 태도는 금물이다. 특히 신화적 태도는 역사를 신화로 만든다.

단군연구에서 '그것이 신화냐, 역사냐'라는 이분법은 곤란하다. 그보다는 단군신화 속의 역사를 밝히는 것이 목적이 되어야 한다. 역사학이나 신화학에서 역사를 신화로 만드는 것도 문제이지만 신화를 역사로 만드는 것도 문제이다. 이는 역사적 혹은 신화적 담론 구성에서 신화의 역사화와 역사의 신화화와는 별개의 문제이다. 지금까지 국가시대는 초기 철기시대(청동기 후기)와 때를 같이하는 것으로 인식되어 왔다. 그러나 국가의 구성요건이 반드시 철기의 사용은 아닐 것이다. 문제는 인구집단의 규모인데 그것이 크면 지배집단이 생기면서 계급이 분화되고 분업이 이루어져 전문 직업집단이 등장하게 된다. 통치자로서의 왕이 출현하면 초기국가시대라고 할 수 있다.

우리는 흔히 '동이족(東夷族)＝한민족'이라고 하지만 여기엔 만주족 등 기타 북방 여러 민족이 포함된 개념이다. 대체로 동아시아, 혹은 동북아시아 역사를 보면 동이족의 나라가 먼저 문화의 중심에 선 것으로 보인다. 물론 동이라는 말 자체가 중국 대륙의 서쪽에 있던 서이족이 붙인 이름이지만 동이족은 적어도 청동기시대까지 이 지역에서 패권을 잡은 것으로 보이며 이 때문에 중국과 청동기의 종류도 다르다. 이것을 북방식, 혹은 요령식(遼寧式)이라고 한다. 동이족의 사람들은 대륙의 서쪽에 있던 민족을 서이(西夷)라고 불렀는데 결국 동서에 포진하고 있던 민족들이 서로를 그렇게 부르면서 대륙의 중앙의 진출과 패권을 노렸던 것으로 보인다.

최근에 발굴되고 있는 중국 하북성(河北省) 발해만(渤海灣) 일대의 홍산문화(紅山文化: 기원전 4500～기원전 3000년)는 요하를 중심으로 신석기 후기의 옛 조선의 문화와 문화권을 나타내고 있는 것으로 보인다. 특히 홍산문화 만기(기원전 3500~기원전 3000년) 우하량(牛河梁)문화는 단군과 밀접한 관계가 있을 것으로 보인다. 그동안 중국 고고학계에서는 중국의 기원을 황화문화의 앙소(仰韶) 문화(기원전 4000년경)로 보아 왔다. 그러다가 장강 하류의 하모도 (河姆渡)문화(기원전 5000년경)가 발견되면서 중화문명의 2대 원류 지로 보았다. 최근에 요서지역 소하서(小河西)문화(기원전 7000년 경)가 발견되면서 중국문명의 3대 원류지로 하지 않을 수 없었다. 우하량문화에서 기원전 3000년까지 올라가는 대형제단과 여신묘, 적석총군 등이 발굴되어 초미의 관심을 끌었다.[55]

홍산(紅山) 우하량문화의 주도세력인 곰 토템족은 단군신화의 웅 녀족일 가능성이 있다. 특히 이곳 우하량 제2지점에서 발견된 원형 과 방형의 제단유적은 천원지방(天圓地方)사상의 원형이자 북경 천 단구조의 원형이라고 할 수 있는 제단유적이 나왔으며 실물 크기 의 여신 두상(頭象)이 나와 관심을 끌었다. 홍산은 적봉시(赤峰市) 구(區) 북부 근교인 영금하(英金河) 동쪽 해안에 있다. 산 전체를 구성하고 있는 암석이 자홍색(紫紅色)을 띠어 홍산(紅山)이라고 이 름을 붙였다. 대체로 유목과 농업문화가 만나는 양상을 보이고 있 다. 전통적으로 동이(東夷=현재 중국의 東北三省)지역과 하화(夏 華)지역의 중간지역이라는 점에서 눈길을 끈다.

고대 동아시아 및 중국문명을 이룬 양자강(長江), 황허강(黃河) 일대의 고대문화를 보면, 지역후강(后岡) 1기 문화가 산동반도 바 로 위에 있고, 앙소(仰韶)문화의 반파(半坡)유적지가 섬서성 지역에 있고, 대문구(大汶口)가 산동반도(옛 은나라 유적지로 청구배달국의

---

55) 우심하, ≪요하문명론≫, 170~194쪽, 2007년, 소나무.

후예 동이묘족 및 동이족이 살던 지역)에 있고, 마가빈(馬家濱)문화와 하모도(河姆渡)문화가 양자강 하류(전통적 동이 제족의 웅거지)에 있고, 대계(大溪)문화가 남쪽 장강 중류의 초나라 지역에 있다. 이들 동이족의 문화를 '옛 조선으로서의 고조선'의 문화라고 한다면 고조선을 평양에 수도를 둔 나라라고 보면 설명력이 떨어진다.

삼국유사를 집필한 일연은 물론 오늘날 상고사의 복원을 주장하는 재야사학자들은 '동이족＝고조선＝한민족'이라는 등식에서 출발하고 있는 듯하다. 그러나 이것은 민족과 국가를 혼동하는 결과를 드러내는 데에 불과하다. 예컨대 국가는 일정한 정치체제, 왕권이 확립되고 수도가 있으며 백성과 독점적인 영토와 주권을 가져야 한다. 만약 고조선이 평양에 수도를 둔 특정의 한 나라라고 한다면 여러 시대와 지역에 걸쳐 있는 동이족의 여러 나라와 문화를 포섭할 수가 없다.

은(殷)나라도 동이족이 세운 나라이다. 하(夏)나라는 서이족이 세운 나라이다. 동이의 세력과 서이의 세력은 패권경쟁으로 상당히 긴 시간을 엎치락뒤치락한 것으로 보인다. 아마도 배달국의 치우천황과 중국에서 국조로 모시는 황제 헌원과의 갈석산 전투는 동이에서 서이로 패권이 넘어가는 분기점으로 보인다. 비록 황제는 전투에서 패했지만 서이지역을 다스리는 제후가 되고 이를 토대로 동아시아의 중심인 황제(黃帝)로 등장한다. 갈석산이 만리장성의 동쪽 끝, 발해만에 접한 것을 보면 더욱 그렇게 생각이 든다. 당시 치우천황은 도전을 해 온 황제를 이기고 복속시킨 뒤 황제를 제후로 봉하긴 하였지만 결국 황제 세력의 급신장을 막을 수는 없었던 것으로 보인다.

중국 청동기와 한국의 청동기는 그 계열이 다르다는 점은 주지의 사실이다. 한국의 청동기는 흔히 스키타이 – 미누신스크 계열이다. 이 청동기를 토대로 성립한 국가가 고조선(고조선＝청동기시대)일 것으로 보인다. 만주와 한반도에서 고대국가의 기틀을 다지는 사람들의 사회는 중국의 기록을 보면 연해주에 숙신(肅愼), 함경도에 예맥(濊貊)이 나타난다. 이것이 대체로 기원전 500년경이다. 그후 기원전 300년경에 예와 맥이 분리되고 새롭게 조선(朝鮮)과 한(韓)이 등장한다. 이들 나라가 사용한 청동기가 바로 스키타이 계열의 청동기이다. 비파형동검(요녕식동검), 다뉴세문경(多紐細文鏡), 청동방울이 그 대표적인 유물이다. 이 유물들이 분포한 지역이 고조선의 문화권으로 보인다. 아마도 동이족의 영역과 역사가 고조선의 것으로 후에 대체된 것으로 보인다. 은나라 이전에 동이족의 나라가 여럿 있었을 것인데 아마도 그것이 삼황오제인 것 같다.

여기서 잠시 문명사적으로 고조선에 대한 개략적 설명을 해 보자. 조선은 하나의 명칭이 아니라 여러 명칭으로 불렸던 것 같은데 고조선이란 이를 통칭한 것이다. 당시 중국 서이 사람들은 동이(東夷)를 조선(朝鮮: 潮仙), 발해(渤海), 예맥(濊貊), 마한(馬韓), 진한(辰韓), 변한(弁韓) 등으로 불렀다. 이 지역은 옛 청구(靑丘)의 지역이다. 이들 지역은 대체로 지금의 황해를 중심으로 한반도와 만주, 그리고 중국 동남부를 잇는 말발굽 모양으로 이루어졌던 것 같다. 이를 유럽의 지중해문화권에 견주어서 발해만문화권이라고 해도 손색이 없을 것이다. 청동기시대에는 동이가 서이를 눌렀는데 철기시대에 들어오면서 서이가 동이를 눌렀던 것 같다. 말하자면 문명의 중심이 이동한 셈이다.

후발문명국은 반드시 선발문명국의 문화를 섭취하고 자신의 것으로 만들기 마련인데 이는 문화의 확대재생산의 법칙에 따른 것으로 당연한 것이다. 이는 문화의 원류만을 따져서 누구의(어느 민족의) 것이라는 둥 소유권을 따지는 것은 어리석은 일이며 대체로 쇠퇴한 선발문명국의 후손들이 그러한 과거지향적 입장을 취하게 된다. 서이인 중국에 대해서 동이인 한국이 대하는 태도는 그러한 것에 속한다. 후발문명국인 서이(西夷)는 동이(東夷)의 신화를 자신의 신화로 덮어씌우고 동아시아 문화의 적통으로 나선다. 춘추전국시대, 진(秦), 한(漢)은 철기문화에서 앞선다. 그래서 통일국가를 일찍 세우고 한반도로 세력을 확장하였던 것이다. 새로운 철기로 농업생산에서 앞섰던 진(秦), 한(漢)은 동아시아의 패자로 나선다.

청동기시대까지는 패권을 잡았던 소위 동이(東夷)세력들은 철기를 늦게 받아들인 탓으로 철기의 시작과 함께 농업생산의 급성장과 무기체계의 우수성이 확보된 서이(西夷)에 밀렸던 것으로 보인다. 문명에 도구체계와 무기체계의 변화는 문명의 이동과 패권경쟁에서 결정적 계기가 된다. 동이족보다는 서남쪽에 위치하면서 철기의 도입과 농업생산성에서 앞섰던 서이는 패권을 잡기 시작하고 소위 오늘날 중국 대륙, 중화(中華)=하화(夏華)를 이루는 결정적 계기를 잡는다. 고(古)조선(朝鮮)을 동이족의 여러 나라로 보지 않고 하나의 나라인 '고조선(古朝鮮)'으로 보는 것은 다분히 중국의 서이에 밀리고 도리어 제후국으로 떨어진 동이에 속하는 한국(고려, 조선)이 선조의 고대사를 회복하고 정체성을 갖기 위해 연맹체적 성격의 고조선을 '하나의 나라'로 쓴 것으로 보인다.

이는 민족을 국가로 쓴 경우이다. 이는 또한 역사를 신화로 쓴 경우이다. 인간이 살아가는 데 있어서 역사보다는 실은 신화가 더 중요하다. 이주의 민족인 한민족은 신화를 갖는 것이 급선무였다. 이것은 결정적인 외침을 받을 때마다 요구되는 것이었다. 그렇지 않으면 중원을 차지하고도 오늘날 역사에서 사라진 북방족의 많은 나라들처럼 되기 십상이기 때문이다. 동아시아는 이제 한족(漢族) 대 한민족(韓民族)의 역사로 집약되고 있다. 여기에 한반도에서 건너간 일본이 있다. 중국, 한국, 일본은 당시 동아시아에서 삼각구도를 이루며 문화능력에서도 서로 주도권을 잡기 위해 경쟁을 하고 있었던 것으로 보인다.

중국 대륙의 통일국가는 저절로 동아시아의 고대사를 자신의 역사로 편입하면 되었지만 한반도의 통일국가는 대륙의 중원을 잃음으로 인해서 새로운 구심점을 만들지 않으면 안 되었을 것으로 보인다. 이것이 단군신화이다. 이제 단군은 제대로 신화가 되어야 한민족이 살아날 수 있다. 신화야말로 국경을 넘어선 문화이고 문화능력이다. 국경선은 언제나 달라질 수 있다. 그런 점에서 신화야말로 영원한 역사를 보장받는 신표(信標)이다. 그렇다고 보면 오늘의 한민족은 삼국유사보다 더 설득력 있는 신화를, 구약을 오늘에 써야 한다. 이는 오늘의 국경을 넘어서서 상고사를 복원하고 그것을 바탕으로 민족 대서사시를 써야 함을 의미한다.

"단군은 신화다. 그러기에 더 힘이 있다."

신화는 살아 있는 역사이기 때문이다. 우리는 더 확실한, 살아 있는 신화를 써야 한다. 역사는 지배자의 기록이지만 신화는 민족의 노래이기 때문이다.

주채혁은 앞에서도 언급하였지만 고산지역의 조족(朝族)이 소산지역의 선족(鮮族)을 정복 통합한 국가라고 주장했다. 그는 다음과 같이 웅녀전설과 고조선 건국을 말한다.

"레나 강 북극해권에는 호랑이는 추워서 못 살고 곰은 잘 사는데 특수 목축인 유목의 경우에 순한 순록(馴鹿)의 유목이 먼저 시작되고, 아무르 강 태평양권 몽골 스텝에서도 북극권에서 추워서 못 사는 양(羊)의 유목이 사나운 말을 타고나 대규모로 이뤄질 수 있었다. 말은 금속 재갈을 물려야 탈 수 있으므로 청동기 – 철기시대 이후에나 그것이 가능했다. 레나(大水) 강 북극해권에서 유목생산을 먼저 시작한 곰 토템족은 힘이 넘쳐서 아무르 강 태평양권으로 진출하게 되었는데 여기서 호랑이 토템부족과 대흥안령 북부 선비족의 가셴둥(가仙洞)이나 고구려의 집안(輯安)의 국동대혈(國東大穴) 같은 동굴 근거지 쟁탈전이 벌어졌다. 당연히 선진 곰 토템족이 범 토템족을 내쫓고 동굴을 독점해 살면서 환인천제인 환웅과 결혼해 곰녀의 자손을 낳게 됐는데 그게 임금의 혈통을 타고난 천손족 한민족일 수 있다는 것이다."56)

양(羊)의 등장은 유목의 본격화를 의미한다. 북방 유목민족의 경우, 순록의 먹이인 이끼를 따라 이동하는 순록치기의 유목민에서 보다 본격적으로 유목의 동물 종을 늘리는 일이었다. 동시에 이것은 이끼에서 풀(꼴)로 먹이의 중심을 변화하는 것이기도 하였다. 유목민족사는 크게 '바이칼 호' 지역(북극해권 몽골스텝, 대흥안령)과

---

56) 주채혁, <유라시아 몽골리안 루트, 시온(鮮)의 길-조선(朝鮮)의 선, 한반도 아닌 몽골이란 루트->, ≪한민족 국제학술대회 논문집≫ 4집, 138∼221쪽, 도서출판 한민족, 2007년.

'만주벌판' 지역(태평양권 몽골스텝, 소흥안령)으로 나뉠 수 있는데 특히 만주벌판 지역은 국가 혹은 제국의 건립과 긴밀한 관계를 맺는다. 양의 유목과 더불어 인구의 급진적인 팽창과 식량의 확보가 이루어졌기 때문이다. 유난히 중국 삼황오제 중에서 양과 관련이 있는 인물이 적지 않다. 착할 선(善) 자와 아름다울 미(美) 자는 양(羊) 자에서 비롯되었다. 그런데 조선(朝鮮)의 선(鮮) 자는 바로 양(羊)과 물고기 어(魚) 자의 결합이다. 이것은 바로 양과 물고기에 의한 생존을 의미한다.

중국의 삼황오제와 한국의 고조선시대는 비슷한 시기의 역사이면서도 신화조작의 냄새가 많이 난다. 이 시대의 역사가 대체로 신화적 텍스트로 남아 있어 정확하게 그 의미를 해독하는 것은 쉽지 않다. 그러나 중국과 한국이 서로 공유하는 부분이 많다. 그 까닭은 북방의 유목민족과 남방의 농경민족 사이에 정복과 동화와 이동이 빈번하였기 때문이다. 여기서 정체성과 각자의 민족 고유의 뿌리를 찾는 일은 자칫하면 서로 아전인수의 역사를 쓰기 십상이다. 특히 후대에 형성된 개념으로 전대의 역사를 기술하고 신화를 해석하는 태도는 국수주의로 흐를 위험마저 있다. 이는 역사가 아니라 현재의 정치에 불과하며 이는 영토전쟁이나 문화의 소유권 논쟁으로 비화될 조짐마저 있다. 영토와 문화는 항상 변하고 흘러왔다는 사실을 인지할 필요가 있다. 한국과 중국 모두 국수주의에서 벗어나야 진정한 문화를 바라볼 수 있다.

고조선의 역사는 큰 윤곽은 나오는데 실지로 역사시대에 가까워지면서 연속성에서 결여되고 있다. 치우천황 단계가 군장국가(chiefdom state) 단계였다면 적어도 고조선은 초기국가 단계에 들어가야 하는

데 그 단계로서는 사료와 유물이 부족함을 면치 못한다. 이렇게 볼 때 평양을 중심으로 한 고조선, '평양 고조선'은 그 이전의 동이족(한민족, 만주족을 비롯하여 동북아시아 일대의 여러 유목민족을 포함)의 역사를 신화적 수법으로 고조선에 끌어다 붙인 것이 아닌가 짐작된다.

이는 이주정복민의 뿌리 찾기 의식으로 볼 때 당연한 것이다. 물론 치우천황의 역사도 '환웅시대(배달국)'로 그 앞에 붙어 있고 그 이전의 수메르 문명권에서 시작하여 스키토 시베리아, 중앙아시아 지역의 역사인 '환인시대(환국)'로 묶어서 말이다. 고조선의 역사는 유목민족의 이주의 역사를 집약한 것으로 보인다. 이는 물론 몽고라는 대제국이 고려를 침략하였을 때 민족적 정체성을 강화할 필요성의 증대에 의해서 이루어진 것이다. 역사의 아이러니는 참으로 신비하다. 북방기마민족이 남방농경민족에 동화되었다가 다시 북방기마민족(몽골)의 침략으로 다시 북방기마민족의 민족혼을 복원하려고 하다니!

일연의 ≪삼국유사≫가 쓰인 때는 몽고의 침략시기인데 몽고라는 제국이야말로 유목민족이 이룩한 중세 대제국이 아닌가. 그것으로 인해서 그 이전, 서기전 2333년의 고대 유목제국 고조선의 역사가 무의식의 지층에서 잠들고 있다가 기지개를 켜고 부활하게 되는 계기가 되었으니 말이다. 그 부활의 무대는 농경민족의 한(漢)나라에 의해 정복의 대상이 되었던 '평양 고조선'에서였으니 말이다. 아마도 평양은 한민족의 북방 중심이었기 때문일 것이다. 평양은 한반도를 지키기 위한 마지노선이다. 만약 평양을 한민족이 아닌 다른 민족, 예컨대 한족의 중국에 빼앗기면 한민족은 사라질 운명에 처하게 된다.

삼국유사를 쓰는 과정은 일견 적에 의해서 자신을 깨닫는 것 같지만 그것이 아니라 잃어버린 자신에 의해서 자신을 깨닫는 집단무의식의 자아회복 과정이라고 말할 수 있다. 몽골은 그 매개역할을 한 셈이다. 주채혁의 말대로라면 몽골은 맥고구려이니 말이다. 역사에서 자기를 적으로 착각하는 자기배반적인 역사도 있고, 반대로 적을 자기로 착각하는 자기배반적인 역사도 얼마든지 있다. 이는 결국 역사에서 불변의 '아(我)와 피아(彼我)'는 없다는 것이다. 역사와 문화는 공유되는 것일 따름이다. 우리역사에서 만주는 '적이냐, 친구(자기)냐' 하는 대명제에 봉착하게 된다. 혈통으로는 친구이고 국가로는 적이다. 만약 혈통(민족)과 국가가 서로 경쟁을 한다면 당연히 국가가 우선한다. 혈통이란 국가보다는 현실성이 부족하고 전근대적인 것이다. 한 민족이 다른 국가를 구성할 수 있다. 그러나 한 국가가 다른 민족에 의해 갈라지면 퇴행적이다.

단재 신채호의 '아와 피아'의 사관은 일제의 식민지배에 시달리던 피지배 민족으로서 주체적인 역사를 회복하기 위한 한시적인(시대적 당위로서) 사관이었던 셈이다. 정확히 한민족의 정체는 누구이며, 한족의 정체는 누구인가? 솔직히 규정할 수 없다. 역사의 정복이주 과정과 문화의 전파 과정이라는 것은 흔히 적과 친구를 구별할 수 없을 정도로 뒤섞이게 된다. 예컨대 정복이주민과 피정복민 사이의 관계는 결국 서로 피가 섞이고 동화되다 보면 적과 동지, 나와 남을 구별할 수 없게 된다. 이것이 민족과 문화의 동화(同化)의 원리이다. 이 동화의 원리 앞에 어떤 것도 도전할 수 없다.

예컨대 어떤 강대국이 다른 나라를 정복할 수 있지만 동화의 원리를 정복할 수는 없는 것이다. 결국 역사에서 자아와 정체성은 없는 것이다. 이것은 역사적 허무주의가 아니라 무(無), 공(空)을 체득한 실성(實性)이다. 역사적 자아란 단지 현재의 정치적 이유로 해서, 강제적으로 혹은 의식적으로 주입시킬 따름이다. 이것이 역사라는 것이다. 그래서 역사를 전쟁－정복사, 영토－국가사로 보면 아무런 실속이 없다.

역사를 문화로 볼 때 뿌리 찾기도 의미가 있는 것이다. '인간은 움직이는 동물이고, 먹어야 사는 동물'이라는 대전제가 역사 밑에 깔려 있다. 이것이 역사생태학이고 나아가서 문화생태학이다. 동시에 뿌리 찾기를 끝까지 하면 결국 신화에 도달하는 수밖에 없다. 그 신화에는 한 민족뿐만이 아니라 여러 민족이 걸려 있고 결국 '인류는 하나'라는 결론에 도달한다. 고조선과 배달국, 환국을 주장하는 재야사학자들의 맹점은 뿌리 찾기에 있는 것이 아니라 그것으로 인해서 불가피하게 만주족을 비롯하여 여러 북방유목민족들이 고조선의 역사의 주체가 되지 않을 수 없다는 데에 있다. 이는 고조선의 역사가 소위 협의의 '한민족(오늘날 한국의 한민족)'의 역사가 아니라는 결론에 도달하게 한다. 동시에 중국 대륙과도 수없이 많은 정복－피침, 주고받음의 과정이 있었는데 이것을 무엇을 기분으로 명확하게 자를 수 있는지, 그러한 학문적 칼이 있는지 알수 없다.

재야사학자들의 일파 가운데는 중국의 삼황오제(三皇五帝)의 역사가 동이족의 역사이고 따라서 한국의 역사라는 것이다. 물론 상당부분 설득력이 있는 곳도 있다. 화하사(華夏史)는 동이사(東夷史)에서 떨어져 나간 역사라고 한다. 따라서 동북아시아의 역사의 주체는 어디까지나 동이＝조선＝한국이라는 것이다. 누가 역사의 정통이냐를 두고 싸우는 것은 이미 그것이 정치적인 것이다. 마찬가지로 중국도 동아시아 역사를 중국 한족 중심의 변방사로 보려고 한다. 엄정하게 보면 중국과 한국, 그리고 동아시아의 여러 나라들은 수많은 정복이주와 피의 섞임으로 이루어진 한자문화공동체이다. 역사를 정치적으로 이용하려는 것은 현실 역사에서 종종 등장하는 테마이지만 결국 그러한 움직임은 역사 속에 묻히고 만다. 남는 것은 인간의 삶과 면면한 이어짐이다. 지금도 역사는 변하고 있고 국경은 변하고 있는 것이다.

동북아시아의 역사는 유목민족 대 농경민족의 대결로 압축되는데 초기에는 북방 유목민족이 앞섰으니 남방 농업민족의 생산성의 확대와 더불어 그 주도권이 서서히 중국 쪽으로 이동하게 된다. 여기에 유목민족이 주기적으로 대응하면서 주도권을 교체하는 가운데 중국 대륙에서도 진(秦)-한(漢)-당(唐)-송(宋)-명(明)의 한족 라인과 요(遼)-금(金)-원(元)-청(淸)의 북방민족 라인이 각축한다. 여기에 만주를 포함하는 한반도에서도 북방민족이 주류를 이루었으나 중국에서 이주세력을 받아들이면서 피는 북방족 우세인데 문화는 남방문화를 흡수하면서 서서히 중국화하는 경향을 보인다. 한국의 경우도 예외가 아니다. 그래서 급기야 같은 피를 나눈 북방족을 오랑캐라고 하면서 야만시하고 중국을 사대하는 소중화 의식을 키워 왔다.

한 가지 분명한 것은 나라의 이름이 한 자인 나라는 중국 계열(혹은 중국에 동화된, 중원을 한 번쯤 제패한 계열)이고, 두 자로된 것은 한국 계열이라는 점이다. 한국 계열의 경우, 숙신, 예맥,

선비, 동호, 신라, 고구려(고리), 백제, 발해, 조선, 한국 등이다. 두 자의 나라는 적어도 중화권과 경쟁을 벌이거나 독자성을 유지하고 자 한 나라들의 이름으로 보인다. 왜 중원을 제패한 나라는 한족이든, 북방족이든 나라이름을 한 자로 하고 그렇지 못한 나라는 두 자로 하는가? 참으로 재미있는 대목이다. 후자의 경우 급기야 문화적 독자성을 견지하지 못하고 '소중화'라는 이름 아래 마지막으로 버티다가 드디어 일제 식민이 된 것이 조선의 구한말이다.

중국 대륙은 거대한 용광로와 같다. 아니면 소용돌이와 같다. 여기에 들어가면 중국이 되어 버리고 만다. 세계사적 안목에서 보면 결국 중국 대륙은 거대한 모성, 큰 자궁과 같은 곳이다. 그곳을 정복하였든, 그렇지 않고 그 주변에 있었던 간에 그것의 영향에서 벗어날 수가 없다. 동서양의 문화지도를 보면, 현재 서양의 경우 유럽대륙과 영국, 동양의 경우 중국 대륙과 일본이 대칭관계를 이루고 있다. 단지 유럽대륙은 여러 나라로 나누어져 있는 반면에 중국 대륙은 중국이라는 거대국가로 되어 있다. 여기서 한국이라는 나라는 참으로 애매한 위치에 있다. 유럽의 이탈리아와 동아시아의 한국은 반도국가로서 자주 비교의 대상이 된다.

이 둘의 비교에서 가장 두드러진 것은 이탈리아는 세계제국인 로마를 건설한 후예이고 한국은 그렇지 못하다고 하는 것이다. 그러나 고대사를 보면 일본의 지배족은 가야와 백제에서 건너간(때로는 정복으로, 때로는 이주로) 한민족의 후예들이다. 고대사가 어떻게 복원하느냐에 따라 한국의 경우도 로마와 같이 동아시아를 제패한 나라로 될 수도 있는 가능성이 속속 드러나고 있다. 이러한 것들이 현재 문학작품으로, 혹은 재야사(在野史)로서 등장하고 있지만 앞으로 고고학적 성과나 금석문의 발굴로 인해 새롭게 고대사가 쓰일 수도 있다. 동아시아사의 특징은 서양사에 비해서는 한 나라가 오랫동안 제패하는 것이 아니라 끊임없이 주도세력이 바뀌었다는 점이다.

여기에 유목민족의 후예로서 이동성과 개척성에 대한 한민족의 역사를 환기시킬 시점이 오늘날이다. 바로 그 필요에 직면한 것이 단군, 혹은 고조선에 대한 연구이다. 물론 한국문화는 북방문화와 남방문화의 복합이라고 하는 것이 가장 옳은 답이다. 이것은 유라시아 대륙의 동단(東端)에 위치한 지리문화적 입장에서도 그렇다. 실크로드의 동단(東端), 그 동단 중에서도 동단의 나라인 신라, '천년의 역사'를 지탱한 신라는 참으로 귀중한 연구대상이다. 세계사에서도 한 나라가 천 년을 지속한 나라는 없다. 로마의 경우도 동로마와 서로마를 분리하면 천 년이 되지 못한다. 고조선과 신라를 잇는 것은 민족적으로도, 정체성을 찾는다는 의미에서도 매우 소중하다. 그 한복판에 풍류도가 있는 것이다. 과연 풍류도는 무엇일까?

단군과 치우천황의 역사에 대해서는 앞으로 고고학의 진전에 따라 더욱 밝혀질 것이 자명하다. 분명히 치우천황과 홍산(紅山)문화, 그리고 그 이전의 웅녀(熊女) - 여신(女神) 문화는 면모를 드러낼 것이다. 그러나 그것이 단지 '한민족'의 역사라고 단정하는 것은 아전인수이다. 정확하게는 한민족이 다른 민족과 공유하는 상고시대의 역사이다. 우리는 문화의 공유된 지분을 요구하는 것이다. 문화라는 것은 그 문화의 정수, 말하자면 핵심 프로그램을 이해하는 것이 중요하다. 과거의 문화, 즉 프로그램이 우리조상의 것이었다고 주장하는 것은 '옛날에 우리 집에 금송아지 열 마리 키웠다'는 어리석은 후손에 불과하다.

고조선(BC 2333∼BC 108년)은 약 2,200여 년간 존속한 것으로 주장되는데 이 동안 중국에서는 요순(堯舜)의 당우(唐虞)가 있었고 그다음에 하(夏, BC 2070∼BC 1600년), 상(商, BC 1400∼BC 1046년), 주(周, BC 1000∼BC 265년), 진(秦, BC 221∼BC 207년), 한(漢, BC 202∼AD 220년) 등 여러 나라가 교체한다. 고조선은 바로 한(漢)에 의해 망하게 된다. 고조선은 처음에 단군조선, 다음에 기자조선(?), 위만조선(BC 194∼BC 108년)으로 이어지는데 그동안 중국 여러 나라와의 관계가 제대로 기록된 것이 없다가 한(漢)의 등장과 함께 무제(武帝)에게 쫓긴 연(燕)의 장수 위만에게 공격을 당하여 준(準)왕 때에 망한 것으로 기록되어 있다. 또 그 후에 건국된 위만조선은 우거(右渠)왕 때 역시 한(漢)에 의해 망한 것으로 되어 있다. 그러나 적어도 국제관계상 2,000여 년 동안 주변국과 아무 관계가 없다가 갑자기 한(漢) 대에 망할 때쯤 기록이 등장하는 것을 보면 기록으로서의 신뢰성과 합리성이 결여된다.

≪위략(魏略)≫에 의하면 BC 4세기경에 조선의 후(侯)가 중국의 연과 거의 같은 시기에 '왕'을 칭하였다고 하였는데, 왕을 칭한다고 하는 것은 단지 지배자의 칭호가 달라지는 것을 의미하는 것이 아니라 부족사회가 분명한 국가형태를 갖추게 된 것을 선포하는 정치적 변화였던 것 같다. 따라서 BC 3세기경에는 부왕(否王)과 그의 아들 준왕 등 강력한 왕이 등장하여 왕위를 세습하였던 것으로 보인다. 아마도 중국이 춘추전국시대(BC 8∼BC 3)가 끝나 갈 무렵에 한반도와 만주를 아우르는 지역에서 이에 대항하는 세력이 성장하였던 것 같은데 그것이 고조선이 아닌가 싶다. 그러나 이 고조

선은 동이족을 중심으로 한 옛 조선과는 다른 것이다. 따라서 '고조선'과 '옛 조선'은 엄연히 구분되어야 한다. 평양 중심의 '고조선'은 동이족을 중심으로 한 만주와 시베리아 일대를 장악한 '옛 조선'의 영광을 오버랩시킨 것이 아닌가 생각한다.

고조선의 단군이 등장하는 ≪삼국유사≫는 고려 중후기 때 원의 부마국(식민지)으로 있던 고려가 원나라에 대항하기 위해 중국과 다른 민족정체성 확립차원에서 쓰인 것으로 보이는데 그 목적은 고려도 중국과 나란한 문명국가였음을 표방하기 위한 것으로 보인다. 내용적으로는 동이족의 영역과 문화를 묶어서 고조선이라고 하였지만 정작 '동이족=동이문화'라고 하면 중국과 공유하는 부분이 많고 중국과의 차별성도 기하는 데에도 효과적이지 못하다. 그래서 한(漢)과 경쟁하다가 밀려났지만 평양 부근의 조선을 중심으로 조선(고조선)을 기술한 것으로 보인다. '조선(고조선)=동이=한민족'이라는 등식하에 문화적 정체성을 집중시키는 전략을 택한 것으로 보인다.

고조선 이전의 환국(桓國), 배달국(倍達國)의 경우도 중앙아시아(파미르고원, 알타이산맥)로부터 이동하여 온 조상을 가진 한민족으로서 경로지역이나 어원학적으로 통하는 지역, 같은 지명이 있는 지역 등에 대해서 일종의 역사적 연고권 같은 것을 주장한 것으로 볼 수 있을 것이다. 그래서 환단(桓檀)시대에 대해서는 신화적 역사라고 하는 편이 옳다. 이들 지역에 대해서는 역사성보다는 문화적 상징으로서의 의미가 크다. 그래서 '문화영토'라는 개념이 적합하다. 어느 민족이나 국가도 상고시대 혹은 선사시대로 올라가면 신화적 담론으로 역사를 처리하지 않을 수 없다.

역사적으로 팽창하여 온 중국은 과거부터 동북공정식의 역사기술 태도를 견지해 왔다. 서이(한족)가 동아시아를 제패한 뒤 중국사를 '중국＝서이＋동이'의 역사로 기술하면서 예부터 자신들이 이 일대를 지배한 것으로 역사를 조작하는 한편 동이와 공유하던 삼황오제시대를 자신들의 조상으로 덮어씌운 것이 중국 상고시대의 특징이다. 상고시대의 역사는 자신을 적통(嫡統)으로 바꾸는, 족보조작 방식으로 역사를 정리하였다. 최근세사에는 자신의 영토 안에 있는 모든 나라를 자신의 변방국가(邊方國家)로 처리하는 방식이다. 이것은 신화의 보편적 방식으로 알려진, 위로는 혈통(出系, 天文)을 중시하고 아래로는 영토(地理, 地利)를 중시하는 전략이다. 이 같은 역사정리 방식은 중국으로서는 매우 전략적이고 현명한 것이다. 이것은 중화사상의 발로이다. 그들은 중화사상을 위해 한족(漢族) 95%라는 '한족신화'도 만들어 내고 있다.

한민족의 환단시대나 중국 한족의 삼황오제는 같은 신화적 역사정리 방식의 예이다. 이는 모두 신화조작에 해당한다. 이는 한 지역을 구심적으로 영토를 넓힌 정복국가나 문화적 정체성 확보를 위해 끊임없이 새롭게 역사정리 작업을 해 온 나라와, 이에 반해 끊임없이 이동하여 온 민족이나 영토를 잃은 피침국가 간의 현격한 역사정리 작업의 상반된 태도이다. 한민족은 잃어버린 혹은 거쳐 온 북방지역에 대한 연고권을 신화를 통해서 회복하고자 하는 필요성에 직면하고 있다. 이에 비해 한족은 중원을 중심으로 확장된 영토에 대해 새로운 신화를 써야 할 필요성에 직면하고 있다. 큰집이던 동이(東夷)는 작은집인 서이(西夷)에게 집안의 대통을 빼앗기고 다시 자신의 독립된 가계를 만든 것이 고조선이 아닌가 생각된다.

그러한 점에서 역사는 결국 신화이다. 더욱이 신화가 되지 못하는 역사는 잊힌 역사가 되고, 잊힌 역사는 현재적 힘을 발휘하지 못한다. 역설적으로 역사 책 속에 단지 기록된 역사, 갇혀 있는 역사가 아니라 현재에도 살아 있는 역사를 만들기 위해 반드시 신화가 필요한 것이다. 그러한 점에서 신화를 가지지 못한 민족이나 국가는 결국 불행한 민족이고 불행한 국가이다. 그러한 민족과 국가는 결국 사라질 위험에 처하게 된다. 역사에서 실증이란 단지 일종의 신화적 재료를 제공하는 것에 불과하다. 대륙의 중심에 우뚝 섰든, 대륙의 쟁패에서 밀려 변방이주 세력이 되었든 불가피하게 신화라는 방법으로 역사와 잃어버린 역사를 되찾을 수밖에 없다.

8. 〈묘향산지(妙香山誌)〉,
≪제대조기(第代朝記)≫에 대한 토론

단군에 대한 기록으로 가장 오래된 것은 물론 ≪삼국유사≫의 단군기록이다. 다른 것으로 ≪제왕운기(帝王韻紀)≫가 있다. ≪제왕운기≫는 이승휴(李承休, 1124~1300)가 삼척 두타산에서 은거하면서 쓴 것으로 중국과 우리나라의 역대제왕들을 한시로 읊은 영사시(詠史詩)이다. 상·하권으로 되어 있는데 상권에는 중국의 역사를, 하권에는 우리나라의 역사를 노래했다. 이승휴는 하권에서 우리나라의 역사를 단군조선→기자조선→삼한→삼국(고구려, 백제, 신라)→통일신라, 발해→고려로 이어지는 정통성을 확립한 것으로 유명하다. 그러나 단군에 관한 기록은 별것이 없다.

여기서 단군에 관한 구절을 보면 다음과 같다.

처음에 누가 나라를 열고 풍신, 우신을 함께했다.
석제의 자손이니 이름이 단군이다.
요임금과 나란히 했으니 무진년에 나라를 세웠다. 순임금을 지나 하나라까지 왕위에 계셨다.
은나라 무정 8년 을미년에, 범이 되어 아사달에 입산하여 산신령이 되었다.
나라를 다스리기를 1,028년, 어찌할 수 없는 조화로 환인임금을 이었다.
그 뒤 164년 만에, 어진 사람이 나타나 다시 임금과 신하를 열었다.

初誰開國啓風雲, 釋帝之孫名檀君.
並與帝高興戊辰, 經虞歷夏居中宸.

於殷虎丁八乙未, 入阿斯達山爲神.
享國一千二十八, 無奈變化傳桓因.
却後一百六十四, 仁人聊復開君臣.
(李承休, ≪帝王韻紀≫ 卷下)

≪삼국유사≫의 기록을 이어받아 '석제(釋帝)의 자손'이라고 한
것도 불교적 세계관 그대로이다. 이와 함께 단군에 관한 기록으로
정인지(鄭麟趾, 1396~1478)의 ≪世宗實錄地理志≫ <平安道 平
壤條>의 기록을 들 수 있다.

단군 고기에 이르기를 "상제 환인에게 서자가 있었는데 이름이
'웅'이었다. 인간을 하화(下化: 下化衆生)하고자 뜻을 품어 하늘의
삼인(三印: 徵標)을 받고 태백산 신단수에 내려왔다."고 하였다. 이분
이 환웅천왕이다. 손녀에게 약을 먹게 하여 사람의 몸이 되게 하고,
신단수의 신과 결혼하여 남자아이를 얻으니 이름은 '단군'이다. 나라
를 세워 '조선'이라 불렀다. 조선, 시라, 고례, 남옥저와 북옥저, 동부
여와 북부여, 그리고 예와 맥 등이 모두 단군이 다스리는 지역이다.
단군은 비서갑 하백의 여식을 취하여 아들을 낳아 부루라 하였다. 이
분은 동부여의 왕이다. 단군은 당요와 같은 날에 나라를 세우고, 우
임금이 도산에서 제후를 회합할 때 태자 부루를 보내어 조문하게 하
였다. 나라를 다스린 지 1,038년, 은나라 무정 8년 을미년에 아사달
에 들어가 신이 되었다. 지금의 문화현 구월산이다.

檀君古記云: 「上帝桓因有庶子, 名雄, 意欲下化人間, 受天三印,
降太白山神檀樹下.」 是爲檀雄天王. 令孫女飲藥, 成人身, 與檀樹神,
婚而生男, 名檀君, 立國, 號曰朝鮮. 朝鮮, 尸羅, 高禮, 南北沃沮,
東北扶餘, 濊與貊, 皆檀君之理. 檀君聘娶非西岬河伯之女, 生子曰
夫婁, 是謂東扶餘王. 檀君與唐堯同日而立, 至禹會塗山, 遣太子夫
婁, 朝焉. 享國一千三十八年, 至殷武丁八年乙未, 入阿斯達爲神, 今
文化縣九月山.

(鄭麟趾 撰, ≪世宗實錄地理志≫ 平安道 平壤條)

≪세종실록지리지≫의 경우 '손녀에게 약을 먹게 하여 사람의 몸이 되게 하고'의 기사가 다르다. 이것은 신화의 의미를 완전히 퇴색케 한 대목이다. 조선조 성리학 체계하의 신하다운 재해석이다.

그러나 후대에 가장 관심을 끄는 것으로, <묘향산지(妙香山誌)>에서 인용되는 ≪제대조기(第代朝記)≫가 있다. ≪제대조기≫는 금서로 내용이 제대로 전하지지 못한 게 흠이지만 단군의 새로운 버전(version)으로 주목된다.

≪제대조기≫의 존재를 전한 <묘향산지(妙香山志)>를 쓴 인물은 설암추붕(雪巖秋鵬, 1656~1706)이다. 설암추붕은 조선 숙종 때의 고승으로 당시 불교계의 교과서인 ≪선원제전집(禪源諸詮集)≫과 ≪法集別行錄節要私記(법집별행록절요사기)≫를 저술할 정도로 큰 스님이다. <묘향산지(妙香山誌)>는 그의 시문집인 ≪설암잡저(雪巖雜著)≫에 수록된 것이다. 설암추붕은 대흥사에서 손꼽히는 13대 강사 중의 제5대 강사였으므로 그의 명성과 법력은 대단하였다고 할 수 있다.

그런데 불가의 큰 스님인 그가 왜 <묘향산지>를 남겼을까? 왜 ≪제대조기≫의 존재를 알렸을까? ≪제대조기≫의 존재는 전불시대의 자료가 집대성된 것으로 불교로 보았을 때는 치워 버리거나 불태워 버릴 것이 아니던가. 필자의 생각으로는 추붕의 애향심도 있었겠지만 적어도 당시의 선승들에게는 조상 대대로 전해오는 단군신화나 전설에 대해 애착이 있었을 뿐만 아니라 한민족의 집단 무의식에서 전해 오는 전통, 우리 고유의 것에 대한 애착이 있었을 것으로 보인다. 비록 단군은 고등종교의 '새로운 하늘(天)', '새로운 풍(風)'을 이루지는 못했지만 그래도 고래의 '신(神)', '신선(神仙)'

을 간직한 것이 아닌가.

묘향산은 단군신화에서 환웅천황이 내려온 바로 태백산을 말한다. 그런 점에서 <묘향산지>는 무엇보다 그 장소성에서 자료적 가치의 힘을 얻는다. 묘향산은 또한 임진왜란 때 서산대사(西山大師) 청허휴정(淸虛休靜, 1520~1604)이 머물면서 지휘한 보현사(普賢寺)가 있는 곳이다. 고등종교인 불교의 사찰이 들어옴에 따라 종래의 무교 계통의 신묘(神廟), 단묘(壇廟)는 점차 주변부로 밀려나 없어졌지만 이상하게도 묘향산과 황해도 구월산에는 그것들이 고스란히 남아 있었다. 아마도 단군신앙의 본거지였기 때문이었을 것으로 보인다. 또 이곳에서 나라를 방어하는 호국의 의지가 강했던 것도 우연이 아닐 것이다.

<묘향산지>는 추붕의 설암잡저에도 실려 있지만 이것을 따로 조성한 목판복도 전하고 있으나 간행연도는 확실하지 않다. 목판본은 14장이고 글자 수는 5,400자 가까운 대작이다.

≪제대조기≫에 실렸을 것으로 보이는 대목에서 가장 중요한 것은 바로 다음의 구절이다.

> "환인치자환웅 강우태백산신단하거언 웅일일여백호교통 생자시위 단군 위아동입국지군장 이제순병년(桓仁之子桓熊 降于太白山神檀 下居焉 熊一日與白虎交通 生子是爲檀君 爲我東立國之君長 而帝 堯业年)"

이것의 해석은 다음과 같다.

> "환인의 아들인 환웅은 태백산 신단수에 내려와 그곳에 거주했다. 환

웅은 하루 동안 백호와 교통하여 아들을 낳았는데 그 이름이 바로 단군이다. 단군은 우리 동쪽에 세워진 나라의 군장(임금)이 되었다. 그리하여 임금은 요임금과 시기가 같았다."

≪제대조기≫는 '곰은 바로 환웅이고 환웅은 바로 범(白虎)과 결혼을 하여 단군을 낳게 된다.'는 줄거리다.

≪제대조기≫에 따르면 단군신화는 의외의 논의와 해석의 혼란과 소용돌이를 겪지 않을 수 없다. 어쩌면 전혀 다른 신화적 해석을 요구한다. ≪제대조기≫의 요점을 말하면 환인(桓因, 桓仁), 환웅(桓雄), 단군(檀君)에서 환웅이 천상에서 내려와 사람으로 변한 웅녀와 결혼하여 단군을 낳는 것이 아니라 환웅 자체가 환웅(桓雄)이 아니라 환웅(桓熊)이라는 주장이다. 환웅의 '웅' 자에는 어딘가 곰 토템의 흔적이 있다. 일종의 신화적 겹침이라고 할 것이다. 이러한 겹침은 역사를 압축하는 과정에서 주로 후대(後代)에서 전대(前代)를 바라볼 때 일어나는 것이다. 후대의 것을 전대가 압축하지는 않는다. 거꾸로 전대의 것을 후대가 풀어 외연을 연장할 경우는 드물다.

그것보다는 신화의 이야기 구조에서 곰이라는 변수가 환웅에 포함됨으로써 단군신화의 실질적 내용에서 곰이 완전히 빠지는 것이 되면 신화는 전혀 다른 이야기가 된다. 단군은 환웅천황과 '웅녀의 이야기'가 아니라 환웅천황과 범, 즉 호순이, '호녀(虎女)의 이야기'가 된다. 결국 환웅은 하늘에서 지상으로 내려와 범과 결혼을 하여 단군을 낳는다는 스토리이다. 웅녀의 이야기든, 호녀의 이야기든 천지인, 즉 '천신＋지모신＝영웅탄생의 구조'에는 변함이 없지만 곰의 이야기는 단군신화에서 증발하고 만다.

환웅은 삼신(三神)을 논할 때는 천상에서 내려오지만 지상과 연결을 맺는다는 점에서 '환인＝천신(天神), 환웅＝지신(地神), 단군＝인신(人神)'의 구조에서 지신에 해당한다. 즉 지상적 의미로 변전(變轉)한다. 그러나 지상에서 보면 환웅의 태생은 천(天)이기 때문에 천신의 의미를 갖는다. 이를 환웅 중심으로 보면 '환웅＝천신, 곰 혹은 범＝지신, 단군＝인신'이 된다.

≪제대조기≫에 따르면 환웅이 하늘이고 땅의 지모신(地母神)은 범이 된다. 지모신은 앞장에서도 말하였지만 본래 지모(地母, the Great Mother)로서 신(神, God)이라는 이름이 붙지 않았다. 이것이 후대의 신(神) 개념의 영향으로 지모신(地母神, Great Goddess)이 된다. 천상의 입장에서 천지인을 보느냐, 아니면 지상의 입장에서 천지인을 보느냐에 따라 위치는 달라질 수 있다.

예컨대 음양오행에서 물과 불의 관계도 마찬가지이다. 천지창조의 입장, 즉 천상(天上)에서 보면 물(水)이 북쪽 현무(玄武)이다. 북두칠성은 하늘에 떠 있는 물이며 모든 생명의 정수이다. 불(火)은 하늘 아래(天下)에 있는 남쪽 주작(朱雀)이다. 그래서 물이 1이고 불이 2이다. 그러나 피조물의 입장, 즉 지상(地上)의 입장에서 보면 불(火)이야말로 천상이고 물(水)이야말로 지상이다. 태양은 하늘에 떠 있는 것이 아닌가. 태양은 하늘에 떠 있는 불이며 모든 불의 원천인 셈이다.

이와 같은 전도(顚倒)는 '살아 있는 자의 입장'과 '죽은 자의 입장'에 따라 좌우가 바뀌는 데서도 살펴볼 수 있다. 묘지는 죽은 자의 입장에서 보기 때문에 좌(左)가 청룡(靑龍)이고 우(右)가 백호(白虎)이다. 그러나 묘를 바라보는 살아 있는 자의 입장에서 보면 좌우는 달라진다. 그래서 이것을 분명히 할 필요가 있다. 예컨대 귀신의 방향은 북쪽이다. 그래서 제사상은 북쪽을 기준으로 방향을 설정해야 한다. 귀신의 방향은 북두칠성이다. 생명의 원천은 물이고 북두칠성이다. 이것이 살아가는 자의 입장, 즉 태양숭배로 바뀌면서 문명이 발달하는 것이다.

환인(桓因, 桓仁)은 바로 태양을 말한다. 일찍이 인류의 조상들은 혹은 조상 인류들은 태양계의 가족임을 무의식적으로 느낀 것 같다. 왜냐하면 태양이 없이는 체온동물인 인간이 체온을 유지하고 다른 동식물을 먹이로 하면서 살 수가 없었기 때문이다. 별은 어둠이고 물이다. 그러나 어둠에서 태어난 이상 살기 위해서는 태양이, 불이 필요했던 것이다. 환웅(桓雄, 桓熊)의 이름에는 환(桓)에서 태양의 전통을 잇고 있으며, 웅(雄, 熊)이라는 글자에서 지상과의 관련성을 강하게 풍기고 있다.

웅(雄)은 수컷이고 웅(熊)은 곰이다. 본래 수컷은 암컷에서 나온다. 그래서 자웅(雌雄)이라고 한다. 이것은 음양(陰陽)의 구조와 동일하다. 이것이 문명화되면서, 가부장제화되면서 양음(陽陰)구조로 전도된 것이다. 자연은 음양구조이다. 수컷에서 암컷이 나오지는 않는다. 가부장제 이후의 신화에서 종종 수컷에서 암컷이 탄생하는 신화가 있지만 그것은 일종의 신화적 조작이며 도착이다. 환(桓), 즉 태양은 암컷이다. 환웅(桓雄)은 바로 자웅(雌雄)을 뜻하기도 한다.

종의 번식이 유일무이한 조상 인간의 생물학적 목표였다면 바로 여성이 생산을 하여 자손을 이어 가는 것과 태양이 날마다의 삶을 영위케 하는 것이었을 것이다. 여기서 '태양＝여성'이 됨 직하다. 실지로 애초엔 태양신은 여신이었다. 이것이 가부장제의 성립과 더불어 남신으로 바뀌었다. 이러한 신화적 전략과 전도를 이해하는 것은 신화학에서 매우 중요하다.

환인에서 '태양＝여성', 즉 모계사회를 읽을 수 있고, 나아가서 환웅(桓雄)에서 부계사회로의 전환의 낌새를 느낄 수 있다. 신화와 전설에서 영웅의 탄생은 바로 하늘과 땅의 교접에 의한 것이다. 이것이 앞에서 말한 '천신＋지모신＝영웅탄생'의 구조이다. 수컷 웅(雄) 자는 신화의 해석학에서 힘을 받는 것은 이 때문이다. 그런데 만약 수컷 웅(雄) 자가 아니고 곰 웅(熊) 자라면, 곰이 별도로 없고 환웅 자신이 곰을 대신한다면 지모신을 대신할 동물이 나와야 한다. 이것이 바로 범이라는 것이다.

≪제대조기≫의 특징은 바로 곰과 범이 인간이 되기 위해 마늘과 쑥을 먹고 어두운 동굴에서 누가 이기느냐를 대결하는 대립구도가 아니라 곰과 범은 바로 교접하는 구조라는 것이다. 다시 말하면 ≪삼국유사≫는 '천신＋지모신＝영웅'의 구조에 '환웅천황＋곰녀(熊女)＝단군'을 대입한다면 ≪제대조기≫는 '환웅천황(곰돌이) ＋범(호순이)＝단군'이라는 구조이다. 앞에서도 지적하였지만 원래 신화에서 하늘(天)은 항상 정복이주민이고 땅(地)은 토착민이다. 이 주민과 토착민의 만남에 따라 형성되는 제3의 사람들이 바로 사람(人)이 된다. 단군의 탄생도 그러한 것이다.

신화적 의미에서 볼 때 ≪제대조기≫의 치명적 약점은 바로 동굴에서 통과의례를 거치는 이야기 구조를 무의미화하는 데에 있다. 단군신화에서 동굴의 이야기가 없다면 참으로 삭막하고 신화소(神

話素)가 크게 줄어든다. 이는 신화가 품고 있는 문화의 상징성이라는 기름진 영양분을 포기해야 하는 처지에 있게 된다. 우선 곰이 사람으로 변신하는 구조를 잃는다는 것은 조상인류에서 '곰＝사람'이라는 토테미즘과 샤머니즘의 신화적 치환(置換)과 문화적 집단무의식의 바다를 잃는 것이 된다. '곰＝인간'은 또한 인류가 거쳐 온 원시와 선사의 많은 시간을 압축하고 있는 것이기도 하다. 이 밖에 마늘, 쑥, 3・7(3×7＝21)일, 그리고 곰이 가지고 있는 '은근과 끈기'의 이미지 등 잃는 것이 너무 많다. 이것을 신화적 손실이라고 해도 괜찮을 것이다.

반면에 ≪제대조기≫의 장점은 왜 곰의 토템과 신화가 우리문화의 주변에서 없고 호랑이만 득실거리느냐에 대한 답을 분명하게 한다는 점이다. 다시 말하면 필자의 <단군신화에 대한 신해석>의 글쓰기의 화두가 되었던 '곰은 사라지고 단군이 산신령이 된 까닭은'이라는 물음을 무색하게 한다. ≪제대조기≫는 또한 단군이 죽은 뒤에 산신령(山＝여성＝어머니), 즉 호랑이로 돌아가는 것을 효과적으로 설명하는 데에 있다. 글자 한 자, 웅(雄)이냐, 웅(熊)이냐에 따라 이렇게 달라진다.

≪삼국유사≫와 ≪제대조기≫의 차이는 환웅 속에 '웅'을 집어넣느냐, 아니면 '웅'을 밖에 두느냐의 차이이다. 둘 다 곰을 신화소로 인정하고 있다는 데에 공통점이 있지만 하늘과 땅의 결혼이라는 신화적 담론의 구성에서 '곰'이 주인공이 되느냐, '범'이 조연이 되느냐, 아니면 곰은 탈락하고 범이 주인공으로 발탁되느냐의 차이가 있다. ≪삼국유사≫에서는 범의 역할이 구혼경쟁에서 낙오하는 실패자로의 것밖에 없다. 일종의 담론구성의 들러리이다. 범은 일

찍 퇴출된다. 그러나 ≪제대조기≫에서는 범은 신부가 되어 당당히 여주인공이 된다. 반면에 곰은 환웅 속에 숨어 들어가 버린다. 웅녀(熊女)는 잠적해 버린다.

그런데 문제는 범이 신부가 된다는 것이 우리 문화적 전통에서 어딘가 어색함이 있다. 일종의 '호돌이'가 아니라 '호순이'가 되는 셈인데 여성성이라는 측면에서는 곰이 더 우위에 있는 것은 사실이다. 무엇보다도 호순이의 등장을 얻는 것은 새로운 신화적 지평을 열어 주는 장점이 있지만 '곰녀'의 상실은 크나큰 신화적 영양분을 한꺼번에 잃고 마는 것이다. 우리 문화에서 현재에 살아 있는 신화적 지배력을 보면 호랑이가 단연 우위를 차지하고 정당성도 얻기 쉽다. 그러나 아득한 먼 옛날, 태초에 곰녀를 상실하는 것은 문화적 무의식에서 원초적인, 원형적인 그 무엇을 상실하는 아픔이 있다. 이 곰과 호랑이의 신화적 패권다툼을 해결할 방도는 없는 것인가?

≪제대조기≫에 대해 일찍이 연구를 한 허흥식(2006)은 이렇게 말한다. "단군신화는 삼국유사와 제왕운기의 형태로 양분되지만 묘향산에는 이와 다른 새로운 요소도 있었다. 천신을 구심으로 곰을 조상신으로 삼은 부족과 결합하여 桓熊이 탄생하고, 환웅은 다시 白虎와 교통하여 단군이 탄생하였다고 인용한 雪巖秋鵬의 第代朝記는 단군신화의 새로운 사례이다. 보현사는 행인국의 도읍지나 신사를 다른 곳으로 밀어내고 창건되었다. 묘향산의 천왕봉에 위치하였던 기존의 신사를 밀어내고 보현사가 자리 잡음으로써 동쪽 10리 지역에 단군대를 위시한 구역을 형성하면서 집결되었다."[57]

---

57) 허흥식, ≪한국 신령의 고향을 찾아서≫, 81쪽, 집문당.

허홍식은 이에 앞서 같은 책에서 "기존의 신화는 불교의 전생담으로 흡수되었고, 불교와 관련이 없었던 상고의 국가는 전불시대의 인연으로 통사에 흡수되었다. 일연은 삼국 이전의 국가를 불교의 전생담과 관련된 전불시대의 국가였고 천신을 제석으로 해석하여 불교의 우주관에 흡수시켜 상고를 포함하여 통사로 서술한 역사가였다. 金寬毅는 고려의 왕실의 기원을 八眞仙과 熾盛光如來로 연결시킨 설화를 수용하여 왕실기원을 서술하였으며 이는 신화와 불교의 융합을 말한다. 치성광여래는 북두칠성의 가장 중요한 북극성이고 큰곰자리에 있다. 큰곰은 곧 환웅이고 태양과 달의 맏아들이었다. 환웅은 3,000의 천신을 거느리고 단수가 우거진 신단에 이르렀고 신시를 열었다고 한다. 환웅은 지모신인 백호와 결혼하여 단군을 낳음으로써 개천의 시조를 탄생시켰다."[58]

　오늘과 같이 천문학이 발달되지 않았을 때에 천문(天文)은 신화에 주된 재료였다. 오늘의 천문학에서 보면 태양도 별의 한 종류이고, 달은 태양계에 속한 지구의 한 위성이다. 하늘은 수많은 별과 은하로 이루어져 있다. 은하는 태양계와 같은 것의 집합이다. 또 은하계와 같은 것의 집합이 또 있다. 우주는 그야말로 광대무변하다. 그러나 고대 인류에게는 태양이 우주의 중심이었고 그 중심인 태양과 달의 결혼으로 별이 생겼다고 하였다. 북극성은 그 맏아들이다. 그들에게 태양은 가장 큰 것이었고 달은 그와 어울리는 짝이었다. 문제는 이것의 사실 여부가 아니라 그렇게 상징체계, 상징적 우주를 구성한 것의 의미이다. 환웅천황이 큰곰자리의 북극성을 말하고 그가 이 땅에 내려와 단군을 낳았다는 것이다.

---

58) 허홍식, 같은 책, 39쪽.

이것은 필자가 앞에서 말한 모계에서 부계로의 전환기의 특성과는 정면에서 배치된다. ≪삼국유사≫는 환웅천황이 서자인데 여기서는 환웅이 태양인 환인과 달의 맏아들이다. 이것은 확실히 부계사회로의 완전한 진입과 관련이 있을 것으로 보인다. 묘향산지에 인용되는 ≪제대조기≫의 기록은 ≪삼국유사≫의 연대보다는 후대의 것이 된다면 논리적 정합성을 얻을 수 있다고 여겨진다.

'산신도'에는 대개 호랑이 1마리와 산신, 동자 1명이 있다. 때로는 호랑이 2마리와 여자들이 1명 혹은 2명이 있는 그림도 있다. 호랑이 2마리가 호위하는 분은 환웅천왕이고, 호랑이 1마리가 호위하는 분은 단군왕검이라고 한다. 부인 한 분은 한웅천왕의 부인인 매화부인, 즉 '직녀'이고, 부인 두 분은 단군왕검의 두 명의 부인, 즉 웅심국왕의 딸인 '웅녀(熊女)'와 하백 부소갑의 딸인 '하백녀(河伯女)'이다. 산신도에 그려지는 호랑이는 백호이다. 백호는 서쪽과 금성(金星)을 의미한다. 하늘에서 천제(天帝)의 호위를 담당하는 별이 금성이다. 그러므로 산신도에 모셔진 산신이 금성의 호위를 받는 천제의 화신임을 알 수 있다. 천제의 화신은 곧 천자(天子)이다. '동자'는 '마고(麻姑)'의 외동아들이다. 우리말에 막동이(막둥이)라는 말이 있는데 '막동이(邈東夷)'는 마고에게서 태어난 동이족을 의미한다.

허흥식은 "절에 가면 산신각이나 삼성각을 볼 수 있다. 그곳에 가면 으레 백발의 할아버지(산신령)가 백호를 타고 있는 신선도가 있다. 이것은 바로 환웅이 호랑이(호순이)와 교접을 하고 있다는 뜻이 된다. 오늘날 부녀자가 자식을 얻기 위해 흰 한복을 입고 정안수 앞에서 북두칠성(북극성)에게 비는 것은 바로 자신이 백호가 되고 환웅이 점지해 줄 것을 비는 것이다.”라고 말한다.

그렇다면, 이제 곰이 가지고 있는 상징적 의미소를 찾아보자. 곰은 동굴에서 살고 겨울잠을 잔다. 아마도 인간이 동굴에서 살 적에 가장 많이 마주 친 동물이었을 것이다. 곰은 그래서 먹이가 되고 신령이 되는 토템의 이중성, 즉 이중적 의미를 가지게 되었을 것이다. 이것은 생사(生死)의 의미이다. 인간은 오랜 세월 곰과 더불어 생사의 윤회 같은 것을 느꼈을지도 모를 일이다. 이때는 영육(靈肉)이 구분되지 않았을 것이다. 유라시아 대륙에 걸쳐 있는 곰 신화는 이를 잘 말해 준다. 곰은 조상이고 먹이이다. 머릿속에는 잔뜩 곰의 이미지가 들어 있고 뱃속에는 곰 고기가 들어 있다. 곰의 이미지는 곰의 정령이 되고 곰은 신이 되었을 것이다. 아마도 인류는 곰에게 제사를 지내는 것으로부터 신앙을 가지게 되었을지도 모를 일이다. 그래서 ‘곰(감, 가미)＝신’이다.

곰이 여성, 즉 웅녀(熊女)가 되기에 적합한 이유는 바로 여성의 자궁은 흔히 동굴에 비유된다는 점이다. 동굴은 어둡기 때문이기도 하지만 인간의 무의식에 무엇이 분별되지 않는 혼돈, 그래서 무엇이 일어날 것만 같은 신비에 가득 찬 것의 장소이다. 이것을 오늘의 입장에서 보면 ‘블랙홀(Black Hole)’이나 ‘빅뱅(Big Bang)’과 같은 것일 것이다. 남성, 즉 문명은 그곳을 끊임없이 들여다보고자 한다. ‘동굴＝곰＝여성’의 등식이다. 인류 신화에서 여성은 흔히 생사(生死)를 주관하는 것으로 나온다. 생(誕生)은 물론이지만 죽음(死)도 여성이 담당하는 것이다. 여성은 남녀를 불문하고 인간이 죽어서 돌아갈 영원한 고향이다.

인간은 하늘(태양)의 신화를 가지고 있으면서도 ‘땅에서 태어나서 땅으로 돌아간다.'는 말을 오늘의 과학문명시대에서도 잊지 않고 있다. '여성＝자궁＝대지＝죽음'의 등식이다. 이상의 상징적 등식을 종합하면 '동굴＝곰＝여성＝자궁＝대지＝죽음＝겨울잠＝밤'이다. 곰은 또한 겨울잠을 잔다. 이것은 전체적으로 '밤'의 이미지이다. 이에 비해 호랑이의 이미지는 곰과는 판이하게 다르다. 한마디로 '낮'의 이미지이다. 호랑이는 동굴에서 사는 것이 아니라 산천을 호령하며 나무에서 산다. 호랑이는 낮에 활동한다. 이것은 우리 문화에서 '밝'문명을 상징한다. 앞에서 '밝(불함)'문명에 대해서는 상세하게 토론하였다.

太陽	애니미즘/ 절대유일신	桓因
사람	샤머니즘 (영육이원론)	檀君 (巫堂, 靈媒)
곰	토테미즘 (영육일원론)	桓雄(熊)

남자/범 (가부장제)	밝문명 (청동·철기)	태양/낮 (문명)
여자/곰 (모계사회)	감문명 (구석기)	동굴/밤 (원시)
여남동체 (전환기)	닭문명 (신석기)	새(鳳凰) (과도기)

불(火) 太陽(＋)	天 (天神)	桓因 (하느님)
나무(木)	人 (英雄)	檀君 (巫堂)
물(水, 井) 북두칠성	地 (地母神)	桓熊

≪삼국유사≫와 ≪제대조기≫의 차이와 뒤바뀜을 합리적으로 해결하는 방법은 없을까? 만약 ≪제대조기≫가 후대에 만들어졌다면 해결방안이 없는 것도 아니다. 신화적 주도권 다툼에서 곰이 사라지고 호랑이가 득세하는 것은 훨씬 후대의 일이기 때문이다. 다시 말하면 <묘향산지>는 호랑이의 문화적 득세를 합리화하는 방안으로 신화조작이 이루어졌다는 것이다. 신화에서 조작이라는 것은 무

슨 '나쁜 일'이나 '잘못된 일'이 아니라 항용 있는 일이다. 어쩌면 신화는 본래적으로 새롭게 조작되어야 하는 담론인지도 모를 일이다. 신화 자체가 바로 후대에 의해서 전대의 것을 설명하는 소급적 담론이지 않는가. 그런 점에서 신화는 항상 새롭게 쓰여야 할 운명인 것이다.

여기서 <묘향산지>와 그것이 실린 ≪설암잡저≫의 연대는 확실하지 않다. 그러나 추붕이 살았던 시기가 일연이 살았던 시기보다는 훨씬 후대이다. 약 450년 차이가 난다. 더 이상 연대의 선후를 논할 필요가 없다. 그런데 추붕에 의해 전해진 ≪제대조기≫의 연대는 알 수가 없다. ≪제대조기≫의 연대만 확실히 알 수 있다면 문제는 쉽게 해결된다. 허흥식은 "≪조대기(朝代記)≫란 ≪제대조기≫란 이명으로 적어도 1706년까지 남아 있었다면 이를 인용한 청학집의 신빙성이 높아진다."면서 ≪제대조기≫를 세조 때 수거한 조대기로 추정하였다.[59] 소위 재야사서들은 모두 ≪조대기≫를 근거로 하고 있는데 ≪조대기≫의 연대가 확실하지 않으니 학문적 토론이 어렵다.

저자의 생몰연대로 볼 때는 ≪삼국유사≫가 훨씬 앞선다. ≪제대조기≫를 비롯하여 ≪청학집(靑鶴集)≫, ≪규원사화(揆園史話)≫, ≪진역유기(震域遺記)≫, ≪환단고기(桓檀古記)≫ 등은 판본의 연대가 불확실하거나 불확실한 책을 근거로 하였기에 토론의 난관에 봉착한다.

일연(一然, 1206~1289)

---

59) 허흥식, 같은 책, 318~322쪽.

≪삼국유사 편찬연대≫: 1281∼1283년(충렬왕 7∼9)

설암추붕(雪巖秋鵬, 1656∼1706)

≪설암잡저≫: 편찬연대 미상

≪청학집(靑鶴集)≫: 趙汝籍, 17세기? ≪朝代記≫를 바탕.

≪규원사화(揆園史話)≫: 北涯老人, 1675년(숙종 2년) ≪진역유기≫

를 바탕으로 씀.

≪진역유기(震域遺記)≫: 淸平李茗 고려말 청평산의 은자, ≪朝代記≫

를 바탕으로 씀.

≪朝代記≫: 발해유민이 고려에 가져왔다고 함.

≪환단고기(桓檀古記)≫: 桂延壽, 1911.

그러나 허홍식은 "삼국유사의 단군신화는 동이전에 반영된 동명
신화보다 진일보한 신화의 반영이고, 바꾸어 말하면 원초성이 퇴색
한 신화라는 해석도 가능하다. 제대조기는 동이전의 동명신화보다
후대에 정착된 신화이지만 삼국유사보다는 단군의 탄생신화에 대
한 원형을 전해 줄 가능성이 있다."고 조심스럽게 제기하고 있다.[60]

허홍식은 또 "중국의 正史 東夷傳에는 고구려의 主神은 河伯女
로 女性이고 東明王은 자식으로 夫婦가 아니라 母子로서 여신의
우월성이 반영되어 있다."고 전제하고 "삼국유사의 단군신화는 부
계가 강조된 신화이고, 帝王韻紀에는 신의 孫女와 檀神과의 출생
으로 모계의 흔적이 강하게 남아 있고, 동물이 배제된 사실은 후대
의 윤색이라 하겠다." 하였다.[61]

만약 ≪제대조기≫의 연대가 ≪삼국유사≫보다 올라간다면 단군
신화는 뒤죽박죽이 된다. 시대적 착오와 혼란을 불러오며 ≪삼국유

---

60) 허홍식, 같은 책, 319쪽.

61) 허홍식, 같은 책, 319쪽.

사≫의 기술에 대해 여러 가지 결함과 의구심을 가지지 않을 수 없다. 그렇다면 ≪삼국유사≫의 맹점에 대해서도 논란을 불러일으킬 것이다. 그러나 ≪제대조기≫가 훨씬 후대라면 문제는 의외로 간단해진다. 후대의 새로운 버전(version)이 되는 셈이다. 그러면서 신화는 이렇게 다시 쓰이는(rewritten)구나를 확인할 수 있는 계기가 된다. ≪제대조기≫는 후대에 당시의 문화적 조건과 필요에 의해서 다시 쓰인, ≪삼국유사≫의 한 변형으로 보아야 할 것이고 그러한 맥락에서의 가치밖에 없다.

이상을 다시 되풀이해 보면 만약 환웅이 바로 곰 자신이라면 결국 단군신화에서 곰은 어디로 갔느냐는 물음을 할 필요가 없다. 곰은 본래 없었던 셈이다. 곰은 환웅 속에 진작부터 숨어 버려서 무화된 존재이다. 단군신화라는 드라마에서 곰은 탈락되어 버린 캐릭터인 셈이다. 이렇게 보면 단군신화는 의외로 단순해진다. 곰＝환웅이라고 해 버리니까 나머지 남은 호랑이가 한국 신화에서 지배적인 동물, 토템이 되는 것은 전혀 이상한 일이 아니다. 곰(熊女), 범, 환웅천황의 삼원구조는 환웅(桓熊)천황, 범의 이원구조가 된다. 필자는 호녀(虎女)보다는 '곰녀(熊女)에서 호돌이(虎童)'의 순서가 '모계에서 부계로', '감문화에서 밝문화로' 넘어가는 시기의 역사에 부합하는 신화적 글쓰기로 보인다.

역사시기	문화단계	토템상징
구석기 신석기	감(알)문화 모계	웅녀 (熊女)
청동기 철기	밝(닭)문화 부계	호동 (虎童)

만약 호녀(虎女)가 되고 이원구조가 된다면 곰 토템 부족의 동북아시아, 아니 유라시아 분포를 생략하는 것이 되고 수많은 신화적이야깃거리들을 잃어버리는 단순화가 된다. 단순화가 무서운 것이아니라 신화적 꿈을 잃어버리는 것이 될까 봐 걱정하는 것이다. 곰의 신화적 위력은 대단하기 때문이다. 곰은 북반구의 전 지구적인토템이었다고 해도 과언이 아니다. 환웅의 곰이든, 웅녀의 곰이든곰은 구석기시대의 동북아시아, 혹은 유라시아 북쪽 지역의 토템이었던 곰의 은유인지도 모른다. 고아시아족에 속하는 에스키모나 아이누족은 곰을 숭배하였다.

토템에서 먹이가 곧 숭배의 대상이 된다는 것은 먹이라는 것이얼마나 중요한 것인가를 말해 준다. 결국 고등종교라는 것도 실은그 기원을 거슬러 올라가면 먹이에서 출발하였는지도 모른다. 인간은 생존경쟁의 생물종으로서 다른 동식물(특히 동물)을 먹긴 하지만 그냥 먹을 수 없는, 어떤 생각들이 있는 최초의 동물이었다. 그래서 보이지 않는 정령을 떠올린다. 이것이 애니미즘, 즉 정령숭배의 단계이다. 이것이 토테미즘의 단계에서 서로 동일체, 즉 '곰=

인간'이라는 치환에 이른다. 이것은 먹이가 신이 될 수 있고, 신이 또한 먹이가 될 수 있다는 '먹이＝신(神)'의 가역 혹은 순환관계가 성립한다. 아마도 불교의 윤회나 기독교의 공희는 이러한 것과는 연관이 있을 것이다. 생물의 '육(肉)의 순환관계'는 정령의 등장에 '정령의 순환관계'가 되고 이것에 의해 종교가 되는 것이다.

샤머니즘의 단계에서는 정령(혹은 귀신)과 사람 사이에 샤먼이라는 무당이 등장한다. 무당은 영매(靈媒)이다. 영매는 본래 여성이다. 여성은 본능적으로 육감(六感)이 좋아 쉽게 빙신(憑神)에 들고 쉽게 공수(空手)를 받는 특징이 있다. 남녀를 비교하면 여성이 훨씬 종교적인 이유가 여기에 있다. 무당은 엑스터시 상태에서 공수(空手, 神託)를 받고 정령과 사람을 매개해 준다. 무당은 신과 인간의 매개역할을 하면서도 그 중간에서 정치성이 크지 않았다. 이것은 제사가 우선하는 제정일치적 성격과 맞아떨어진다.

그러나 고등종교의 사제에 이르면 정치성이 크게 신장된다. 그래서 모든 사제는 실은 매우 정치적인 인물들이다. 조직화된, 제도화된 제사장(祭司長)이나 승단(僧團)이 보수적이 되고 기득권자가 되는 것은 바로 이 때문이다. 이것은 사제들이 가부장제의 후원세력으로 등장하기 때문이다. 고등종교들의 유일신, 절대신, 법신이 만들어지는 것은 가부장제와 관련이 있다. 이들 신들은 겉으로는 남신이라는 것을 드러내고 있지 않지만(여권론자들의 앞에서 중성인양 감추고 있지만) 실은 그들은 남신들이다.

남신남사제(男神男司祭)는 가부장제 문화의 특징이며 여신여사제적인 것들은 이들의 하위에 둔다. 이것은 일종의 계급과 같다. 기독교는 삼위일체, 불교는 삼신일신을 부르짖지만 실은 세속에서 돌아가는 것을 보면 남신적이고 추상적인 것들이 최고의 위치에 있고 여신적이고 구체적인 것들은 그 아래에 있다. 고등종교의 삼원체계(삼위일체, 삼신론)는 이렇게 만들어진다. 정령(성령, 보신), 무당(성자, 색신), 그리고 제일 마지막에 추상적인 절대신(성부, 법신)이 만들어진다. 이것이 '신령의 진화론'이다. 절대신은 순수한 언어, 세상에 존재하지 않는 것들일 혐의가 짙다. 불교의 중(中), 무(無), 공(空)은 이를 잘 대변하고 있다. 불교가 자각의 종교인 것은 여기서 증명된다.

고등종교의 신들은 스스로 탄생한 뒤에는 이것을 뒤집어 자신이 정령(성령)과 인간(색신, 혹은 무당)을 만든 것처럼 거꾸로 줄 세우기를 한다. 이것이 고등종교의 신들의 탄생 알리바이이다. 그러나 이 같은 도착도 실은 인간이 우주를 재구성하면서 만든 것이다. 그래서 인간에겐 항상 역(逆, 易)과 혁명(革命)의 의미가 따른다. 신화도 그러한 것을 담은 일종의 담론이다. 말(생각)을 발명한 호모사피엔스는 처음부터 진실을 말하지 않았을 것이다. 이 말에는 곧 말의 탄생은 거짓말에서 시작되었을 것이라는 주장이 깔려 있다. 거짓말에서부터 점차 참말에 도달하여 가는 과정이 인생이고 역사일 것이다.

인간의 종교에 대한 집념은 그것이 구석기 중기(네안데르탈인)부터 시작되었다는 데서도 알 수 있지만 언어가 발명되는 그즈음에 동시에 발전하는 것이다. 인간은 본능적으로 섹스를 하지만 이에 못지않은 역사를 가진 것이 바로 종교이고, 그러한 점에서 종교적 본능이라고 말할 수 있다. 아마도 종교가 없는 인간세상을 상상하기란 불가능하다. 인간의 종교에 대한 열정과 집념은 가히 생사를 거는 것이다. 본능과 대결할 수 있는 것은 종교밖에 없다. 그래서 실지로 고등종교들은 본능에 대해 그렇게 우호적이지 못하다. 모계 사회, 여신여사제(女神女司祭)일 때는 본능에 대해 우호적이었지만 부계사회가 되면서 본능에 대해 감시하는 입장이다. 본능은 여성적 인 것이고, 타락하기 쉬운 그 무엇이고, 억제되고 관리되어야 하는 그 무엇이다.

재미있는 것은 본능과 종교는 서로 뒤집어 놓은 것과 같다는 점 이다. 아마도 본능이 없었다면 종교도 없었을 것이다. 그러한 점에 서 한 뿌리를 느끼게 한다. 어떤 점에서 둘은 매우 닮았고 양성동 체적이다. 이러한 점에서 불교의 불(佛, 不)은 의미심장하다. 불교 는 '욕망(타락)이라는 불'을 '깨달음(부처)이라는 불'로 끄는 종교이 다. 그것이 '니르바나(涅槃)라는 불'이다. 물론 불교 이외에 기독교 등 고등종교는 모두 '불의 종교' 계열에 속하고 그 이전에는 생명 을 중시하는 길고 긴 '물의 종교'시대가 있었다는 것을 여기서 거 론하지는 않을 것이다. 고등종교들은 '물의 세례' 혹은 '물의 정화' 라는 전통을 잇고 있다. 물은 또한 생명을 탄생시키지만 동시에 생 명을 썩게 하는 모순을 갖고 있다. 물은 불과 마찬가지로 종교적 이중성 – 생사일여, 여반장 같은 의미를 내포하고 있다.

종교와 본능이 다 함께 의존하는 것이 인간의 상상력이라는 것 이다. 상상력이라는 원천적인 능력이 없었으면 인간의 섹스와 종교 는 발전하지 못하였을 것이다. 둘 다 중독이나 최면을 이끌어 내는 특징이 있다. 상상력은 동시에 '거짓말할 수 있는 능력'이다. 여기 서 거짓말이라는 것은 실은 남을 속이기 위한 말이라기보다는 일 종의 '말할 수 있는 능력', '창조할 수 있는 능력'을 말한다. 이것은 매우 중요하다. '말이 인간을 만든 것이 아니라 인간이 말을 만들었다.'는 논리가 그것이다. 또 이 같은 명제는 다시 '신이 인간을 만든 것이 아니라 인간이 신을 만들었다.'는 논리를 파생한다.

애니미즘과 토테미즘에서 보면 시베리아와 동아시아를 보면 퉁구스족이나 우랄-알타이어족은 범과 늑대, 개를 숭배하였다. 한민족은 호랑이(혹은 얼룩빼기 황소), 만주족과 몽고족은 늑대, 중국은 개, 묘족은 개를 숭배하였다. 이들은 모두 생태학적으로 자주 접하는 동물이다. 결국 인간은 자연의 산물이고 자연을 상징화하면서, 혹은 자연을 동일화하면서 살아왔다. 자연은 역시 서로 먹고 먹히면서 영육(靈肉)의 순환(윤회)을 되풀이해 왔다. 종교라는 것도 실은 초자연적인 것이 아니라 자연의 한 생물종인 인간이 자연에서 생존하기 위한 전략으로 언어를 사용하여 자기중심을 잡고 어떤 성공으로도 극복할 수 없는 한계상황인 죽음에 대해 스스로 대응하고 해석한 문화적 장치가 아닌가 생각해 본다. 여기서 초월성이라는 것은 무의식과 의식이 만나서 만들어 낸 자기중심의 발로(發露), 혹은 자기중심의 일종이 아닌가 생각해 본다. 그 중심에 태양이 있다. 모든 종교적 중심은 언제나 하늘이나 태양(혹은 달, 별)을 은유하고 있다.

여기서 잠시 태초의 태양신(太陽神)이 여신이었던 점과 나중에 태양신이 천신(天神)이 되면서 '초월적인 신(특히 남신)'으로 거듭나는 것에 대해서 다시 짚고 넘어갈 필요가 있다. 초월적인 신의 탄생은 물론 소위 애니미즘, 토테미즘, 샤머니즘, 범신론, 지고신(至高神), 절대신에 이르는 진화과정을 거쳤다. 태양은 처음에는 애니미즘의 대표적인 상징이었다. 그것이 종교의 진화과정을 거치면서 결국 원점으로 돌아와서 나중에는 '초월적인 신(神) = 태양'으로 자리매김한다. 이는 가부장제와 관련이 있다. 가부장제는 결국 조상신(祖上神)을 섬기게 되는데 조상의 조상을 거슬러 올라가면 결국 최초의 신, 지고의 신, 절대 초월신에 이르게 된다. 이는 거꾸로 가부장제가 없었으면 초월적인 신은 탄생하지 않았을지도 모른다는 것을 말한다.

흔히 고등종교들, 예컨대 불교나 기독교는 삼위일체나 삼신론을 주장하고 그 가운데서 법신이나 성부를 최고의 신으로 모시고 그것이 여타 다른 하위의 신을 탄생케 한 것으로 설명한다. 이것은 분명히 신화적 소급, 혹은 성경적 소급이다. 그러나 신화의 발생학적으로 보면 정령(精靈)에 속하는 보신이나 성령이 제일 먼저 발생한 것이다. 그것이 점차 발전하여 지고신(至高神), 절대신이 된 것이다. 태양이 하늘신(天神)이 된 것은 훨씬 후대의 일이다. 다시 말하면 고등종교가 발생한 뒤의 일이다. 물론 석가나 예수는 성자가 된 뒤에는 남녀의 성별을 따지는 것은 금물처럼 보이고 이를 회피하기 위해서 각 종교들은 마치 중성인양 표현하기도 한다. 이것은 과거에 여신을 양성동체적 존재로 그리는 것보다 훨씬 조잡한 것이다. 그들의 중성이 만약, 양성 중 이것도 저것도 아닌 것이 아니라, 양성을 포용하는 의미로서의 중성이면 그래도 낫겠다.

고등종교들이 모두 남성 신에서 비롯되는 것은 우연이 아니다. 대표적인 세계종교인 불교의 석가와 기독교의 예수, 이슬람교의 마호메트가 모두 남자라는 사실은 이것을 말한다. 이에 비해 지역종교, 국가종교인 무교(신선교, 한국), 도교, 유교(이상 중국), 신도(일본)는 초월적인 신에 도달하기에는 역부족이다. 그래서 전자의 세

계종교는 국가를 초월하며 존재하지만 후자의 지역종교, 국가종교
는 그 지역, 그 국가에 한하는 것이다. 만약 후자의 것을 섬기면
결국 그 지역과 국가에 종속되는 일이 벌어진다. 그러나 세계종교
라고 할지라도 그 종교의 발생지, 그 국가, 그 문화권의 영향을 벗
어날 수 없기 때문에 잘못 믿으면 역시 지역종교나 국가종교를 믿
는 것으로 전락하기 쉽다.

이럴 경우 주체성에 심각한 타격을 받는다. 그래서 세계적 보편
성을 획득하는 것은 역시 어렵다. 한국의 경우 종교백화점이라고
할 정도로 세계의 종교들이 다 들어와 있다. 이러한 문화적 풍토는
한국문화의 샤머니즘적 특성에서 비롯된다고 할 수 있다. 어떤 종
교라도 샤머니즘은 소화할 그릇이 되는 셈이다. 그런 반면에 샤머
니즘은 잘못하면 자신의 주체성(정체성)을 잃어버리는 위험성도 배
제할 수 없다. 단군에 대한 국조신앙은 현재 세계적 종교 앞에 여
지없이 무너지고 있다. 한국인은 항상 특수성이나 국가성을 초월하
거나 비약하여 세계성이나 보편성에 도달하고자 하는 이데올로기
적 경향성을 보인다.

이는 세계종교를 일종의 외래 이데올로기, 외래 도그마의 차원에
서 머물게 할 위험성이 다분히 있다. 이것을 두고 '얼빠진 민족',
'혼 빠진 민족'이라고 하는 것이다. 단군신앙은 지역신앙, 국조신앙
이기 때문에 세계종교의 신앙에 전혀 장애가 되지 않는다. 동시에
단군신앙이 국조신앙에 머물지 않아 세계종교가 된다면 이는 세계
종교가 되어서 또한 다른 지역이나 나라의 지역신앙이나 국가신앙
에 장애가 되지 않는다. 그런데도 많은 기독교 신자들이 단군신앙
을 일종의 '미신', '적' 혹은 '사탄'으로 규정함을 볼 수 있다.

이는 세계종교를 믿는다고 해서 국조신앙을 미신이나 적으로 규정하는 것은 그것을 동일한 선상에 놓고 보고 있다는 것을 의미하기 때문에 아직 세계종교에 도달하지 못했다는 것을 의미한다. 서로 충돌하는 것은 한 차원의 것이기 때문이다. 세계 어느 나라라도 역사가 오래되었으면 국가신앙이라는 것이 있다. 이것은 자연스러운 현상이다. 이런 자연스러운 현상을 놓고 진위(眞僞)나 가부(可否)를 따진다는 것은 어불성설이다. 신화나 전설은 실은 말을 할 줄 아는 인간의 '제2의 자연' '제2의 본성'과 같은 것이다. 합리성이나 과학성으로 따진다면 세계종교들도 그것의 발생지역적 특성에서 오는 불합리성이나 종교의 상상계적 특성에서 기인하는 비과학성을 가지고 있다.

만약 한 문화가 남(외래)의 보편성으로 자신의 특수성을 훼손하고 남의 특수성을 자신의 보편성으로 간주한다면 결국 보편성과 특수성을 동시에 잃는 결과를 초래할 것이다. 단군신앙에 대한 한국 기독교인의 태도는 바로 이러한 이중적 딜레마에 빠져 있다. 우리가 세계종교를 믿는 것은 실은 그것의 보편성에도 있지만 실은 그것의 종교적 권위나 제도로서의 정치적(조직적) 권력에 복종하는 경우가 많다. 그래서 고등종교의 진리나 섭리, 율법과 법을 통해 신앙하는 경우는 그렇게 많지 않다. 어떤 의미에서 고등종교의 문화적 외피를 걷어 내면 순수한 진리라는 것은 '없는 것(無)', 혹은 '스스로 자기인 것(自)'인지도 모른다. '무'야말로 혹은 '자'야말로 진리 중의 진리일 수도 있다. 그래서 고등종교들을 차지하는 담론의 대부분도 이것이다.

환(桓) 자와 단(檀) 자라는 글자는 생각보다 훨씬 후대에 형성된

글자이다. 아무리 올라가도 춘추전국시대를 넘어설 수 없다. 그런데 이 글자가 그 이전의 상고시대와 선사시대의 나라를 나타내는 글자라는 것은 합리적이라고 하기 어렵다. 이것은 모계사회로 이어오던 인류의 삶의 방식이 부계사회로 전향하면서 만들어진 것이라고 볼 수 있다. 그래서 모계에서 부계로 넘어오던 시기에 정치적 주도권을 잡거나 집단의 정체성을 강화하기 위해 조작된 신화이기 쉽다. 여기서 신화라는 말은 역사가 아니라는 말이 아니다. 신화적 글쓰기의 산물이라는 점이다.

모계는 출계를 중요하게 생각하지 않는다. 이것은 여성성의 특징이기도 하다. 아이를 낳는 여자는 출계를 중요하게 생각하지 않아도 된다. 자신의 몸에서 태어난 아이는 분명하게 자신의 아이이기 때문에 남에게 나의 아이라고 말할 필요가 없는 것과 같은 이치이다. 모계는 아이를 키우기 위해서 여유도 없었을 뿐만 아니라 출계에 관심도 없었다. 그러나 부계사회로 변하면서 출계가 필요하게 된 것이다. 부계는 시간과 공간을 자신의 상징으로 만들어야 할, 자연으로부터의 압력을 모계보다 더 받게 된다.

부계는 근본적으로 자신이 아이를 낳지 않기 때문에 '나의 여자'가 낳은 아이가 '나의 아이'라는 보장을 받을 길이 없다. 그래서 여성의 성에 대한 감시와 관리를 하지 않으면 안 되었다. 부계는 우선 울타리를 만들고 '자신의 집'을 표시하여야 하고, 그 집안에 가족이 안전하게 있도록 하여야 한다. 그렇지 않으면 여자와 아이는 언제라도 남의 여자와 아이가 될 위험에 직면하게 된다. 가부장제는 이렇게 여성과 아이를 소유하고 그들은 자기의 것이라는 레테르를 붙이기 시작한 것이 바로 성씨(姓氏)라는 것이다. 물론 성씨는 여성에게서 비롯된 것이다. 부계는 이것을 보다 확실하게 하였다고 볼 수 있다. 성(姓)에서 씨(氏)로의 비중이 옮아간 것도 이 때부터다.

가부장제의 확대가 국가사회이고 보면 적어도 단군시대는 전반적으로 모계체계인 사회를 부계체계로 바꾸어야 할 필요성에 직면하게 된 것이다. '마고(麻姑)'는 모계사회에서 내려온 신화이고 '단군(檀君)'은 이것을 부계사회에서 이어받으면서 부계적으로 변형한, 혹은 전도한 신화라고 볼 수 있다. 단군할아버지의 내용은 바로 삼신할머니인 것이다. 단군할아버지가 캡슐이라면 캡슐의 내용물은 삼신할머니인 셈이다. 그런 점에서 우리민족, 동이족, 천손족은 매우 특이한 <부도지(符都誌)>라는 모계적 신화를 가진 셈이다. 그 주인공은 마고이다. 마고는 천지개벽신화의 여신이다.

9. 고조선 '선(仙)문명체계'와 풍류도

-'하늘'에 복을 빌고 땅에서 자손 번창하는 것-

풍류도 혹은 화랑도는 한국 고대사회가 모계사회에서 부계사회로 넘어가는 과도기, 혹은 부족국가시대에서 국가시대로 넘어가는 시기로 보인다. 풍류라는 말은 한국과 중국, 그리고 일본에 존재하고 있다. 풍류(風流)라는 말은 한자말이기 때문에 결국 그 근원, 어원을 추적하면 중국에서 찾게 된다. 이것은 다른 용어의 경우에도 마찬가지이다. 그러나 주의할 것은 한자로 정립되기 전에도 풍류라는 말, 혹은 풍류라는 말과 같은 개념의 소리글자들이 적지 않았다는 사실이다. 예컨대 풍류도는 '머후리'라고도 한다. '머'는 물의 흐름을 나타내고 '후리'는 바람을 나타낸다. 다시 말하면 '후리＝바람＝풍(風)'이고 '머＝물＝류(流)'가 된다. 결국 물과 바람의 흐름, 결, 길을 살필 줄 아는 것이 '머후리'라는 것이 된다.

머후리, 즉 풍류도를 하는 것은 불교적으로 말하면 4대, 즉 풍수화토(風水火土)를 잘 컨트롤할 능력을 키우는 것이다. (風)은 기(氣)의 가장 큰 단위이고 수(水)는 기운이 가장 순리적으로(위에서 아래로) 흐르는 것이다. 물의 흐름은 우주를 순환하여 끝이 없다. 단지 물의 형태가 변할 따름이다. 화(火)는 그러한 물의 흐름 속에서 역으로(아래에서 위로) 생명을 태우는 일이다. 역으로 태우는 불은 언제나 시작과 끝이 있다. 토(土)는 바로 사람의 몸이면서 땅이다.

흔히 풍류라는 한자말을 찾으면 육조(六朝)시대, 특히 진 대(晉

代)에서 그 근원을 찾는다.62) 이들 삼국의 풍류도는 저마다 특색을 가지고 있다. 중국에서 풍류의 개념은 "'바람이 흐르다'라고 하는 자구의 의미로부터 氣風이나 遺風으로, 다시 風雅, 文雅의 의미로 확대되면서 후대에 이르면 남녀의 애정을 일컫는 말로 다소 속화 되는 경향을 보인다."63)

일본의 풍류의 개념은 "장식성, 화려함, 기품 등 외적으로 드러 나는 아름다움의 요소로 강조되어 왔다는 것을 부인할 수 없다. 요 컨대 일본의 풍류는 고상한 것이건, 화려하게 장식된 것이건 감각 적으로 사람의 시선을 끌 만한 요소가 내포되어 있을 때 사용되는 말이라고 하겠다."64)

이에 비해 한국의 경우 종교성, 예술성, 놀이성의 복합으로 규정 된다. 이를 선가(仙家)라고 할 수 있다. 특히 신라는 종교성이나 도 (道),형이상학적 국면이 강조될 때 선(仙)이라는 말이 선호되는 반 면 고려는 놀이적 국면이나 예술성이 강조될 때 풍류라는 말이 사 용되는 경향을 보인다. 조선조는 놀이성이나 예술성이 더욱 강조되 는 경향을 보인다.65)

서양의 미학은 주로 대상을 목표로 하고 있다. 이에 비해 동아시 아 삼국의 풍류도는 대상은 물론이지만 그것보다는 주체적이고 동 태적인 것을 목표로 하고 있다. 이를 커뮤니케이션의 과정 중에 심 적 작용에 의해 역동적으로 일어나는 것이라고 할 수 있다. 신바람

---

62) 鈴木修次, <風流考>, ≪中國文學과 日本文學≫, 137~138, 1987, 동경서적주식회 사.

63) 辛恩卿, ≪風流≫, 31쪽, 1999, 보고사, 서울.

64) 신은경, 위의 책, 39~40.

65) 신은경, 위의 책, 40~63.

은 그 대표적인 것이다. 풍류도는 미적·분석적 용어라기보다는 생활적·통합적 용어이다. 이 말은 예술을 대상으로 하기보다는 생활 속에서 자연적으로 분출하는 것을 말한다. 서양의 미학은 대상의 미학이지만 동양의 미학은 주체의 미학이다. 또한 예술(藝術)이라는 말도 '복축서장(卜祝筮匠)'이나 '풍수(風水)의 기(技)'를 가리키는 말이었다는 것을 상기할 필요가 있다.

신은경(1999)은 풍류를 거론하면서 각론에서 '흥(興)'과 '한(恨)'과 '무심(無心)'으로 분류를 하였다. 특히 '무심'에는 도교 혹은 불교의 영향을 볼 수 있었다. 물론 이러한 공통개념은 동아시아 삼국의 풍류를 아우르기 위한 것이었지만 예컨대 여기서 신(神)의 개념이 보다 독자적인 개념으로 쓰이지 않는 것은 유감이다. 그는 흥(興) 혹은 무심(無心)에 신(神)의 개념을 포함시킨 것 같지만 신(신)이라는 개념이 훨씬 독자적이고 광범위한 문화체계를 통섭할 수 있다는 점에서 그렇다. 만약 신(神)을 내세운다면 그것은 바로 신선(神仙)이라는 개념으로 확장되고 선(仙)이라는 우리나라 고유의 문화체계에 접근하기 때문이다. 이 점은 매우 유감스러운 것이다. 물론 그의 국문학자적인 태도이긴 하지만 말이다.

문화인류학자인 필자는 단연코 신(神) 혹은 신선(神仙)이라는 개념을 높이 살 수밖에 없다. 흔히 무교는 신선교(神仙敎)라고도 한다. 풍류는 곧 신선을 추구하는 문명체계로 느껴진다. 물론 문자기록의 부족으로 그 확실성을 증명하기에는 여러모로 역부족이지만 적어도 최치원(崔致遠)이 쓴 <난랑비서(鸞郎碑序)>에는 다음과 같이 쓰여 있다.

"나라에 현묘지도가 있는데 그 이름은 풍류이다. 그 교의 원천에 대한 설명은 선사에 잘 준비되어 있다. 실지로 삼교가 포함되어 있고 많은 민중과 접하여 교화하였다."[66]

≪삼국사기(三國史記)≫에 의하면 신라 33대 성덕왕 때 김대문 (金大問)이 쓴 ≪화랑세기(花郎世紀)≫에는 분명히 "화랑자(花郎者) 선도야(仙徒也)"라고 명시되어 있다. 물론 화랑은 바로 선도라는 얘기다. 화랑도는 신라 24대 진흥왕 때 창설되었으며 그 이름은 국선도(國仙道), 풍월도(風月道), 풍류도(風流道), 낭도(郎道), 단도(丹道) 등으로 불렸다.

풍(風), 혹은 풍신(風神), 즉 바람과 신은 눈에 보이지 않는 영기(靈氣)의 세계, 기운을 표현하는 말로는 이보다 더 적합한 말은 없을 것 같다. 풍류는 바람의 신, 영기의 세계를 존중하는 산악지방의 이상적 인간상인 것 같다. 그 이상적 개념은 바로 선(仙)이다. 그런 점에서 풍류선은 참으로 되살릴 만한 것이다.

풍류라는 말 속에는 인류학적으로 볼 때 훨씬 중요한 개념이 숨어 있다. 풍류라는 말은 문학적으로 접근할 경우 그 전체상을 보는 데에 한계가 있다. 풍류라는 말은 단순히 문학적, 예술적 술어가 아니라 일종의 통치제도와 연관을 갖는 것 같다. 특히 우리 민족의 경우 종교성과 예술성과 놀이성이 함께 있는 까닭이다. 물론 그것은 선(仙) 혹은 선가(仙家) 혹은 풍류선(風流仙) 등에서 엿볼 수 있다. 국토의 4분의 3이 산악으로 구성된 우리나라의 경우 이것은 더욱더 설득력을 가질 수밖에 없다.

흔히 한민족의 고대사는 환인(桓因) - 천황(天皇), 환웅(桓雄) - 지황(地皇), 단군(檀君) - 인황(人皇) 등 삼계(三界) - 삼황(三皇)을 나

---

66) 국유현묘지도왈풍류(國有玄妙之道曰風流) 설교지원비상선사(說敎之源備詳仙史) 실내포함삼교(實乃包含三敎) 접화군생(接化群生)

눈다. 또 한민족의 고대 경전으로 천부삼경(天符三經)을 들고 있다. 이것은 물론 나라와 그 나라의 통치의 원리가 되기에 충분한 것이다. 이러한 사실을 전하는 사서(史書)를 두고 위서(僞書)라는 논란이 있는 것도 사실이지만 이것이 구전에 의해 전해져 최근세사에 쓰였던, 《삼국유사》의 경우 중세에 쓰였던, 심지어 픽션이 가미되었다고 하더라도 고대 민족 문화를 복원하는 데에 있어서는 하등의 문제가 될 것이 없다. 오히려 이러한 작은 편린이나 구비나 금석이나 재야의 서적이 있는 것만 해도 다행이다.

고대 한민족의 통치체제 혹은 삶의 방식은 선(仙)이라는 말로 요약된다. 이것을 선문화(仙文化) 혹은 선문화복합(仙文化複合)이라고 명명하고자 한다. 선문화복합은 인류가 만들어 낸 문화의 원형일 가능성이 높다. 이 원형은 무교(巫敎)를 바탕으로 한 것으로, 그 후에 생긴 동양의 유불선도(儒佛仙道) 및 서양의 기독교, 이슬람교는 그것의 변형된 새 버전일 가능성이 높다. 선(仙)의 현묘지도(玄妙之道)는 유교의 중용(中庸), 불교의 중도(中道), 도교의 무위(無爲)와 말은 다르지만 뜻은 같다.

〈단군신화와 불함문화론: 천지인과 삼신(三神)과 오행(五行)〉

불(火, 金) 2, 4 father fire, 밝, 朴 밝음	父 (天) 象天	桓因 (天皇)
목(木) 3 son, sun 세계수 밝닭＝박달＝바다	子 (人: 天子 太陽神)	檀君 (人皇)
물(水) 1 mother water, 검, 신(神), 어두움	母 (西王母: 太陰神) 井 (地)法地	桓雄 (地皇)

그렇다면 선(仙), 풍류(風流)라는 말에는 어떤 의미가 숨어 있을까?

풍류(風流)의 한자 뜻은 '風'이 바람(wind)이고, '流'가 흐름(flow)이다. '바람의 흐름'이다. 이 말은 언뜻 무엇을 뜻하는지 다가오지 않는다. 바람은 본래 기운, 혹은 에너지 흐름을 종합적으로 표현하는 말이다. 바람에는 반드시 흐름이라는 방향성이 있다(운동을 하는 모든 것에는 방향성이 있다.). 방향성이 없다면 운동을 안 하는 것이 된다. 완전히 정지(靜止)된 것을 의미한다. 운동을 안 하는 것은 일부러 수도(修道)를 하는 사람이 아니면 죽은 사람에 해당한다. 동양문화 전체를 서양문화와 구분할 때는 정(靜)의 개념이 중요하다. 여기에 지(止)의 개념을 더하면 이것은 금상첨화이다. 그런데 의외로 풍류는 매우 동적인 개념이다. 여기서 우리민족의 역동성(力動性)을 추측하게 한다.

바람은 불교의 사대(四大) 풍수화토(風水火土) 가운데서 가장 첫 번째로 꼽히는 것이다. 결국 기(氣)의 가장 큰 운동체, 혹은 생동체가 바람이다. 그러고 보면 옛사람들은 바람에서 가장 큰 힘, 신과 같은 힘을 느낀 것 같다. 실지로 바람은 그 뒤에 오는 물과 불, 흙은 가장 큰 단위로 실어 나르는 힘의 원천이다. 바람은 무엇보다도 보이지 않는다는 점에서 가장 절대적인 신에 다가가는 것이다. 보이지는 않지만 가장 역동적으로 물과 불, 흙은 마음대로 실어 나르면서 무소불위의 힘을 부리는 바람, 그것은 바로 신과 동의어가 될 수밖에 없다.

풍(風)에는 아시다시피 첫째 바람의 뜻이 있다. 바람은 자연과학적으로 보면 공기가 압력이 높은 곳에서 낮은 곳으로 흘러가는 자연현상이다. 풍(風)은 신(神)으로 불렸으며 풍신(風神)이라는 말도 있다. 풍신은 하늘(天) 혹은 천지(天地)를 나타낸다. 풍(風)이 자연현상으로서가 아니라 문화적 상징, 키워드로 자리 잡은 것은 매우 중요하다.

풍에는 둘째 날아다니는 새의 뜻이 있다. '풍' 자 속의 벌레 충(虫＝蟲) 자를 빼고 새 조(鳥) 자를 넣으면 봉(鳳)이 된다. 봉(鳳)은 또한 붕(鵬)으로 쓰였다. 봉(鳳)은 봉황(鳳凰)의 짝 가운데 암컷을 의미한다. 봉황은 지금도 우리나라의 대통령 휘장으로 사용되고 있을 정도로 익숙한 것이다. 진화론적으로 보면 파충류나 물고기가 새가 된다. 결국 빨리 달리다가 보면 나는 것이 진화론적인 목적인 까닭이다. 육상동물인 인간에게 있어서 나는 것은 일종의 염원이다. 뱀에서 나는 용(龍)이 나오고 물고기가 나는 곤(鯤)이 된다.

풍의 세 번째 뜻은 교화(敎化)를 말한다. 풍이 가장 형이상학에 도달한 경우이다. 풍(風)이라는 말 한마디로 풍류도를 말하기도 한다. 종교(宗敎)는 '크게 가르치는 것'을 말하는데 그러한 점에서 풍교(風敎)라는 말은 의미심장하다. 가장 가르침의 원천과 같은 냄새를 풍긴다. 풍교는 덕(德)으로 사람을 가르치는 것을 뜻한다.

풍의 네 번째 뜻은 풍속(風俗)을 말한다. 풍속이라는 말은 바로 오늘의 의미의 문화를 지칭하는 말이다. 풍속이라는 말은 풍채(風采)라는 말을 낳았는데 여기서 채(采)라는 말은 문채(文彩)와 같은 뜻으로 쓰이고 결국 풍속은 문채, 문화를 말한다. 인간의 문화는 초목(草木)과 더불어 시작됐다. 문명은 숲에서 시작되었다. 특히 나무가 없으면 문명이 시작될 수 없었을 것이다. 숲은 그것 자체가 이미 성지이다. 그래서 인류의 신앙 가운데 나무 신앙이 제일 먼저이다. 이것을 세계수(世界樹, world tree)라고 한다.

풍의 다섯 번째 뜻은 바람나는 것을 말한다. 풍은 음양교합, 천지화합을 말한다. 주역에 풍(風)괘가 있다. 풍괘는 아래위가 손(巽)괘로 ≡/≡이다. 음양, 남녀가 함께 바람이 난 것이다. 손괘는 사람으로 말하면 장녀가 되는데 말하자면 성인이 된 여자이다. 성인이 된 남녀가 만나는 것이 함(咸)괘이다. 함괘는 ≡/≡이다. 성인 여자가 성인 남자 위로 가는 것이 결혼이라면 반대로 결혼생활을 말하는 항(恒)괘는 ≡/≡이다. 항괘는 남자가 좀 힘이 드는 것을 말한다. 바람이 났다는 것은 주로 동네처녀에 해당한다.

풍의 여섯 번째 뜻은 시(詩)의 종류이다. ≪시경(詩經)≫에 <국풍(國風)> 편이 있으며 풍(風)이야말로 남녀의 사랑과 그리움을 노래한 시의 백미이다. 남자의 정충(精蟲)도 충(虫)이고 보면 바람 풍(風) 자의 궤(几), 부는 범(凡)을 소리로 하여 바람을 나타낸다. 이것의 모양은 또한 사방이 닫힌, 나라 국(□) 자 혹은 입 구, 구멍 구(口) 자의 아래가 열린 것으로, 그 안에 충이 있는 것이니 남녀의 사랑과 섹스를 상징한다고 할 수 있다.

풍의 일곱 번째 뜻은 음악이다. 풍악(風樂)에서 잘 나타나 있다. 풍악이라는 단어는 좁은 의미에서는 음악을 나타내지만 실은 넓은 의미에서는 문화 전반을 뜻하기도 한다. 음악에서 한 나라의 문화가 가장 적나라하게 드러난다. 음악은 한 나라의 감정과 미의식이 실인 통사구조(統辭構造)이기 때문이다.

풍의 여덟 번째 뜻은 경치이다. 풍경(風景), 풍광(風光)이 그것이다. 여기서도 좁은 의미는 그냥 경치를 뜻하지만 넓은 의미로 보면 환경, 혹은 문화의 하드웨어를 뜻한다. 한 나라의 풍광에서 문화의 아우트라인을 다 읽을 수 있다.

풍의 아홉 번째 뜻은 병에 걸리는 것을 말한다. 흔히 감기(感氣)에 들거나 중풍(中風)에 걸렸을 때를 말한다.

한편 류(流)의 뜻도 여러 가지가 있다. 첫 번째 흐를 '유'라는 말에서도 알 수 있듯이 여러 갈래로 흐르는 것을 말한다.

류의 둘째 뜻은 갈래에서 의미가 확장되어 핏줄 혈통을 뜻한다. 유파(流派)는 대표적인 말이다.

류의 세 번째 뜻은 좀 특이한 것으로 유배(流配)를 의미한다. 특히 유배라는 말은 적소(謫所)에 보내는 것을 말한다. 짝 배(配) 자와 함께 있는 것은 아마도 예전에 짝을 찾아, 혹은 짝을 지어 멀리 보내는 것을 말하였던 것 같다.

류의 네 번째 뜻은 유(流) 자의 상형에서 나타나는 것인데 양수(養水)에서 아이가 나오는 것을 뜻한다. 그래서 아이를 낳는 일을 말한다. 물론 오늘날 유산(流産)이라고 하여 아이를 낳는 일에 실패한 경우에도 쓰이고 있지만 말이다.

이상에서 풍류(風流)의 개념을 종합하면 결국 풍(風)에서는 형이상학적 '하늘'의 개념을, 인간의 삶의 목표를, 류(流)에서는 형이하학적 '땅'의 개념을, 땅에서의 인간 종의 번영, 재생산을 나타낸다고 할 수 있다. '하늘'에 복을 빌고 땅에서 자손이 번창하는 것을 비는 것이 풍류의 핵심이다. 이를 위해서 보다 세련된 문화를 건설해 나가는 것이 풍류도이다. 풍(風)은 천(天)이다. 물론 천(天)은 천지(天地)를 말한다. 그 풍(風)과 천(天)에 도달하고자 인간이 노력하는 것이 선(仙, 僊, 天)이다.

이것을 오늘의 입장에서 보면 기독교, 불교도 결국 천(天)에 도달하고자 하는 것의 한 변형이다. 기독교는 유대교의 풍토 위에서, 불교는 힌두교의 풍토 위에서 건설된 종교적 혁명인 것이다. 이것을 다시 한민족의 입장에서 보면 '기독교와 불교는 오늘의 풍류도'인 셈이다. 모든 종교는 풍류도인 것이다. 그래서 풍류도를 오늘에 되살리려면 기독교와 불교의 바탕 위에서 풍류도를 재건하여야 한다. 흔히 기독교와 불교와 대척점에 서서 풍류도, 선도를 재건하고자 하면 문화적으로도 퇴행적일 뿐만 아니라 결코 성공하지 못한다. 문화는 나아가는 것이기 때문이다. 문화의 프로그램적 속성은 나아가는 것이다.

흔히 전통회복, 온고지신이 과거로 돌아가는 것처럼 생각하기 쉬운데 그것은 큰 착각이다. 이것은 호랑이 잡으러 갔다가 도리어 호랑이에게 잡아먹히는 꼴이다. 구한말에 있었던 동도서기(東道西器), 중체서용(中體西用), 위정척사(衛正斥邪)는 그 좋은 예이다. 남송

(南宋)시절 주자는 도교와 불교의 바탕 위에 새롭게 유교를 건설함으로써 중국 문화의 주체성을 달성하였다. 이것이 주자학, 신유학(neo-confucianism)이다. 한국의 경우도 동학(Easterm Learning)은 바로 신풍류도(neo-shamanism)라고 할 수 있다. 그러나 동학이 실패하고 있는 것은 바로 아직 구약(舊約)이 없기 때문이다. 구약과 접목이 되지 않았기 때문에 동학은 아직 힘이 없다.

현재 한국에는 풍류(風流)는 있는데 도(道)가 없다. 풍류는 어느 민족, 어느 국가나 자신들대로의 풍류가 있다. 이것을 도(道)라는 세계적 보편성을 담은 문화체계로 건설하느냐 여부가 관건이다. 도대체 하늘에 빌지 않고 자손의 번창을 기원하지 않는 인간집단이 어디에 있는가. 다시 말하면 풍류를 하는 것만으로 문화선진국이 될 수 없다. 풍류라는 기(氣)의 체계를 문화라는 도(道), 이(理)의 체계로 만드는 것이 세계를 이끌어 가는 선진국으로의 자격을 얻는 것이다. 이제 풍(風)이라는 것은 우리 고유문화에서 종교라는 보통명사였으며 이것이 비교문화적 관점에서 고유명사가 된 것이다. 일본은 이것을 신도(神道)라고 하고 있는 것이다.

만약 오늘날 문화체계로서의 풍류도를 말하는 경구를 말한다면 "하늘에 복을 빌고 땅에서는 자손의 번창을, 그리고 과학을 하는 것"이다. 인간은 끊임없이 하늘에 도달하고자 한다. 그것이 인간의 상상계이다. 상상계는 비록 현실계가 아닐지라도 인간의 삶에서, 종교적 인간의 삶에서 버릴 수 없는 것이다. 현실계가 삶의 공간이라면 상상계는 현실계를 포함한 죽음의 공간이다. 풍류는 그 죽음을 초월하는 인간의 문화행위인 것이다. 인간은 풍류에서 형이하학적인 것을 형이상학으로 끌어올리는 데에 성공한다. 풍류도는 우리

조상들의 형이상학적 성공을 기념하는 용어이다.

풍류는 또한 구체적으로 문화체계, 혹은 문화패턴이며 동시에 예악(禮樂)을 말한다. 풍류선(風流仙)과 풍악(風樂＝禮樂)이라는 말에 이 같은 사정이 잘 나타나 있다. 풍류는 '선문화체계(仙文化體系)'이다. 풍류는 단순히 노래나 음악을 나타내는 것이 아니라 문화풍속 즉 종교성, 예술성, 놀이성이 하나가 되는 문화총체를 말하는 것이다.

10. 모계에서 부계사회로의 변화와 풍류도

풍류도의 뜻에 대해서 앞 장에서 살펴보았다. 속이 시원한 해석은 아니었지만 이것을 모계사회에서 부계사회로의 변화라는 관점에서 해석해 보면 보다 많은 의미를 추출해 낼 수 있다.

풍류를 흔히 '밝닭=박달=배달=하늘과 땅=바다'라고 한다.

'밝'은 밝음, 불음(부풀음, 바람), 붉음, 푸름, 바람(望) 등의 의미와 연결되며, '달'은 달(月), 땅, 들, 돌 등의 의미와 연결된다. '밝'의 뜻은 주로 태양의 여러 속성들을 반영하고, '달'의 뜻은 주로 땅의 속성들을 반영하고 있다. '밝달'은 풍류의 중심 신전인 '아사달'의 다른 이름이니, 밝은 땅, 아침 땅, 새 땅의 의미가 된다. 그리고 우리 고대어에서 '박(밝)'과 '달(닭)'은 모두 산(山)을 가리키는 말이었다. 이 '밝달'의 가장 널리 알려진 이름이 명당(明堂)이다. 명당이라는 말은 오늘날도 널리 쓰인다.

박달은 하늘과 땅의 만남이고, 이것은 '바다'가 된다. 그런데 흔히 바다 해(海=水+人+母)라고 하는 글자를 보면 물 수(水) 변에 사람 인(人)과 어미 모(母) 자의 합성임을 알 수 있다. 이것은 영락없이 어미가 아이를 낳는 형상이다. 왜 이것이 '해'라는 발음인가? 또 아이를 해(孩)라고 하지 않는가? 또 새끼를 많이 낳는 돼지를 해(亥)라고 한다.

바다가 밝닭, 즉 해와 달의 만남이라는 뜻에 도달하면 그다음에는 밭(田)이라는 글자에 눈이 간다. 밭은 흔히 여자를 상징하는 말이다. 씨가 남자를 상징하는 것이라면 말이다. 그런데 자세히 보면 밭 전(田) 자는 국(囗) 자 안에 십 자가 있는 것이다. 이것은 국(囗) 자 위에 십 자가 있는 고(古) 자와 무슨 관계가 있을 법한 예감이 든다. 고(古) 자는 흔히 옛 고(古) 자라고 지금 부르지만 상형적으로 보면 십자가(十)는 태양을 나타내고 국(囗) 자는 네모난 집, 즉 사당을 나타낸다.

이렇게 보면 밭 전(田) 자는 국(囗) 자 안에 십자가가 있는 꼴이다. '밭'의 고어는 '받'인데 이는 수메르어 바드(BAD)와 곧바로 연결된다. '받'은 일종의 영역이면서 터전이다. '받'에 사는 사람을 '받이'이라고 한다. 이 말은 그대로 영어에서 몸을 뜻하는 '바디(body)'가 된다. 이 말은 자연스럽게 '몸받이' 혹은 '씨받이'라는 말이 생각나게 한다. 전(田) 자는 결국 몸 안에 십자가가 있는 것이고, 몸 안에 있는, 섬겨야 하는 대상인 태양이 된다.

이렇게 음독, 훈독, 음차, 훈차를 하다 보면 '밭'에서 자연스럽게 '씨'라는 말로 넘어가게 된다. 씨와 발음이 같은 것으로 바다를 나타내는 [sea(바다)]와 [seed(씨)]를 연상할 수 있다. '씨'는 흔히 '알'과 함께 쓰여 '씨알'이 되는데, 이 말은 씨실(가로줄)과 날실(세로줄)이 되어, 베(布)나 그물(網)을 연상케 한다. 여기서 날실은 일(日) 줄로서 해실(日絲)이 되고, 씨실은 지실(祇絲)로서 '달(月, 地) 줄(絲)'의 뜻이 된다. 지(祇)는 중국 발음이 지(zhi)이고, 땅 귀신의 뜻으로 귀(鬼)나 제(帝)와 같은 뜻이며, 여기서 보일 시(示) 변이 떨어져 나가면 씨(氏)가 되어 혈통을 나타낸다.

그런데 풍류의 실상을 밝히려면 여기서 한 단계 더 들어가서 육두문자를 구사해야 한다. 육두문자(肉頭文字)란 골머리(骨頭)에 대응하는 말인 살머리(肉頭) 또는 삳머리, 즉 좆대가리를 말한다. 해는 남성을 상징하고, 땅은 여성을 상징한다. '날', '일(日)', '알'은 남성의 상징으로서 육두문자에서는 '불알'이다. 유식한 말로는 고환(睾丸)이다. 이것이 '씨알'에서의 '알'의 정체이다. 그러면 '씨' 정체는 '씨입(씹, 씨집)'이다. 노자(老子)의 ≪도덕경≫에서 말하는 곡신(谷神)이다.

우리말의 '바다'와 '밭'은 문화적으로 의미심장한 중층구조를 가지고 있다. 바다는 흔히 우물이라고도 불렀다. 우물 정(井) 자는 두 개의 열 십(十) 자로 만들어진 것으로 사실도 또한 씨받이와 깊은 관련이 있다. 지금 쓰이는 열 십(十) 자는 고대에는 일곱 칠(七) 자였다. 칠(七)은 성기의 부호이다. 두 개의 성기가 만나는 것은 바로 성교(性交)이고, '씹'은 신정(神政)의 핵심요소이다. 결국 이러한 자학(字學)을 따라가면 그 근원에는 인간의 재생산을 위한 성행위, 즉 섹스, 씹, 우물이라는 말에 도달한다. 바다, 밭, 씹, 우물은 우주를 나타낸다. 바다는 대우주, 즉 매크로코스모스를, 밭과 씹과 우물은 소우주, 즉 마이크로코스모스를 나타냄을 알 수 있다.

이제 성과 권력의 상관관계와 그 변천의 메커니즘을 살펴볼 차례이다. 권력은 성(性)을 억압하는 것이고, 문명은 성을 억압함으로써 구축되는 것이다. 이때 일차적으로 억압을 받는 성은 여성의 성이다. 남자의 성은 이차적으로 억압을 받는다. 예컨대 가부장사회는 한 여성이 한 남자에게 종속되는 것이다. 한 남자에게 소속된 여자는 그것을 떠나서는 사회적 의미를 갖지 못한다. 동시에 부계를 떠나서는 결국 아이를 키울 수도 없고 자신이 살아갈 수도 없다. 출계는 본질적으로 부계출계(여성의 모계는 여자가 직접 아이를 생산하는 담당자이기 때문에 굳이 누구의 아이라는 확인을 할 필요성을 느끼지 않는다. 또 여성은 자신이 낳은 아이를 양육하는 데에 관심이 많기 때문에 위로부터 내려오는 출계에 관심이 적다.)이다.

그렇다면 여성의 성이 억압받지 않던 시대 혹은 사회가 없었던가? 아니다. 특정시대를 정할 수는 없지만 적어도 모성시대와 모계사회를 전제할 수 있다. 이것은 인간의 삶이 거의 자연에 가깝고, 자연의 한 종(種)으로서 종의 번영에 관심을 가지지 않을 수 없었을 때의 일이다. 인간이 종의 번영을 위해 온갖 정성을 다하고, 성력을 숭배하고, 여성의 출산을 농경의 생산과 같은 개념으로 신성시한 시대가 있었다. 그러나 인구의 증가와 함께, 인간 종 내부의 생존경쟁이 권력경쟁으로 변모하면서 여성의 성은 인구를 부양하고 관리하기 위해서 감시하고 감독되어야 하는 것으로 변천한다. 이때부터 여성의 성은 무질서, 퇴폐, 혼돈으로 죄악시되었다. 혼돈이야말로 우주의 원형상, 일원상인데도 말이다. 바로 여성의 성(性)이 여신과 여왕의 권좌에서 폐위됨은 물론, 죄악과 원죄의 핵심으로 전락하였다. 여성의 성은 속악(俗惡)한 것이 되어 버렸다. 남자들은 성(性, 姓, 聖)을 차지하고 여성은 속(俗, 屬, 贖)이 되어 버렸다.

모계사회에서 부계사회로의 성적 변천을 살펴보자. 모계사회는 우선 여성의 성이 아무런 구속을 받지 않았다. 여성은 자기가 선택한 혹은 선택당한 남자와 성관계를 가지면서 아이를 낳으면 누구

(남자)의 아이냐를 상관하지 않고 집안과 사회가 키워 주었다. 모계 사회에서 인구가 많아지고 약간의 통치, 느슨한 통치라도 이루어지 려면 우두머리를 뽑아야 하는데 그것이 바로 무녀(巫女) 혹은 신녀 (神女)이다. 이것이 제정일치시대이다. 이들이 섬기는 신도 여신(女 神)이다. 이것이 바로 여신여사제(女神女司祭), 여왕여사제(女王女 司祭) 시대이다. 태양도 처음엔 여신이었다.

이것이 가부장사회가 되면서 서서히 남왕남사제(男王男司祭) 혹 은 남신남사제(男神男司祭) 시대로 변천한다. 그 중간에 여신남사 제(女神男司祭), 여왕남사제(女王男司祭), 남신여사제(男神女司祭), 남왕여사제(男王女司祭) 시대가 있다. 그런데 이러한 사회적 변천 과정에서 우리가 간과하기 쉬운 것은, 가부장사회가 되었을 때에 왕과 가족, 다시 말하면 국가와 개인 사이에 이루어지는 성적 메커 니즘의 변천이다. 성의 집중과 분산이 어떻게 이루어지는가를 살펴 볼 필요가 있다.

가부장사회에 들어서면 최고 권력자는 추장이든, 왕이든, 제왕이 든 절대적 존재인 '하나'이다. 권력이 집중되는 '하나'이다. 물론 그 권력은 왕이나 제왕에 이르러 절대성을 강화하지만 추장의 단 계에서도 단초를 보인다. '하나'는 성적으로 '다수'를 억압함으로써 다수의 집단을 다스리게 된다. 인간의 '성적 자유'는 권력과의 관 계에서 어떤 형태를 갖춘다.

물론 여기엔 집단과 개인 간의 권력배분의 문제가 개입되고 인 구의 재생산을 담보하기 위한 여성의 성에 대한 공유 등 집단적 전 략도 포함된다. 원시 모계사회에서 모든 여자는 '성적 자유'를 누 리는 대신에 인구의 재생산에 기여한다는 것이 전제된다. 또 여사제가 제정일치 사회에서 집단을 다스리는 것도 전제한다.

첫째, 여무(女巫)는 불특정 다수의 남자와 성관계를 맺는다. 무녀가 아이를 낳으면 하늘이 점지해 준 것이라고 한다. 다시 말하면 무녀의 아이나 나중에 사제왕(司祭王, shaman king)의 아이는 두말할 것도 없이 집단 전체의 아이이며 우두머리, 추장(酋長)이다. 이 단계는 원시 모계사회의 속성이 여전히 지배적이다.

둘째, 여무는 불특정 다수 가운데 한 남자와 성관계를 맺고 그를 죽인다. 그 남자를 죽이는 이유는 여무의 집단의 대표성을 훼손하지 않기 위해서이다. 역설적으로 남자의 부성, 부계에 대해 조금씩 의식이 생기는 순간이다. 결국 남자가 자신의 아이라고 주장할 것을 염려하여 죽이는 셈이다.

셋째, 인구증가와 함께 국가의 탄생을 준비하기 위해서 가부장사회가 된다. 가부장사회가 되면 남왕은 상징적으로 일 년에 한 번씩 신녀(神女)와 성혼례(sacred marriage)를 치른다. 이는 모계사회의 전통을 잇기 위해서이다. 말하자면 신녀에게 있는 집단의 대표성을 획득하기 위한 상징적 절차이다.

넷째, 남왕은 모든 결혼하는 여자에게 초야권(初夜權)을 갖는다. 이는 여자가 낳은 아이에 대해 상징적으로 지배권을 행사하는 것이다. 가부장사회, 즉 국가가 완전히 정착되는 단계로 왕은 어떤 여자와도 임의로 성관계와 결혼을 할 수 있다. 물론 도덕이라는 것이 있어서 규제를 하긴 하지만 궁극적으로 통하지 않는다(이는 실지로 어떤 신부가 낳은 아이가 왕의 아이일 수도 있다.).

다섯째, 남왕은 한정된 다수의 여자와 성관계를 맺고 그를 왕비로 맞이할 수도 있고, 하지 않을 수도 있다. 남왕은 물론 다른 신부의 초야권을 행사하지 않는다. 국가와 개인의 가부장의 긴장관계에서 왕은 모든 여자와 성관계를 할 수 있는 것에 제한을 받는다. 결혼한 모든 남자는 자신의 신부에 대해서 부권을 가지게 된다.

여섯째, 한 남자는 한 여자 혹은 그 이상의 여자를 아내로 둘 수 있으며 자신에게 종속시키게 된다. 왕도 심각하게 집단의 도덕적 제한을 받는다. 왕도 그렇지만 개인도 성관계와 결혼에 대해 복잡한 규칙의 제한을 받는다. 물론 이것이 발전하여 오늘의 일부일처제가 탄생한다.

이상이 성과 관련한 가부장제의 완성의 메커니즘이다. 가부장과 모계 사이에서 가장 극단적인 것을 상정하면 이렇다. 남자의 성독점(性獨裁)이 가장 극단적으로 나타난 경우는 "모든 여자에게 씨를 뿌린다(바람둥이, 카사노바)."는 것이고 여자의 성해방(性供犠)이 가장 극단적으로 나타난 경우가 "어떤 남자라도 받아들인다(여신, 팜므파탈)."는 것이다. 인간은 질서적 존재인가, 방탕의 존재인가? 질서의 입장에서 보면 자유는 종종 방탕으로 보일 수 있다. 하지만 자유의 끝에는 무엇이 있는가? 성적 해방, 자유, 퇴폐가 있지 않다고 누가 말할 수 있는가? 남자들은 자신은 보다 많은 여자에게 씨를 뿌리려고 하면서도 자신의 여자는 독점하려는 모순을 가지고 있다.

인류사에서 축제라는 것은 무엇인가? '축제적 인간(Homo festivus)'은 난장판(orgy)을 추구한다. 그렇게 생각하면 질서와 해방이라는 것이 상대적인 것이고 양면적인 것이라는 것을 이해하게 된다. 남자들은 방탕한 자유를 꿈꾸는 유전인자를 가지고 있는 듯하다. 여자들도 남자들을 무질서로 인도해 모든 억압을 풀어 주는 것을 즐기는 것 같다. 실제로 이러한 마을과 공동체의 축제, 혹은 가정에서 이루어지는 작은 축제인 '섹스'를 통해 인류가 재생산되는 것도 사실이다. 섹스라는 것은 생각하기에 따라서는 배설되어야만 하는 배설물(이 가운데 정자와 난자도 있다.)을 재활용하는(recycling) 행위일 수도 있다. 그래서 재생산(reproduction)이라고 하지 않는가. 사회적 질서이든, 종교적 도덕이든 이러한 것들은 인류의 재생산 메커니즘의 일부로서 존재하는 것들이 아닌가 하는 생각이 든다. 짝짓기는 축제의 클라이맥스이다.

여신 아난다는 이렇게 말했다. "우루크의 모든 사람들에게 축제를 즐기게 하라." 그리고 그녀는 일 년에 한 차례 거행되는 신성결혼(sacred marriage)에서 대축제를 마련하고 남녀가 서로 옷을 바꾸어 입고 게임을 하면서 난잡한 성행위를 하게 했다. 모든 축제는 기존의 질서를 파괴하거나 일탈하는 과정을 가지고 있다. 만약 그러한 과정이 없다면 축제가 아닐 것이다. 모계 - 원시적 사회의 축제 과정에서 여성의 성기는 모든 남자에게 열려 있는 것이었다. 여성의 성기는 본래 열려져 있는 것이다. 이것을 닫은 것은 가부장사회의 남자들이다. 남자들의 성기는 본래 닫혀 있다. 그래서 남자를 범할 수 없다. 남녀의 성기를 가장 잘 표현하는 것은 바로 열쇠와 자물쇠이다. 남자는 여자를 열려고 한다. 여자는 남자가 열면 열리고 닫으면 자물쇠가 된다.

종의 영속, 인구의 증가, 즉 대를 끊어지지 않게 하는 것이 절체절명이었던 시대를 생각하면 축제에서 난잡한 섹스는 주술적인 생존처방이었는지도 모른다. 주술의 특징은 일대일의 원인과 결과의 인과관계가 아니다. 즉 일인일과(一因一果)가 아니었다. 과학이 덜

발달되었을 당시, 다인다과(多因多果), 혹은 일인다과(一因多果), 혹은 다인일과(多因一果)야말로 인류가 생존할 수 있는 현명한 방법이었다. 다시 말하면 군(群) 대 군(群)의 짝 맞추기라는, 요즘 용어로는 조합적 방법이 최선이었다.

그러한 조합에는 주술이 필요하다. 주술은 '보이지 않는 힘' 정령에게 비는 행위이다. 그 하나에 하느님도 들어갈 수 있고, 다른 여러 천지신명이 포함될 수도 있다. 원인이든, 결과이든, 목적이든, 수단이든 간에 그 하나(一)가 불확실하였을 당시에 하나를 위하여 (혹은 하나를 목적하여) 인간은 축제를 벌였다. 남녀의 짝 맞추기 (조합)도 그러한 축제의 하나였다. 아니 축제에는 으레 그러한 짝 맞추기가 있었다. 그러한 짝 맞추기가 자유로웠을 당시를 상상하기 어렵지만 오늘의 축제를 자세히 들여다보면 여전히 그러한 관습과 전통을 찾아볼 수 있다.

생물의 재생산을 위한 섹스는 실은 개체가 생명이라는 항상성(恒常性)을 유지하기 위해 음식을 먹고 소화하고 배설하는 과정에서 보면 배설의 일부가 재생산이라는 메커니즘으로 돌아오는 것이다. 일종의 생명의 리사이클링(recycling)인 셈이다. 그러나 이 리사이클링이란 것은 본질적으로 불확실성이 개재되어 있다. 다시 말하면 섹스를 한다고 반드시 임신을 하는 것은 아니기 때문이다. 이 재생산의 불확실성을 줄이기 위해 생물은 서로 다른 암수(남녀)의 잦은 교접을 행해 왔다.

물론 생물종 간(inter – species)의 먹이연쇄, 약육강식이 생물종 내부(intra – species)의 위계체계, 혹은 수컷의 우두머리 싸움으로 되기 전, 인간에게 가부장사회가 되기 전에 상상할 수 있는 것은 재생산을 담당하는 암컷의 수컷을 선택할 수 있는 무제한의 자유이다. 이 것은 암컷(여성) 위주의 생식체계이다. 이때 암컷은 물론 '능력 있는 수컷(생존능력이 좋은 유전인자를 가진 것이기에)'을 나름대로 고르는 기체를 가졌을 것이다. 물론 이것 중에는 수컷끼리의 암컷을 차지하기 위한 싸움을 통해 승자를 택하는 것도 포함된다. 말하자면 승자에게 자신의 몸을 내주는 것은 당연하다. 이것은 모계적이다. 모계적인 것에는 여성의 성이 다분히 공유되는 자산과도 같은 것이다. 여성의 신체가 마치 토지와 같은 재산으로 취급되는 것은, 또 '여성＝대지'라고 비유되는 것은 다분히 생물의 재생산체계와 연관성이 있다.

수컷(남성)의 새끼(자식)에 대한 애정은 비단 인간에 이르러서 드러나는 현상은 아니다. 물고기의 경우 대체로 암컷이 알을 뿌리고 가면 수컷이 그 뒤를 따라와 수정을 하는 관계로 수컷의 자식에 대한 정성이 놀랍다. 말하자면 수정과 부화의 최종 책임을 지는 자가 수컷이다. 그러나 조류는 대체로 핵가족이고 공동책임을 진다. 그래서 역할도 바꾸어 가는 경우가 많다. 그러나 포유류에 오면 사정은 달라진다. 암컷이 재생산을 최종 책임지는 담당자인 것이다. 누구(남성)의 씨인지 알 필요도 없고 여성이 출산하는 자식은 사회가 공동으로 키우는 것에 가깝다. 이런 것을 두고 소위 원시공산사회를 연상할 수 있다. 성(性)의 공유라는 개념이 없이 공산사회가 된다는 것은 실질적으로 힘들다.

포유류에 있어서 수컷의 새끼에 대한 애정의 강도는 암컷을 따를 수는 없다. 예컨대 남성은 수많은 정자를 배출하여 그 가운데서 자신의 유전자를 전하는 목적을 달성하게 된다. 이에 비해 여성의 난자 수도 평생 한정되어 있다. 여성은 훌륭한 남성을 선택하지 않으면 안 된다. 누가(남성) 자신의 자식을 훌륭하게 성인이 될 때까지 키우는 데에 유리한가를 가늠하지 않으면 안 된다. 잘못하면 여성은 자신의 유전자를 전하지 못할 위험도 있을 수 있기 때문이다. 개체적으로는 여성은 그런 입장이다(어쩌면 그런 생각을 할 여유가 없을 수도 있다.). 그러나 집단의 경우 사정은 달라진다. 여성의 선택보다는 불확실성을 줄이기 위한 전략이 필요하다.

그것이 바로 여성이 여러 남자와 성행위를 하는 방식이다. 아마도 인류의 축제는 '술＝여성＝고기＝섹스'라는 육(肉)의 순환과 재생산을 위한 기제였는지도 모른다. 이것은 오늘의 개념에서 집단혼음(集團混淫)이나 난교(亂交)나 성의 타락이 아니라 생물 종의 재생산 메커니즘의 일부로 받아들여져야 한다. 그래서 가부장사회의 입장에서 보면 여성은 성적 타락의 존재, 원죄의 존재가 될지 모른다. 기독교 성경은 이를 잘 반영하고 있다. 유목민족의 절대신 체계가 아닌, 가부장사회가 아닌 모계사회, 농경민족의 축제, 예컨대 바알축제 같은 것은 성(性)의 자유가 도리어 풍요(豐饒)와 연결되어 신성시된 이유를 알게 한다.

가부장사회의 시각에서 보면 여신이나 무당이라는 것은 도리어 창녀에 불과하다. 그러나 모계사회의 시각에서 보면 그것은 전혀 다르다. 축제라는 것은 남성의 정자배출 욕구와 여성의 재생산의 불확실성이라는 것을 집단적으로 해결하기 위한 것일 가능성이 높다. 이것이 가부장사회가 되어서도 전해진 것이다. 가부장사회가 되면 여성은 한 남자에게 소속된다. 그리고 여성의 집단성은 한 남자에게 소속된 가정을 통해서만 실현된다. 여성 스스로의 집단성은 극도로 제한된다. 물론 가부장제의 기제 속에서도 여성은 본능적으로 훌륭한 남자(수컷)에 대한 욕망을 완전히 버리지는 않는다. 단지 사회적 제약 속에서 제한되는 것일 뿐이다.

가부장사회는 질서와 위계의 사회이다. 공산사회, 공동사회 혹은 공동체적 성향이 모계사회보다는 확실히 줄어든다. 그래서 가부장사회는 일상에서의 위계와 억압과 감시를 벗어나 특정 시공간에서 일탈을 허용한다. 이것이 축제이다. 그러한 점에서 축제는 근본적으로 모계적이고 여성적이다. 축제의 중심이 되는 사원(사찰이나 교회)은 제정일치 사회의 모계적 성향을 오늘에도 전하고 있는 제도이다. 제정분리와 더불어 정치권력의 아래에 들어간 종교권력은 여성을 중심으로 죽음과 내세를 관장하게 된 것이다. 권력의 입장에서 보면 내세란 알 수 없는, 불확실하고 불명확한 상상계의 담론인 것이다.

가부장사회에서 남성은 원시미개사회의 사냥에 해당하는 각종 일을 집 밖에서 처리하지만 실은 항상 사냥(혹은 전쟁)의 축제를 벌이고 있는지도 모른다. 물론 상류귀족사회는 특히 더 그럴 것이다. 그래서 특별히 축제에 대한 욕망이 크지 않다. 그러나 여성에게 축제의 의미는 크다. 일상에서의 탈출을 시도할 수 있는 정해진 날이다(물론 이것도 기혼여성에게는 해당되지 않는 경우가 많다. 축제를 장만하느라고 도리어 지친다.). 그래서 특히 미혼의 처녀들에게는 의미가 크다. 신랑감을 고를 수 있는 절호의 기회인 셈이다. 축제가 흔히 난장판(orgy)이 되는 것은 이 때문이다.

가부장사회는 그러한 점에서 축제를 제도화하고 남성의 정자배출 욕구를 창녀라는 특수집단을 통해서 해결한다. 그래서 여성은 한 남자에게 소속되는 가정주부와 그렇지 못한 창녀로 구분한다. 창녀란 한 남자에게 소속되지 않는 여성이다. 가부장사회에서 여성이 혼기를 놓치는 것은 매우 위험한 것이고 집안으로서는 큰일 날 일이다. 가정주부가 되지 못하는 여성은 남의 후처나 첩이나 아니면, 기생이나 광의의 창녀집단에 들어가야 하는 것을 의미하기 때문이다. 기생이나 창녀는 실은 가부장사회의 출구와 같은 것이다. 어떤 의미에서 기생이나 창녀를 통해서 가부장사회의 남성은 언제라도 축제에 빠져들 수 있는 셈이다.

가부장사회에서 달라진 것은 단지 여성들의 성이 더욱 억압되었다는 것뿐이다. 가부장사회에서 남자는 바람을 피우면서도 '질서적 존재'이다. 그래서 여성에게 한편으로는 정조를, 다른 한편으론 유혹을 동시에 원한다. 여성은 바로 유혹 때문에 '혼돈적 존재'이다. 축제는 도리어 혼돈을 즐기는 것이다. 혼돈이라는 것은 질서의 파괴라는 측면도 있지만 도리어 세계의 전체상, 우주의 일원상에 대한 회복의 계기가 된다. 축제는 평소에 질서유지를 위해 억압으로 작용했던 도덕과 위계에 대한 본능의 회복을 도모하는 기간이다. 이것은 인류에게 여성성에 대한 가치와 의미를 회복하는 기간이기도 한다. 축제란 남성들의 생산(product)에 대한 여성의 재생산(reproduct)의 가치를 제고하는 기간이다.

축제란 겉으로는 영혼이나 정령에 대한 제사를 지내지만 실은 그러한 비유를 통해서 육체와 여성에 대한 중요성을 일깨우고 그것을 먹고 마시는 '식음(食飮)의 놀이'이다. 자연의 '육(肉)의 순환'에 정령을 붙이고 그것에 계급적 의미를 부여한 인간이, 그 계급을 타파하고 원시성으로 돌아가는, 혹은 문명에 대해 성력의 회복을 꿈꾸는 기간이다. 축제에는 왜 술과 고기와 여성이 필요한가? '육(肉)의 순환' 때문이다. 축제는 종교와 정치가 분리되기 전, 제정일치 사회에서 인간의 재생산의 장치였으며 종교적 초월(transcendent) 혹은 성화(hierophany), 정치사회적 대동단결(cooperation)과 결속력(solidarity)을 도모하기 위한 것이었다. 그런데 위의 셋은 모두 취(醉)하게 하는 특징을 가지고 있다. 또 덧붙이면 중독을 불러일으킨다. 이들은 먹는 것은 남성이다. 여성은 자신의 고기(육체)를 남자에게 주는 대가로 고기를 얻어먹는다. 여성은 고기를 얻어먹어야 다시 육체를 생산하기 때문이다.

여자는 남자와 달리 육체의 재생산을 하여야 하는 임무를 부여받고 있다. 그렇기 때문에 물질(재화)이 필요하고 고기가 필요하다. 그래서 남자의 보호를 받아야 한다. 이것은 여자가 아이를 낳아야 하는 상황, 인간조건이 해제되지 않는 한 여자에게 씌워진 굴레이다. 여자는 몸의 재생산을 담당함으로써, 또 한 남자에게 소속됨으로써 정치적 혹은 집단적 실력행사에 결정적으로 불리하다. 모계사회가 모권사회가 아닌 이유가 여기에 있다. 여자는 '정(政)의 존재'가 아니라 '제(祭)의 존재'이다. 이는 인간사회의 존속을 위해 자신의 몸을 봉헌(奉獻)하는 존재라는 뜻이다. 마치 뱀에게 자신의 몸을 던져(뱀 앞에서 약을 올려서 자신을 먹게 하여) 새끼를 번식한다는 '두꺼비 신화(이것은 사실이 아니다. 신화이다.)'와 같은 존재이다.

인간 종(種)의 재생산에 내재한 불확실성을 줄이기 위한 원시 혹은 모계사회의 '성(性)의 자유'와 관련하여 한 남자와 불특정 다수의 여자, 혹은 한 여자와 불특정 다수의 여자와의 성관계를 살펴보

자. 이것은 오늘날 흔히 가면무도회와 같은 것으로 재현되지만 과거에는 흔히 제단이나 사원에서 이러한 일들이 벌어졌다. 이와 관련하여 우리말인 '용두(龍頭)질'과 '사당(社堂)질'에 대한 고찰을 해 보자.

용두(龍頭)는 본래 남성의 성기를 말한다. 용두질은 오늘날 남성의 자위행위(masturbation)를 말한다. 이것은 요즘처럼 혼자서 성행위를 하는 의미의 자위행위가 아니라 적어도 남성이 불특정 다수의 여성과 성관계를 맺는 것과 관련이 있을 성싶다. 남자의 성기는 자신의 만족을 위하기에 적합하다. 의사가 없으면 발기하지 않는다. 여자의 성기는 스스로 만족하기에 부적합하다. 자신의 의사와 상관없이 열려 있다. 남자의 성욕은 시각과 발기에 의해 이루어지지만 여자의 성기는 오감과 분위기가 필요하다. 그런 점에서 남자는 '마스터베이션의 동물'이다. 여기엔 남자는 스스로 고기를 먹는 동물이라는 함축이 깔려 있다.

이에 비해 여자는 '공희(供犧)의 동물'이라고 말할 수 있다. 여기엔 여자는 자신의 고기를 주는 동물이라는 함축이 깔려 있다. 여자의 성행위 자체가 '육(肉)의 순환 혹은 재생산을 위한 희생(sacrifice)'이라는 의미이다. 여자는 자신의 의사와 상관없이 성폭력을 당했다고 하더라도 임신의 위험이 있고 최악의 경우 그것을 혼자서 책임지지 않으면 안 된다. 그것은 희생의 가능성을 말한다. 그래서 이를 특징적으로 말한다면 남자의 성기는 '자아(自我)의 성기'이고 '개인의 성기'인 데 반해 여자의 성기는 '무아(無我)의 성기'이고 '집단의 성기'이다. 인간 종의 번식에 대한 우려가 불식되자 인간집단은 집단 내의 권력경쟁에 돌입하게 되는데 남자라는 족속은 그렇게 권력적으로 태어난 종자이다. 비유적으로 말한다면 남자의 성기는 기독교적이고 유교적이고, 여자의 성기는 불교적이고 도교적이다. 용두질은 아마도 종묘(宗廟)와 관련이 있을 성싶다.

이에 반해 '사당질'이라는 것이 있다. 사당질은 용두질과 정반대로 여성이 불특정 다수의 남성과 성관계를 맺는 것과 관련이 있을 듯하다. 사당(社堂)에서 여신의 시절에 이루어진 성습관일 것이다. 사당은 본래 사직(社稷)신, 즉 땅신에게 제사를 지내는 곳이다. 사당질은 여성의 성적 해방을 뜻하는데 일종의 고대의 프리섹스(free sex)에 해당한다. 여성은 한 달에 한 번씩 월경(menstruation)을 하는데 이것이 생산을 할 수 있다는 신체적 신호라는 점에서 남자의 마스터베이션에 대칭되는 말이다.

월경이 배란일과는 거리가 있지만 월경 자체의 신호는 충분히 성적인 유혹의 신호가 된다. 월경이 없으면 여성은 여성으로서의 존재가치를 상실하게 된다. 여성의 젊음은 남성의 권력과 마찬가지로 대등하다. 이는 여성의 생식능력과 관련이 있다. 젊은 여성은 생식과 수반하여 성적 매력을 풍기고 있고, 실지로 남성을 은밀히 유혹하기도 하는 것이다. 이를 알고 있는 권력형의 여자들은 자신의 성적 매력을 생식에 기여하는 것이 아니라 권력을 얻는 수단으로 십분 사용했다. 이들이 여걸형의 여성들이다. 광범위한 의미의 기생은 여기에 포함된다.

여성은 남성에 비해 섹스의 절정에 대한 욕구가 덜하다. 이는 임신을 한다는 신체적 구조가 이미 여성을 '쾌락으로서의 섹스'보다는 '재생산을 위한 섹스'에 가깝게 만들어진 때문이다. 여성은 아이를 배면 성적인 욕구가 현저하게 줄어든다. 여성은 남성에 비해 마스터베이션의 욕구도 덜하다. 남자는 번식을 위해 한 번 사정에 억 대의 정자를 내놓지만 여성은 평생 400개의 난자를 내놓는다. 여성은 남성보다는 성적 충동에 있어서 상대적으로 주기성에 매여 있기 때문에 마스터베이션의 욕구의 정도가 훨씬 덜할 것이다. 여성의 성은 지극히 사적(私的)인 것 같지만 실은 남성의 성보다 훨씬 공적(公的)이다.

남자의 성감대는 집중적이고 직선적이다. 이에 비해 여자의 그것은 흩어져 있고 우회적이다. 그래서 남자가 더 자위의 욕구를 가진다. 자위는 생물의 배설욕구의 일부이다. 배설이 재생산으로 이어지든, 아니든 욕구를 가지는 것이다. 남자의 성기는 처음부터 마스터베이션과 오르가즘을 위한 것으로 태어난 듯하다. 남자는 짧은 기간에도 이것을 실현시킬 수 있다. 암컷(여성)에게 빨리 사정을 함으로써 임신의 확률을 높여야 하는 수컷(남성)의 특성은 몸 전체가 아니라 용두의 마찰만으로도 목적을 달성할 수 있는 기제를 가지고 있다. 이에 비해 여성은 느리고 분산되어 있어 집중하는 데에 불리하다. 물론 이런 분산된 특징이 나중에 아이를 키우고 가정살림을 꾸려 가는 데는 유리하게 작용한다. 여성의 성은 확실히 자위보다는 재생산을 위해 기획된 듯하다. 여자는 성적 만족보다는 남자의 능력에 관심을 집중한다.

여성운동가들은 흔히 여성을 자웅동체적 존재로 그리려고 한다. 자웅동체는 신체적으로 완벽한 것이다. 그러나 여성은 남성에 비해서는 성적 완전성이 강하지만 그것은 신화적인 것이고 생물학적인 것은 실제로 그런 것은 아니다. 여성도 역시 불완전성 때문에 남성을 찾는다. 문명은 성을 구속하지만 자연은 결코 처음부터 성을 구속하지 않았다. 남녀의 성, 혹은 성관계는 본래 구속되거나 규정된 것이 아니다. 남녀는 누구와, 혹은 몇 사람과도 성관계를 맺는 성적 구조를 가지고 있다. 발정기라는 것을 벗어남으로써 상대적으로 '열려진 성'이 된 인간의 성은 도덕과 법에 의해 '제한받는 성' '닫힌 성'이 된다. '닫힌 성'이라는 것은 남성에 비해 여성에게 집중적으로 요구된다.

인간 종은 다른 유인원에 비해서도 성적 한계에 대해 성적 자유를 넓혔으나(쾌락으로서의 성에 이르기까지) 훨씬 후대에 가부장제의 등장과 더불어 이것을 제한하고 억압하는 도덕과 법을 만들었다. 도덕이라는 것은 대체로 지배자의 피지배자에 대한 요구이다. 물론 지배자에게도 도덕이라는 것이 적용되지만 그것은 극도로 제한된다. 도리어 지배자에게 흉년의 문제, 집단의 통솔력 부재를 들어 '왕의 살해'와 같은 것이 일어날 수도 있다. 그러나 이것은 극단적인 경우이고 대체로 지배자는 일반의 도덕률로부터 벗어나 있거나 성에 관한 한 매우 관대한, 매우 쾌락적인 다른 도덕률을 적용받는다.

왕의 성적 문란과 여러 번의 결혼, 여러 처첩은 그것 때문에 문제가 되는 것이 아니라 그것으로 인해서 나라가 망한다거나 나라의 존속에 심각한 위해(危害)가 발생했을 경우에 처벌과 살해와 같은 조처가 취해진다. 그것이 아니면 도리어 후사를 위해서 처와 자식은 많으면 많을수록 좋은 것이다. 왕에게 일반의 도덕률을 적용하는 국가는 없었다. 도덕이라는 것은 가부장사회의 확립과 국가의 성립, 고등종교의 탄생과 일련의 관계를 가지고 있다. 인구증가와 인구유지, 국가성립과 국가유지 때문에 요구된 것이다.

확실하게 추측할 수 있는 것은 종의 번영, 인구의 증가가 생존과 제의 하나였을 때 인류는 성관계와 결혼, 가족에 대해 보다 집단적 전략의 형태를 띠었다는 것이다. 집단의 영속에 심각한 위험이 발생하면 도덕이라는 것은 부차적인 것으로 밀려난다. 이 경우에 근친상간도 문제가 되지 않는다. 남자에 의해 주도되는 외혼제(exogamy)는 전쟁의 정복과 결혼동맹, 약탈혼에서도 찾을 수 있다. 생물에게 자손의 번식은 일차적 목적이다. 여기서 여러 가지의 이차적 목적이 생기지만 이것은 사회구조로 인해서 관심의 분산과 직업적 결과로서 생겨난 것이다.

　종교의 탄생과 직업으로서의 사제의 탄생은 비록 성욕의 억제를 요구하지만 이것은 일종의 역전에 속한다. 종교도 처음 모계사회에서는 성욕의 억제가 아니라 성욕의 자유와 자손의 재생산의 확률을 높이는 것에 초점이 맞추어졌다. 나중에 가부장제가 들어서면서 권력의 계급적(혹은 계층적) 특성이 성욕을 억제하기 시작했던 것이다. 성욕은 가부장제와 더불어 개인적이고 동시에 억압적인 것으로 변했다. 이것은 성욕의 변형이고 심하면 역전에 속한다. 인간의 문화는 언제나 하나의 극에 다다르면 다른 극으로 향하는 역전의 기회를 갖는다. 이것은 어쩌면 우주가 순환하는 것임을 증명하는 것이 된다. 풍류(風流)라는 말에도 그러한 집단적 전략의 냄새가 난다. 풍류는 다분히 '풍(風)＝새＝하늘, 류(流)＝우물＝땅'의 개념을 떠올리게 한다. 이것은 '풍(風)＝태양＝불, 류(流)＝달＝물'의 의미를 파생한다.

　결국 풍류라는 말에서 새(鳥)와 태양 토템과의 관련성을 살펴볼 수 있다. 풍(風)은 태양이며 새이다. 이것을 토템으로 사용한 부족이 있었을 가능성을 상상해 볼 수 있다. 어쩌면 동서양의 원시 권력들은 모두 바로 새와 태양을 자신의 토템으로 삼았을 가능성도 있다. 태양계의 행성에 살고 있는 인간은 오늘날과 같은 과학적 우주관을 가지지 못하였을지라도 날마다 생활에서 태양을 중심으로 살지 않으면 안 되는 실존을 느꼈을 것임에 틀림없다. 까마귀 오(烏)는 새 조(鳥) 자의 변형임을 형상(形象)과 형성(形聲)에서 알 수 있다. 고구려의 상징은 삼족오(三足烏)이다. 또한 고구려의 상징은 우물 정(井) 자이다. 전자는 토템이고 후자는 일종의 문양이다. 이것은 하늘과 땅을 상징하기도 한다. 예컨대 '하늘에서는 삼족오, 땅에서는 우물 정'이 그것이다.

이를 미루어 보면 풍(風)은 환인의 환국, 환웅의 배달국, 단군의 고조선 등 태양신족 혹은 봉황족의 혈통이었을 가능성을 시사하고 있다. 이 환국(桓國)의 전통이 조선(朝鮮)으로 이어졌던 셈이다. 풍(風) 자에는 씨를 뿌리는 '바람둥이'의 모습이 있다. 그 뿌리 씨앗이 농사를 잘 지으면 풍(豐)이 된다. 풍류의 류(流)는 환국(桓國)의 혈통(血統)을 나타내는 것인지도 모른다. 류(流) 자는 또한 아이를 생산하는 모습이 아닌가. 예컨대 고대 여신전(女神殿)이었던 우물(井) 혹은 샘(泉)에서 태어나는 '하늘 아이(天子, 太子, 童子)', 다시 말하면 아버지가 없는 아이가 아닐까. '신전의 아들'은 특정한 아버지의 아들이 아니기 때문에 천자가 될 수 있다. 이것을 오늘날은 아버지 없는 아이, 즉 사생아라고 하지만 예전에는 천자야말로 신전의 아들이었던 것이다.

가부장사회로 완전히 넘어가기 전까지는 집단의 왕은 하늘과 태양의 이름을 빌리지 않을 수 없었다. 우리말에 '바람둥이'라는 말이 있다. 바람둥이라는 말은 바로 태양신족의 아이인 셈이다. 바람둥이는 예전에 왕들의 초야권(初夜權)과 관련이 있을지도 모른다. 바람둥이야말로 하늘의 아이이고 집단의 지배자가 될 만한 출신성분을 가진 것이다. 또 여자가 바람피우는 일을 사당질이라고 하는 것도 풍류에서 그 유래를 발견할 수 있는 일이다. 여성들은 사당에서 불특정 다수의 남자와 성관계를 맺고 신의 씨를 잉태하였던 것이다. 혹시 사랑이라는 말도 사당에서 전화(轉化)된 것이 아닌가 싶다. 사당질은 신여(神女), 혹은 여신(女神) 혹은 왕비들이나 하는 신성한 성교였던 셈이다. 바람둥이와 함께 '산(山) 아이＝사나이'에 대해서도 '풍신(風神)＝선(仙)'의 관점에서 궁금증이 간다. 오늘날 산간의 절에서 불공을 드려 아이를 갖는 경우를 생각하면 조금 짐작이 간다.

풍류는 제정일치 혹은 문화의 원형일 가능성이 높다. 풍류는 동시에 주술과 관련성이 높다. 주술이라는 것은 허무맹랑한 미신이 아니라 보이지 않는 힘에 대한 원초적 신앙이다. 고등종교도 원천적으로 이런 주술적 힘을 완전히 제거하면 무엇이 고유한 것으로 남을지 의문이다. 풍교(風敎)가 도덕교화로, 풍속(風俗)이 의식주 전반의 미풍양속으로, 풍악(風樂)이 음악과 춤의 대명사로 쓰인 언어 관습을 통해 우리는 풍류의 삼박자를 짐작할 수 있다. 풍교가 성(聖)을, 풍속이 속(俗)을 담당하고, 풍악이 그것의 생활예술이 아니었을까?

풍(風)이 바로 풍신(風神)으로 신이고, 이것이 오늘날 하느님(태양)과 같은 것이 아니었을까? 어쩌면 한민족은 오늘의 유대인처럼 자신들이 신의 아들인 천손족으로 믿었을 것이다. 풍류도는 한마디로 고대 동이족의 하느님 신앙이라고 말할 수 있다. 풍류도란 측면에서 한민족은 동이족에서 조금도 변하지 않았다. 여전히 하느님을 신앙하고 있기 때문이다. 오늘날 기독교가 융성하게 된 데는 소위 기독교의 여호와를 우리 문화의 풍(風)신앙, 새신앙, 태양신앙, 하늘신앙(하느님, 한울님, 하나님)에 대입하여 '하느님'이라고 한 것에서 찾을 수 있다. 종교적 경전의 방대함도 실은 하나의 말에 응축될 수 있다. 하나의 기도, 염불, 진언 속에 담을 수 있다. 이것을 말의 위대함이라고 하여야 할까, 말의 영원성이라고 하여야 할까, 아니면 태양계의 가족으로서 본능적으로 가지는 집단무의식적 상징(이미지)이라고 하여야 할까?

그렇다면 풍신(風神)은 무엇일까? 한국에서 '신(神)'은 바로 '풍(風)'이었다. 그래서 풍교(風敎)는 신교(神敎)이다. 이것은 마치 '음악'을 '소리'라고 하고, '무용'을 '춤'이라고 하고 '미술'을 '그림'이라고 하고 '문자'를 '글자'라고 하고 '축제'를 '굿'이라고 하는 것과 같다. 그렇다면 신(神)은 무엇일까? 신을 무엇으로 설명하여야 언어적 장벽, 편견, 오해를 벗어날 수 있을까? 그래서 보이지 않고 형상이 없는 가장 추상적인 것을 생각하니 '소리'였다. 바람도 보이지 않는다는 점에서 바로 '소리'이다.

무당을 지무(知舞)라고 하듯이 소리꾼을 지음(知音)이라고 한다. 이는 핵심을 안다는 뜻이다. 혹시 지음(知音)이 관음(觀音)이 아닌가. 소리야말로 가장 자연적인 지각이미지이다. 소리는 그림에도 불구하고 가장 멀리 미친다. 소리가 말(음성언어)이 되고 말이 글자(문자언어)가 되면 보다 넓게 멀리 미치지만 자연적인 이미지로서는 소리가 제일이다. 소리는 빛보다는 미치는 영역이 좁지만 그대로 빛에 가장 견줄 만한 것이다. 태초에 신은 물이었다. 그다음에 신은 빛(불)이었다. 그다음에 신은 소리였다. 빛과 소리야말로 신을 나타내는 지각이미지이다. 빛은 파동이고 소리도 파동이다. 빛과 소리의 파동을 다른 글자로 말하면 바로 기(氣) 혹은 기파(氣波)이다. 이것은 결국 에너지의 파동이다.

말을 가장 잘 구사하는 인간은 '신(神)'을 '말(言, 語)'이라고 하고 싶을 것이다. 그러나 말에 의한 도그마는 말의 장벽 때문에 도리어 오해(오만)와 편견을 불러왔을 뿐이다. 소리와 파동은 음양을 가지고 있다. 소리의 음양의 조화를 이룩하는 것이 바로 신의 일이고 기능이다. 음양(陰陽)은 동정(動靜)이다. 동중정(動中靜)과 정중동(靜中動), 화이부동(和而不同)이 바로 음양의 최종 목표이다. 음양의 관점, 남녀의 관점에서 신과 귀신을 바라보는 것은 과학시대, 기(氣)의 파동의 시대, 에너지 불변의 법칙 시대에 걸맞은 새로운 신관이 될 수도 있다. 풍(風)은 바로 에너지이고 기(氣)이다. 그러한 점에서 무교(巫敎), 신선교(神仙敎), 선교(仙敎), 풍교(風敎), 풍류선(風流仙)으로서의 풍류도는 새롭게 미래의 종교가 될 가능성을 가지고 있다. 풍류도의 부활은 바로 단군의 새로운 부활, 21세기적 부활이 될 것이다.

종교는 집단적 시(詩)이고 과학은 집단적 산문(散文)이다. '종교와 축제(신화)'는 모순구조를 진리로 하고, '과학과 시장(역사)'은 진리를 모순구조로 한다. '종교와 축제(신화)'에는 분류의 등급이 있고 '과학과 시장(역사)'에는 법칙의 등급이 있는 셈이다. 삶 자체는 종교이고 축제이다. 그러나 삶의 앎은 과학이다. 그런데 종교의 믿음과 과학의 언어와는 또 다른 화폐(돈)라는 종교도 아니고 과학도 아닌 제3의 문화가 맹위를 떨치고 있다. 이것은 믿음과 언어보다 훨씬 더 강력한 믿음이고 언어이다. 종교도 과학도 화폐가 지배하고 있다. 이것은 굳이 종교라거나 과학이라고 말할 필요가 없다. 화폐는 분명히 종교이면서 동시에 과학이라는 애매모호한 태도를 취하고 있다. 이것은 지구촌 시대의 새로운 '과학종교'라는 새로운 정령, 아니면 '종교과학'이라는 새로운 언어인지도 모른다.

만약 단군이 그런 위치를 차지하려면 새로운 정령이 되거나 새로운 언어가 되어야 한다. 금융자본주의의 최전성기 시대에 서서 구태의연한 방식으로 천지인, 원방각이나 외워 대면 이는 실지로 천지인, 원방각의 의미도 모르고 있다는 의미밖에 되지 않는다. 인류는 다시 절대신 혹은 '거대 신'의 단계에서 차라리 상대신, '작은 신'으로 돌아가고자 한다. 그런 점에서 단군의 부활은 한국인의 부활이 될 것이다. 단군신화는 모계성의 부활과 함께 재조명되어야 할 신화이다.

결론적으로 단군의 알리바이는 모계사회의 장자였던 '천손족＝동이족＝한민족'이 이동과정에서 국가형성기를 전후로 하여 중국과의 쟁패를 이루면서 동아시아의 중심, 주류, 적통에서 밀려나게 되었던 것 같다. 그 후 만주와 한반도로 옮겨 오게 된 천손족은 민족의 위기 때마다 정체성 확인이 필요하게 되는데 이때 정리된 것이 단군신화이다. 단군신화는 주로 구전이나 서책을 통해 고래로 전해 오던 내용을 다시 정리한 것이라고 할 수 있다. 동이족이 한족에게 밀린 것은 한자의 주도권을 중국에게 빼앗기면서 한자가 중국의 국자가 된 것이 첫째 이유이다(한자의 성립과정을 보면 갑골문이나 금문은 반드시 중국의 것이라고 할 수 없다.). 그때부터 기록의 주인이 된 한족은 중원대륙을 무대로 한자문명권을 이루었고 역사의 주도권을 잡았다. 그 이전의 한글(가림토)문명권과 모계사회는 아직도 수수께끼와 같은 동아시아 고대사를 간직하고 있다.

모계사회에서 부계사회로의 전환과정에서 중국 한족은 발 빠르게 적응하였는데 한민족은 그러지 못하였을 수도 있다. 한국에는 아직도 모계사회의 흔적이 많이 남아 있다. 출계를 중심으로 보면 한국은 미분화사회적 요소가 많다. 단군신화의 성립을 비유적으로 설명하면 장자권을 잃은 장자가 다시 장자권(제사상속의 권리)을 찾기 위해 노력하다 보니 자연히 더욱 상고시대로 올라가지 않을 수 없게 되고, 그래서 환인－환웅시대를 전제하고, 단군은 그것을 이은 것으로 비정하였던 것 같다.

중국과 한국의 조상은 어디선가 만나는 지점이 있을 것이다. 그 지점에서 갈라진 것이리라. 한국에는 환단(桓檀)시대보다 더 앞선, 모계사회의 역사를 말하는 책도 있다. 이른바 ≪부도지(符都誌)≫라는 책이다. 부도지는 환인, 환웅시대를 포함하여 그보다 훨씬 이전인 15,000년 전, 후기 구석기시대부터 한민족의 역사를 말하고 있는 일종의 '한국판 창세기 경전'이다. 부도지의 주인공은 '마고(麻姑)'라는 대모신(the great mother＝Mago goddess＝the god, Mago), '하느님 어머니'에 해당하는 신이다. 부도지(符都誌)를 전한 인물은 신라 눌지왕 때 명재상 박제상 선생이다. 박제상은 당시 고기(古記)를 활용하고 자신이 전해 들은 이야기를 종합 정리하여 사서 ≪징심록(澄心錄)≫을 냈는데 그것의 일부이다. 징심록은 조선 세종 때 김시습이 고대어 원본을 당시의 한자로 전하여 오늘에 이르렀다.

징심록(澄心錄)은 3교(敎) 15지(誌)로 되어 있다. 상교는 부도지

(符都誌), 음신지(音信誌), 역시지(曆時誌), 천웅지(天雄誌), 성신지 (星辰誌), 중교는 사해지(四海誌), 계불지(禊祓誌), 물명지(物名誌), 가악지(歌樂誌), 의약지(醫藥誌), 하교는 농상지(農桑誌), 도인지(陶 人誌), 나머지 3지는 알 수 없다. 부도지 외에 음신지, 역시지, 천 웅지, 성신지 등을 복원했다고 하나 일반에 전해지지 않는다. 김시 습은 ≪징심록추기≫를 썼는데 징심록의 원본을 한자로 적으면서 내력과 느낀 점을 덧붙인 것이다. 현재 남아 있는 부도지는 박제상 의 55세손, 박금(朴錦) 씨가 기억을 더듬어 쓴 것으로 1953년 공개 되었다. 그는 ≪부도지≫를 현대에 다시 복원하면서 느낀 점을 기 록한 ≪요정징심록연의추기≫를 남겼다. 박금의 본명은 박재익이 며, 1895년 함경남도 문주(지금의 문천)에서 태어났으며 1930년대 (1925년~1934년)에는 동아일보 기자로서 활동했으며, 만보산사건 을 취재하기도 했다.

박제상 선생이 일본의 목도에서 순절하기 전, A.D.419년 이전에 기록된 이 책은, 그동안 영해박씨 종가에서 비밀리에 전해졌으나 조선조 세조 이전까지는 상당히 널리 알려졌던 것 같다. 고려 태조 왕건은 왕사를 보내 부도의 일을 상세하게 물었다고 했으며, 강감 찬 장군도 여러 차례 영해를 방문하여 조언을 구했고, 세종대왕도 종가와 차가의 후손들을 서울로 불러들여 성균관 옆에 거주하게 하고, 장로에 임명하여 편전에 들게 했는가 하면, 김시습 선생은 훈민정음 28자를 이 ≪징심록≫에서 본을 취했다고 증언하고 있다.

신라와 고려, 조선 초기의 왕들은 영해박씨에 대해 은근한 대우 를 아끼지 않았다. 그러나 부도지는 영해박씨의 몰락과 함께 수난 을 겪을 수밖에 없었다. 세조의 왕위 찬탈에 반기를 든 김시습, 조상치 선생, 그리고 금화 초막동으로 잠적한 구은사 구현(九賢) 중 무려 칠현(七賢)을 배출해 낸 영해박씨 문중은, 당시 세조의 눈에는 그야말로 눈엣가시였다. 급기야 체포령이 내려졌다. 이 때문에 영해박씨 대소가는 더욱 깊은 산속으로 숨어 버렸으며, 심지어 선대의 비를 땅속에 묻어 흔적마저 없애 가면서 연명하지 않을 수 없었다고 한다.

박금 씨에 따르면, 부도지는 금강산의 운와 효손공 댁에서 김시습의 손에 의해 포신 계손공의 집으로 옮겨지고, 다시 계손공의 아들 훈씨가 함경도 문천으로 가지고 들어가 운림산 속으로 숨어 버렸다고 한다. 그 후 몇백 년간 삼신궤 밑바닥에 감춰 두고 출납을 엄금하여 박금 씨 대에까지 전해졌다고 한다. 그러나 안타깝게도 박금 씨는 부도지를 해방 후 월남할 때 문천 금호에 있는 금호종합이학원에 남겨 두고 내려왔다. 그 한이 뼈에 사무친 박금 씨가 자신의 손으로 부도지를 되살려 냈으나, 이 부도지는 《징심록》 15지 중 단 1지에 불과하다.

박금 씨는 1953년에 울산의 피난소에서 부도지를 정리하면서 <음신지>, <역시지>, <천웅지>, <성신지>를 계속 출간 중이라고 했으나, 지금 그 책들은 찾아볼 길이 없다. 징심록의 유실은 비단 박금 씨 개인이나 영해박씨 문중에만 한을 남긴 것이 아니라, 우리 한민족 전체에 헤아릴 수 없을 만큼 커다란 손실과 한을 남겼다고 하지 않을 수 없다.

• 참고문헌 •

강신표(편역), 1983, ≪레비스트로스의 인류학과 한국학≫, 한국정신문
　　화연구원.

金玟基, 1987, ≪한국의 부작≫, 보림사.

김병모, 1985, ≪한국인의 발자취≫, 정음사.

김상일, 1987, ≪한밝문명론≫, 지식산업사.

김상일, 1987, ≪인류문명의 기원과 한≫, 가나출판사.

김열규, 1991, <단군신화>, ≪민족문화 대백과사전≫ 6권, 한국정신문
　　화연구원.

김정학, 1954, <단군신화와 토테미즘>, ≪歷史學報≫ 7.

김현, 1987, ≪르네 지라르 혹은 폭력의 구조≫, 나남.

리지린, 1963, ≪고조선 연구≫, 평양.

박제상, 2002, ≪符都誌≫, 김은수 번역, 한문화.

徐永大, 1991, ≪韓國古代 神觀念의 社會的 性格≫, 서울대학교 대학
　　원 국사학과 박사학위논문.

辛恩卿, 1999, ≪風流≫, 보고사, 서울.

안천, 1995, ≪단군할머니론≫, 민족문화사.

우실하, 2007, ≪요하문명론≫, 소나무.

유.엠.부찐, 1986, ≪고조선≫, 국사편찬위원회(편역).

정형진, 2006, ≪천년왕국 수시아나에서 온 환웅≫, 일빛.

趙玉九, 2005, ≪21세기 新설문해자≫, 백암.

조흥윤, 1997, ≪무≫, 민족사.

周采赫, 2000(12월), <朝鮮, 鮮卑의 '鮮'과 순록유목민 - 몽골유목 起
　　源과 관련하여>, ≪동방학지≫ 110, 연세대 국학연구원.

주채혁, 2002, <朝鮮·鮮卑의 鮮(Soyon)族 起源考 - 原조선겨레 '소욘'

족에 관하여> ≪백산학보≫ 63, 백산학회.

주채혁, 2003, <'薛'의 고려와 '小山'의 馴鹿 연구>, ≪백산학보≫ 67, 백산학회.

주채혁, 2006, <'몽골-貊高麗, 유목형 '고구려' 世界帝國考>, ≪백산학보≫ 76, 백산학회.

주채혁, 2007, ≪순록치기가 본 조선·고구려·몽골≫.

주채혁, 2007, <유라시아 몽골리안 루트, 시온(薛)의 길-조선(朝鮮)의 선, 한반도 아닌 몽골이란 루트->, ≪한민족 국제학술대회 논문집≫ 4집, 도서출판 한민족.

허흥식, 2006, ≪한국 신령의 고향을 찾아서≫, 집문당.

≪삼국사기≫, ≪삼국유사≫, ≪고려사≫, ≪위략(魏略)≫, ≪방언(方言)≫, ≪산해경(山海經)≫

三國遺事

帝王韻紀

檀君神話의 新硏究(金載元, 正音社, 1947)

古朝鮮硏究(李趾麟, 학우서방, 1963)

檀君實史에 관한 文獻考證(李相時, 가나출판사, 1987)

古朝鮮(유·엠·부찐, 국사편찬위원회역, 1986)

不咸文化論(崔南善, 朝鮮及朝鮮民族 1, 朝鮮思想通信社, 1927)

단군신화와 민족적 이념(이홍직, 국사상의 제문제 1, 국사편찬위원회, 1959)

檀君神話와 토테미즘(金廷鶴, 歷史學報 7, 1954)

檀君神話의 한 硏究(黃浿江, 白山學報 3, 1967)

古朝鮮의 住民構成과 文化的 複合(金貞培, 白山學報 12, 1972: 韓國民族文化의 起源, 高麗大學校出版部, 1973)

檀君神話의 問題點(李基白, 韓國古代史論, 探求堂, 1975)

阿斯達의 位置問題와 그 名稱의 意義(李丙燾, 韓國古代史硏究, 博英社, 1976)

古朝鮮의 再認識(金貞培, 韓國史論 14, 1985;韓國古代의 國家起源과 形成, 高麗大學校出版部, 1987)

古朝鮮의 國家形成(李基白, 韓國史市民講座 2, 一潮閣, 1988)
檀君考(今西龍, 朝鮮古史の硏究, 近澤書店, 1937)

Boas, Franz.

1898, *Memoirs of the American Folklore Society*, Ⅵ.

1940, <Mythology and Folk－Tales of the North American Indians>,
　　　Reprinted in *Race, Langauge and Culture*, New York.

Eliade, Mircea.

1963, *Myth and Reality*, New York: Harper & Row.

1968, *Myths, Dreams and Mysteries*, New York: Collins.

Langer, Susanne.

1964, *Philosophy in a New Key*, New York: Mentor Books.

Leach, Edmund.

1985, *Structuralist Interpretation of Biblical Myth*, Cambridge University
　　　Press(≪성서의 구조인류학≫, 신인철 역, 1996, 한길사).

Lévi－Strauss, Claude.

1955, *Tristes Tropiques*, Paris: Plon(≪슬픈열대≫, 박옥줄 역, 1998, 한길사).

1958, *Anthropologie structurale*, Paris: Plon(≪구조인류학≫, 김진욱 역,
　　　1983, 종로서적).

1962, *La pensée sauvage*, Paris: Plon(≪야생의 사고≫, 안정남 역, 1996,
　　　한길사).

1964, *Mythologiques Ⅰ, Le cru et le cuit,* Paris: Plon.

1967, *Mythologiques Ⅱ, Du miel aux cendres*, Paris: Plon.

1968, *Mythologiques Ⅲ, L'Origine des manières de table*, Paris: Plon.

1971, *Mythologiques Ⅳ, L'homme nu*, Paris: Plon.

1973, *Anthropologie structurale deux*, Paris: Plon.

1979, *Myth and Meaning*, New York: Schoken Book(≪신화를 찾아서≫,
　　　이동호 역, 1994, 동인).

1989, *Des symboles et leurs doubles*, Paris: Plon.

Lévy－Bruhl, Lucien.

1966, *How Natives Think*, New York: Washington Square Press.

Malinowski, Blonislaw.

1926, *Myth in Primitive Psychology*, New York: Norton.

1948, *Magic, Science and Religion and Other Essays*, Boston: Beacon Press.

j. Campbell, 1959, ≪The Mask of God≫.

Tsong Ihapa, ≪The Great Exposition of the Graded Stages of Path(Lam rim chen mo)≫.

박정진 ——————————————————————————————————

∥약 력

대구에서 태어나 대구고등학교를 졸업, 한양대학교 의예과를 수료하고 국문과로 옮겨 졸업
한 뒤 영남대학교 대학원 문화인류학과에서 석사, 박사과정을 마쳤다. 한양대학교, 서울교육
대학교, 영남대학교, 대구대학교 등에 출강하고 있다.
대학 졸업 후 경향신문사에 입사, 주로 문화부기자로 활동하다가 자리를 옮겨 세계일보 문
화부장, 논설위원을 지내는 등 20여 년간 언론계에 몸을 담았다. 시 전문지 월간 '현대시'를
통해 시인으로 등단했다.

단군신화에 대한 신연구
-곰은 사라지고 단군이 산신령이 된 까닭은-

초판인쇄 | 2010년 1월 29일
초판발행 | 2010년 1월 29일

지은이 | 박정진
펴낸이 | 채종준
펴낸곳 | 한국학술정보㈜
주 소 | 경기도 파주시 교하읍 문발리 파주출판문화정보산업단지 513-5
전 화 | 031) 908-3181(대표)
팩 스 | 031) 908-3189
홈페이지 | http://www.kstudy.com
E-mail | 출판사업부 publish@kstudy.com
등 록 | 제일산-115호(2000. 6. 19)

ISBN 978-89-268-0756-9 93150 (Paper Book)
      978-89-268-0757-6 98150 (e-Book)